금기의 수수께끼

The Riddles of Taboos

Taboos in the Bible and the human wisdom

by Choe Chang Mo

Published by Hangilsa Publishing. Co., Ltd., Korea, 2003

금기의 수수께끼

성서 속의 금기와 인간의 지혜

최창모 지음

한길사

금기의 수수께끼

성서 속의 금기와 인간의 지혜

지은이 최창모
펴낸이 김언호

펴낸곳 (주)도서출판 한길사
등록 1976년 12월 24일 제74호
주소 10881 경기도 파주시 광인사길 37
홈페이지 www.hangilsa.co.kr
전자우편 hangilsa@hangilsa.co.kr
전화 031-955-2000~3 **팩스** 031-955-2005

부사장 박관순 **총괄이사** 김서영 **관리이사** 곽명호
영업이사 이경호 **경영이사** 김관영
편집 백은숙 노유연 김광연 김지연 김대일 김지수 김명선
마케팅 서승아 **관리** 이주환 문주상 김선희 이희문 원선아
디자인 창포 **CTP출력 및 인쇄** 현문인쇄 **제본** 자현제책사

제1판 제1쇄 2003년 5월 20일
제2판 제2쇄 2019년 3월 15일

값 18,000원
ISBN 978-89-356-7014-7 03900

렘브란트 「원죄」. 금기의 신화적 원형(原型)은 에덴 동산에서 발생했다.
아담과 하와는 '선악을 알게 하는 나무'와 '생명나무'의 실과를 따먹어서는 안 된다는
금기를 어긴 결과 에덴 동산에서 추방당한다.

십계명이 씌어진 목걸이. 이스라엘은 성문법이 없는 나라다.
십계명이 일상을 규율하는 이스라엘의 법과 관습은 이채로운 조화를 보여준다.

사막의 유목민 베두인 어린이들이 낙타 젖을 마시는 모습.
'돼지고기를 먹지 말라', '우유와 고기를 함께 먹지 말라'는 히브리 성서의 금기는
유목민족의 생활에서 자연스럽게 발생한 금기이다.

기도책 표지(위)와 포도주잔(아래).
음식문화는 단지 음식이 배고픔을 면하게 한다는 점에서뿐만 아니라
식습관이 사회 공동체의 결속에서 중요한 역할을 한다는 점에서 많은 점을 시사해준다.

손 씻는 물 그릇.
유대인은 회당이나 구별된 장소에 들어갈 때 반드시 손을 씻는 습관이 있다.
이 정결예식은 깨끗한 것과 더러운 것 사이의 경계를 구분짓는 잣대가 된다.

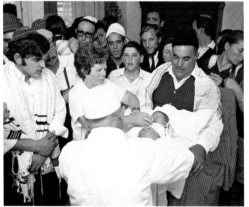

할례식을 거행하는 장면과 할례시 사용하는 칼과 도구들.
유대인은 생후 8일째의 사내아이에게 할례를 베푼다.
할례는 유대인에게 '거룩한 백성'이 되는 상징이다.

유대인의 결혼서약서 케투바(kettubah).
결혼의 수직적 구조, 즉 혈통을 매우 중요하게 여기는 유대인은
족내혼을 지키며 근친상간을 금한다.

미켈란젤로「노아의 만취」.
술에 취해 벗은 채로 잠이 든 노아의 하체를 둘째 아들 함이 보았다는 것은
아들과 아버지 간의 근친상간을 암시한다.
동성 간의 근친상간은 자녀를 생산할 수 없다는 이유로 가장 혐오스럽게 여겨졌다.

이집트 여성의 장식품(왼쪽)과 유대 여성의 전통의상(오른쪽).
히브리 성서는 "여자는 남자의 의복을 입지 말 것이요,
남자는 여자의 의복을 입지 말 것이라"고 명령하고 있다.
이는 여성/남성의 살에 남성/여성의 옷이 닿으면 여성성/남성성이 훼손되며
'차이'가 소멸된다고 보기 때문이다.

고대사회 여러 민족들의 전통의상.
왼쪽부터 시계방향으로 이집트, 페르시아, 아시리아, 그리스, 로마(왼쪽 아래 두 개).

기도서를 읽고 있는 유대인.
유대인에게 성서의 말씀은 단지 종교적인 의미를 가지는 데 그치는 것이 아니라
일상 생활 전반을 규율하는 규범적인 의미를 가진다.

위 왼쪽부터 시계방향으로 에드먼드 리치, 제임스 프레이저, 메리 더글러스, 마빈 해리스.
성스러움과 오염, 일상 문화에 작용하는 터부에 관한 이들의 연구는
신의 말씀이라는 절대성 속에 안주하고 있던 성서를 인류학의 영역으로 끌어내었다.

금기로부터의 자유

• 지은이의 말

우리가 어렸을 때, 어른들은 왜 문턱을 밟고 서 있지 못하게 했을까? 어떤 납득할 만한 합리적 설명도 없이 그것을 강요받던 시절, 누구나 한 번쯤은 "참 이상하다?"라고 생각해본 적이 있을 것이다. 이는 한갓 원시적인 미신(迷信)에 불과한 것일까? 아니면 지금은 그 이유를 상실해버렸지만 옛적에는 나름대로 논리적이며 합리적인 어떤 근거를 가졌던, 그래서 모든 사람들이 의심의 여지 없이 그렇게 믿고 지켜왔던 것일까?

이런 질문들은 다른 세계에서도 수없이 제기된다. 예루살렘에 문을 연 맥도날드 가게에서는 치즈버거를 사 먹기가 쉽지 않다. 왜냐하면 유대인은 고기와 치즈를 섞어 먹을 수 없기 때문이다. 왜 유대인은 치즈버거를 먹지 못하는 것일까? 그들은 또, 피를 먹지 못하기 때문에 붉은 선지가 들어 있는 해장국은 먹을 생각조차 못한다. 왜 유대인들은 돼지고기를 먹지 않을까? 유대인들은 우리가 흔히 먹는 오징어나 새우튀김, 미역이나 김도 먹을 수 없다. 왜 그럴까?

이와는 전혀 다른 종류의 것처럼 보이지만 실상은 그 구조가 같은 성(性)과 관련된 금기들도 많다. 왜 남녀 간의 키스나 성관계는 다른 피부 접촉과 확연히 다르게 취급되어왔을까? 왜 여성의 월경 피는 불순하게 여겨지는가? 단순한 위생의 문제인가? 왜 근친 간의 결혼은 금기인가? 동성애는 왜 경계되며, 수간(獸姦)은 왜 위험한가? 성은 억제와 자제의 대상인가 욕망과 해방의 탈출구인가?

나아가 오늘날에는 비교적 자유로워 보이는 것들 가운데 고대 사회에서는 엄격히 금지사항으로 지켰던 것도 있다. 왼손잡이의 차별, 남녀 의복을 바꿔 입는 것에 대한 금기, 문신에 관한 금기 등이 그것이다. 왼손잡이의 차별은 어디서 비롯된 것인가? 남녀가 옷을 바꿔 입는 것은 왜 곤란한가? 문신을 새기는 것을 왜 나쁘게 생각할까?

고대사회의 문화 속에는 우리가 한두 마디로는 쉽게 답변할 수 없는 매우 흥미로운 질문들이 가득하다. 언뜻 보기에 터무니없어 보이는 아주 오래 된 금기들조차 현대인들에게 여전히 의문시되는 까닭은 단순한 호기심을 넘어 그것이 가지고 있는 어떤 구조와 의미가 아직도 남아 작용하고 있기 때문은 아닐까? 과연 현대인은 이러한 금기들로부터 자유로울까? 보잘것없는 것들이라고 무시해버려도 좋은 것인가? 현대사회가 깨뜨려버린 것은 사실상 금기의 껍데기(형식)일 뿐 알맹이(구조와 의미)는 남아 여전히 작동하고 있는 건 아닐까?

이 책은 2001년 여름, 영국의 옥스퍼드 대학에서 썼다. 지금으로부터 약 120여 년 전, 이러한 주제에 관한 최초의 강의와 연구가 옥스퍼드에서 시작되었고, 아직도 옥스퍼드는 이 분야를 연구하기에 가장 적합한 장소이다. 이른바 인류학(人類學)이라는 이름의 새로운 연구 방법은 이전까지는 상상도 할 수 없었던 많은 새로운 질문들을 낳았으며, 때로는 다른 문화적 배경을 가진 사회를 찾아 현지조사를 함으로써, 때로는 책상에 앉아 수집한 자료를 분석하고 종합함으로써, 그동안 원시사회가 보존하고 있던 수수께끼 같은 다양한 문화의 특성과 구조, 의미와 기능을 하나씩 벗겨나갔다.

금기에 관한 나의 관심은 본래 히브리 민속학(民俗學) 연구로부터 출발하였다. 고대 이스라엘 민족의 민간 습속(習俗)을 연구하고 가르치는 과정에서 문화인류학과 사회인류학이 닦아놓은 방법론을 만난 것은 매우 우연한 일이었다. 특히 르네 지라르의 『폭력과 성스러움』과 메리 더글러스의 『순수와 위험―오염과 터부의 개념 분석』은 내게 큰 도전이 되고 가장 큰 영향을 미친 책이다. 지라르의 희생과 피에 관한 양가성 이론은 그동안 내가 의심을 품고 보았던, 성서의 엉켜 있는 여러 본문들을 마치 얽힌 실타래 풀듯 풀어주었으며, 더글러스의 책은 성서의 복잡한 음식법과 정결법의 구조를 간략히 설명해주었다.

120여 년의 세월이 흐르는 동안 인류학적 방법론이 성서 해석에 적용된 예가 전혀 없지는 않으나, 현대 인류학의 혁혁한 발전에 비해 상대적으로 미미한 형편이며 그나마 단편적이었다. 특히 히브리 성서의 금기에 관한 해석은 국내외를 막론하고 그 예를 찾아보기 어려울 정도다. 지난 5년여에 걸쳐 틈틈이 인류학 관련 자료들을 수집하여 학생들과 함께 읽고 토론하면서, 성서의 본문들을 찾아 인류학 이론을 대입하고 해석하는 과정을 거쳤다. 그렇게 생산된 초고(草稿) 뭉치를 들고 지난 여름 옥스퍼드에 건너가 유서 깊은 여러 도서관들을 돌아다니며 자료를 보충하고, 질문을 채우고, 체계적인 정리를 일단락 짓고 돌아왔다. 그리고 지난 학기 학생들과 함께 원고를 다시 읽고 토론하며, 비판과 수정을 거쳐 오늘에 이르게 된 것이다. 돌이켜보면 마치 복잡한 수학 문제를 푸는 것 같은 시간들이었다.

본론으로 들어가기 전에 미리 이 책의 내용을 간략히 소개하고자 한다. 먼저 제1장에서는 금기란 무엇이며, 어떤 성격과 기능을 가지고 있는가를 다루었다. 다시 말해 금기란 원시적인 공포, 성스러움, 더러움, 위험, 애매모호함, 경계, 욕망 등과 결합해서 발생하여, 종교적이며 제의적인 성격을 띠고, 개인이나 사회를 방어하고 통합하는 기능을 담당하는 것임을 이론적으로 서술하였다. 나아가 금기가 깨져버린 현대사회의 구조와 특성을 분석하고, 금기 없는 현대사회가 원시사회보다 훨씬 더 질서정연하거나 안전하다는 생각에 이의를 제기하고자 한다. 그리고 제2장과 3장에서는 각각 인간의 욕망이 넘쳐흐르는 영역인 음식 및 성(性)과 관련된 금기들을, 제4장에서는 개인 금기들 가운데 사회의 지배 이데올로기로 고착되어버린 몇 가지를 논의할 것이다. 그리고 제5장에서는 다소 딱딱하지만 인류학이 성서연구에 기여한 연구사를 간추려보았다.

서툰 시도라서 아직도 빈틈이 많이 보이지만, 언제나 새로운 시도와 실험을 미덕으로 삼는 건국대학교 '개척' 히브리학과의 학생들과 더불어 이 작은 결실을 세상에 내놓게 된 것을 기쁘게 생각한다. 강의실은 언제나 나의 실험실이었다. 아울러 이 책에서 언급은 하였으되 논의가 어설픈 부분은 후학들의 더 깊고 통찰력 있는 연구를 통해 보완되기를 희망하는 바이다. 많은 비판과 토론을 기대한다.

마지막으로 이 책을 흔쾌히 출간해주신 한길사와 이 연구가 가능하도록 물심양면으로 후원해주신 사랑하는 양혜자 님과 이스라엘 문화원의 김희우 원장님께 진심으로 감사를 표하며, 이 책을 드린다.

2003년 4월
최창모

금기의 수수께끼

성서 속의 금기와 인간의 지혜

차이의 체계로 이루어진 질서는 만물의 길이며,
동일성이나 체계와 질서를 교란하는
모호성을 제거하는 것이야말로 질서의 전부다.
차이가 없는 곳에는 위험도 없고, 따라서 오염도 없다.

터부의 발견

오늘날 금기를 일컫는 '터부'(taboo)라는 용어를 유럽어로 처음 소개한 것은 1777년 영국의 쿡(James Cook) 선장이다. 그는 『남태평양 군도 여행기』에서 아투이(Atui) 섬 원주민들의 풍습을 소개하며 다음과 같은 기록을 남겼다.

> 그들 중 아무도 나와 함께 앉거나 먹으려 하지 않았다……내가 놀라는 표정을 짓자 그들은 모든 것이 '터부'라고 말했다. 이 단어는 매우 포괄적인 의미를 가지고 있으며, 일반적으로 금지된 어떤 것을 의미한다. 왜 그들이 그렇게도 삼가는지는 현재로서는 설명되지 않는다(*Voyage to Pacific* ii. vii. 1785. I. 286).

『옥스퍼드 영어 사전』(*The Oxford English Dictionary*, 2nd edition, 1933)에 따르면, 터부란 "영구적으로 또는 일시적으로 금지(禁止) 또는 금제(禁制) 상태에 있는 사람이나 물건. 그런 상태에 놓여 있는 존재의 현실 또는 상태. 금지나 금제 그 자체. 또 그러한 금지가 인식되고 강제된 제도나 관습. 최초의 유럽인 방문자들이 태평양 군도에 가득 찬 힘에서 발견"이라고 정의하고 있다.

금기는 어떤 형태로든 어느 시대, 어느 민족에게서나 발견된다. 그것을 뭐라고 부르든 어디에나 터부는 존재한다. 히브리 성서도 예외가 아니다. 터부와 정확히 일치하는 개념의 단어는 성서에서 찾을 수 없지만, 고대 메소포타미아의 터부 연구와 관련해, 수메르어 니그-기그(nig-gig) 또는 아카드어 이키부(ikkibu)가 히브리어 토에바(תעבה, 혐오)와 문법적으로 관계가 있다는 연구 결과가 있다.[1]

어원적으로 폴리네시아어의 터부가 수메르어 니그-기그와 어떤 관련이 있어 보이지는 않는다. 그러나 메소포타미아의 지혜 문학에서 사용하는 니그-기그가, 제의와 관련하여 '오염'과 '터부'를 완전히 똑같이 기술하는가는 다소 회의적이라 하더라도, 의미론적으로 니그-기그가 '위험'(danger)과 '성스러움'(sacred)이라는 의미를 가진 두 개의 독립된 반의어(antonyms)가 결합한 것이라는 점에서 그 의미가 상통하는 바가 크다.[2]

금기란 무엇인가

터부는 "가장 오래 된 구전법"(Wilhelm Wundt)이며, "자기 보존과 자기 옹호의 자연발생적인 힘"(R. R. Marrett)이다. 또한 "어떤 것을 만지게 되면 오는 불행"이자 "위험스럽고 전염되기 쉬운 것"(F. B. Jevons)이며, "절반은 악마적이고 절반은 신적인 것"(Arnold van Gennep), "정치적 목적으로 설치된 종교적 규범"(Edward B. Tylor)이라고도 정의되었다.

인류학자 프레이저(James George Frazer)는 『황금가지』(*The*

1) W. Hallo, "Biblical Abominations and Sumerian Taboo," *Jewish Quarterly Review* 76(1985), pp.21~40.
2) M. J. Geller, "Taboo in Mesopotamia: A Review Article," *Journal of Cuneiform Studies* 42(1990), pp.105~117.

Golden Bough: A Study in Magic and Religion)에서 금기란 '신성과 모독이 아직 구분되지 않은' 사물, 장소, 인물 또는 행동을 가리킨다고 정의하였다. 또 프로이트는 『토템과 터부』(*Totem and Taboo*)에서 폴리네시아어의 '터부'는 신성한(성별〔聖別〕된) 것과 금지된(부정한, 위험한, 무시무시한) 것의 융합이라 정의하면서, 이러한 금지 사항은 강한 욕구가 존재하는 행동에 대하여 주어지는 것이라고 보았다.[3)]

이와 같이 오랫동안 누적된 많은 이들의 연구를 바탕으로 다음과 같이 금기를 정의하고자 한다.

1. 거룩함(holy)과 부정함(unclean)의 양면성을 지닌 터부는 속성상 종교적인 개념으로부터 분리될 수 없다. 낮은 단계의 문화에서는 마술·미신과 종교 사이의 구별이 존재하지 않는다. 모든 거룩함, 성스러움에서는 터부가 발생한다. 그러나 모든 터부가 다 성스러운 것은 아니다. 거룩한 것 가운데 터부가 아닌 것도 있다. 터부는 보편적으로 인간의 마음속에 자리잡은 생각, 즉 어떤 것은 해서는 안 된다는 '타고난 특질'(inherent quality)로부터 발생한다.

2. 터부의 본질은 그것이 선험적(a priori)이라는 데 있다. 다시 말해 터부는 어떤 것이 위험하고 어떤 것이 좋은 것인지에 대한 경험 없이도 출발할 수 있다. 따라서 종종 그것은 불합리한(irrational) 것처럼 보인다. 앞서 말한 문턱에 대한 금기가 그 좋

---

3) 프로이트의 『토템과 터부』에 관련하여 상징의 구조적 기능에 관한 연구는 James J. DiCenso, "Totem and Taboo and the constitutive Function of Symbolic Forms," *Journal of the American Academy of Religion* LXIV/3(1996), pp.557~574 참조.

은 예다. 어렸을 때 문턱을 밟고 서 있으면 어른들은 어떤 합리적인 설명도 없이 우리로 하여금 위협을 느끼게 하여 밟지 못하게 하였다. 터부는 위험스러운 곳/것에서 주로 발생한다. 물론 위험한 것 가운데 금기로 자리잡지 않은 것들도 많다. 예를 들어 독초(毒草) 같은 것이 있다. 경험은 결코 (모든) 위험한 것이 터부가 된다고 말하지는 않는다.

3. 터부는 원시적 공포와 함께 경험이 풍부한 원시인들이 기피하는 혐오스러운 것들로부터 발생한다. 터부의 순수한 감정은 그 자체로는 도덕적이거나 종교적이거나 사회적이지 않다. 그것은 순전히 알맹이가 없는 형식에 불과하다. 터부의 마술적 상황 밖에서는 도덕적·종교적 거리낌이 원시적 공포로 변형된다. 불합리한 공포는 여전히 도덕의 밑바닥에 놓여 있다. 그래서 터부를 깨는 것은 죄가 된다. 그러나 이러한 원시적 공포는 방어 및 사회화 과정과 융합한다. 폴리네시아인들에게 터부는 문명 세계의 사회적·법적 규약 같은 것이다. 그런 점에서 "터부는 신경증이 아니고 사회의 형성물이다." 이러한 생각으로부터 시작된 터부는 점차 합리화 과정을 거치게 된다. 터부는 개인의 행동, 사회 관습, 종교적인 행위 등으로 확대되어 합리적으로 적용된다. 결국 터부는 사회통제 체계로 변하게 된다.

4. 터부는 '금지'(prohibition)와 '성스러움'(sacred)이 결합한 이중의 개념이다. 모든 금지는 '위험'한 상황에서 발생하며, 성스러운 곳에서는 언제나 위험이 발생한다. 터부가 모두 위험한 것은 아니며, 또 모두 성스러운 것은 아니지만, 항상 위험하고 동시에 거룩한 곳/것에서 발생한다. 성서는 "하나님의 얼굴을 보는 날에는 죽으리라"(출애굽기 10:28 cf. 민수기 17:13)라고 말하고

있다. 그래서 몇몇 경건한 유대인들은 하나님의 이름(야훼, יהוה)을 직접 발음하는 것조차 금기시하여, 대신 '주'(아도나이, אֲדֹנָי)라 칭한다. 이처럼 '주체와 대상의 비분리를 향하고 있는' 성스러움에는 강력한 터부가 발생한다. 금기가 인간의 신에 대한 관계의 표현인 까닭이 여기에 있다. 따라서 '접촉'하지 말아야 할 것과 접촉으로 발생한 '전염/오염'을 해소하는 방법에 관한 여러 규정이 뒤따른다. 금기란 독(毒)이며, 따라서 반드시 약(藥), 즉 해독(解毒) 장치가 있게 마련이다. 이것은 모든 종교가 정결법 또는 오염 방지법을 가지고 있는 이유를 설명해준다.

5. 터부는 '위험한 곳'에서 발생하는데, 위험한 곳은 항상 '애매모호한,' 즉 '어중간한' 중간지대에 속한다. 이곳은 동일성이나 체계와 질서를 교란시키는 곳이다. 동일성을 교란하는 곳, 여기서 금기가 발생한다. 동서양을 막론하고 '문턱'을 밟는 것이 금기인 이유 역시 마찬가지이다. 최근 구조주의자들의 연구에 따르면 '문턱'(stile)은 어중간한 곳, 곧 안도 아니고 바깥도 아닌 곳으로서 모순·대립되는 것들을 매개(媒介)하는 영역이기 때문에 하늘과 땅, 삶과 죽음, 영과 육을 오고가는 영매(靈媒)들에게 사로잡힌 곳으로 여겨진다.[4]

---

4) 창세기 4장 7b절의 "문지방에 죄가 귀신으로 있다"는 본문의 문법적인 문제 때문에 "문에 죄가 도사리고 있다(Sin is the demon at the door)"로 번역하는 경우가 많다. 그러나 동사 로베쯔(רבץ)는 '바닥에 엎드려 있다' '쭉 펴고 누워 있다' '웅크리고 있다'는 의미로, 성서에서 한 번도 위협이나 협박을 나타내는 용어로 사용된 적이 없다. 이 말은 주로 가축이나 사자 같은 야생동물이 굴 속에 엎드려 있다는 뜻으로 쓰인다. 또 '죄'를 의미하는 하타아트(חטאת) 역시 '잘못하다' '죄

에르츠(Robert Hertz)와 반 헤네프(Arnold van Gennep) 등 뒤르켐(Emile Durkheim) 학파에 속한 학자들은 왜 '중간이 되는 장소'와 '중간적인 사회 상황'이 성스러운 것으로 취급되며, 또한 터부시되는지를 설명하는 정교한 이론들을 정립했다. 이들의 논지는 대략 다음과 같다.

불확실성은 불안감을 낳는다. 따라서 우리는 가능한 한 불확실성을 피하려 한다. 언어는 개념들을 범주화하여 애매함이 섞일 여지를 없앤다. 즉 하나의 개체는 인간이든 동물이든 어느 한쪽이며, 아이든 어른이든 어느 한쪽이며, 기혼이든 미혼이든 어느 한쪽이며, 살아 있든 죽었든 어느 한쪽이다. 건물의 경우를 설정하면 건물 안에 있든 건물 밖에 있든 어느 한쪽이다. 이처럼 한 상태에서 다른 상태로 건너가려면 문턱을 넘어야 한다. 문턱은 양다리를 걸친, 이도 저도 아닌 어중간한 곳으로 불확실

를 짓다'라는 동사 하타아(חטא)의 여성형 추상명사이다. 동사 로베쯔가 남성형으로 되어 있는 것과 문법적으로 어울리지 않을 뿐만 아니라, 두 동사가 나란히 사용된 예도 없다. 그러나 로베쯔를 동사로 읽지 않고 명사로 읽는다면, 아카드어의 라비쭘(rabizum)이 '귀신'(demon)으로서 '좋은 귀신'(benevolent)과 '나쁜 귀신'(malevolent)을 구별하고 있음을 고려할 때, 야훼는 카인에게 화가 나서 "네가 잘하지 못하면, 문지방에 죄가 나쁜 라비쭈로 있으며, 그것이 너를 원하겠지만, 너는 그것을 다스려야 한다"고 말하였던 것이다. 카인의 '문턱' 역시 애매모호한 카인의 태도──"내가 뭘 잘못했다는 말인가"에 대한 "그럼 네가 뭘 잘했느냐"──를 반영하고 있음을 알 수 있다. 최창모, 「카인과 아벨 이야기(창세기 4장)의 구조와 의미─한 해석사적 연구」, 『목원성서 연구지』, 2(1998), pp.48~104 참조.

성의 상태이다. 불확실성의 상태에서는 역할이 혼돈되고 심지어 역전된다. 따라서 경계선에 놓이며 혼돈된 역할 때문에 통상 터부들에 둘러싸이게 된다.

이런 관점에서 볼 때, 하나님의 계시를 받는 예언자와 하나님께 제사를 집행하는 제사장과 하나님의 명령을 수행하는 왕, 사사와 영웅들은 모두 하나님과 가장 가까이 서 있는 자들로서 특별한 '힘'을 가진 자들이고, '영에 사로잡힌 자들'(민수기 11:26)이며, 따라서 늘 '위험'에 노출된 자들이다(cf. 민수기 17:12, 13). 이들은 하나님과 직접 대화를 하는 양다리 걸친 자이기도 하고, 또는 죽을 수밖에 없는 인간의 속성과 영원히 죽지 않는 하나님의 속성을 동시에 가진 중간지대에 위치한 자들이기도 하다(시퍼런 작두에서 춤을 추는 무당처럼, 또는 높은 곳에서 외줄을 타는 남사당처럼). 따라서 이들이 하나님의 계시를 경험하는 장소는 이 세상도 아니고 저 세상도 아닌 '광야'라는 어중간한 곳(그들은 어디에도 완전히 속할 수 없다)이다. 성서의 모세, 엘리야, 세례 요한, 예수, 바울로 등은 모두 '광야'에서 신을 만난 자들이다. 제사장이나 왕처럼 특정한 계층에 속한 이들에게 특히 많은 개인적 금기가 뒤따르는 까닭이 여기에 있다. 신성한 힘의 남용을 막기 위해서다.

같은 맥락에서 입술이나 성기(性器)의 접촉을 다른 신체적 접촉과는 다른 차원에서 위험하게 취급하는 까닭을 이해할 수 있다. 입술은 피부도 아니고 창자도 아닌 어중간한 지역이라서 위험한 곳이 되기 때문이며, 성 접촉/관계 역시 남자 성기의 드러난 피부가 여자 성기의 감추어진 창자 속으로 삽입됨으로써 피부와 창자가 뒤섞여버리게 되기 때문이다. 뒤섞임과 애매모호함은 깨끗함과 순결함의 적이다.

6. 금기는 경계다. 도로의 중앙선을 넘는 것이 매우 위험한 것처럼, 경계, 즉 금기를 넘거나 침범하는 것도 위험하다. 그런 의미에서 금기는 성(聖)과 속(俗), 깨끗함과 더러움, 남자와 여자, 종(種)과 종(種), 선과 악 사이를 엄격히 구별하며, 그것은 곧 사회질서를 유지하는 데 매우 엄격한 기초가 된다. 타자와 구별되지 않고서는 명확해질 수 없는 '차이'의 체계로 이루어진 질서는 만물의 길이며, 동일성이나 체계와 질서를 교란하는 모호성을 제거하는 것이야말로 질서의 전부다. '차이'가 없는 곳에는 위험도 없고, 따라서 오염도 없다.

신학적으로 말해서 구약의 예언자들은 유일신 사상에 비추어 모든 형식의 이방 제의에 대한 비판과 거부를 앞장서서 진행해오는(cf. 예레미야 10:2; 이사야 1:13) 과정에서 터부와 미신적 습관, 마술 등 유해하다고 판단되는 국면들과 불가피하게 만났는데, 여기서 "~하지 말라"는 정언적(定言的) 명령이 나오게 되었다. 왜냐하면 '너희'는 '그들'과 달리 거룩하기 때문이다. 히브리어의 형용사 '거룩한'(קדוש)은 아카드어 동사의 쿠두샤(kuddûsa), 즉 '정화하다'와 어원이 같으며, 형용사 카두슈(kaddûsu)는 '순수한' '밝은' '빛나는' 등을 의미한다. 히브리어의 칼(Qal) 동사 카다쉬(קדש)는 어원적으로 '분리/구별하다'라는 뜻을 갖는다. 이는 거룩하다는 것이 전적으로 신적인 것과 인간적인 것 사이의 구별로부터 시작되어, '나/우리(자아)'와 '너/너희(타자)' 사이를 구별함을 의미한다.

7. 금기는 욕망이 넘쳐흐르는 곳에서 발생한다. 음식이나 성

(性)과 관련하여 금기가 특히 많이 발생하는 까닭은 이것이 서로 다른 두 영역의 매개물인 동시에, 욕망이 넘치는 위험한 곳이기 때문이다. 여기서 종교적 의미의 위험과 세속적 의미의 위험은 동일한 것이자 동시에 다른 것이다. 성스러움과 욕망이 동일한 것은 아니지만, 종교적 의미의 위험한 곳──성스러움이 깃든 곳──에서도 금기가 발생하고, 세속적 의미의 위험한 곳──욕망이 넘치는 곳──에서도 금기가 발생한다. 특히 위험은 피/폭력과 관련되는데, 희생제사와 같은 제의적 피흘림 및 출산 또는 월경 중의 생리적 피흘림과 관련된 금기가 바로 여기에 속한다. 모든 피흘림과 더러움이 있는 곳에는 반드시 정결(淨潔) 의식이 뒤따른다. 결국 금기란 적절한 사회질서를 유지해야 할 필요가 있는 곳에서 사회통제 체계의 한 형태로 발생한다. 욕망은 수위를 넘게 되면 위험해지기 때문에 적절한 제어 장치가 필요하다. 터부는 욕망을 우회시킨다.

8. 금기는 사회적 오염의 위험을 막기 위한 것으로서, 체계 외연(外緣)의 경계를 압박하는 위험, 체계 내부의 경계를 범하는 위험, 경계의 가장자리에 있는 위험, 내적인 자가당착의 위험 등으로부터 사회의 질서를 유지하기 위해 형성된 것이다.[5]

여기서 오염이란 '상징체계'의 부산물이다. 이를테면 그것은 사회적 합리성에서 벗어나는 것이다. 이때의 사회적 합리성이란 그것의 논리적 질서 위에 사회적인 총체가 기초하는 것이다. 어

---

5) Mary Douglas, *Purity and Danger: An Analysis of Concepts of Pollution and Taboo*, London: Routledge & Kegan, 1966, pp.123~124(유제분·이훈상 옮김, 『순수와 위험』, 현대미학사, 1997).

떤 질서를 유지하려면 그 속에 포함되어서는 안 되는 것이 필요하며, 포함되지 말아야 할 부분이 바로 오염인 것이다. 그것은 하나의 분류체계나 구조를 이루기 위한 개인의 일시적인 집적물과는 구별된다.

9. 자연과 문화가 만나는 곳에서 발생하는 금기는 종족이나 집단의 경제적 보호를 목적으로 발생하기도 한다. 특정 계절에 낚시나 과일 수집 등이 금지되는 것이나, 숲 같은 특정 지역 출입을 금하는 것은 아마도 지속적으로 경제적 궁핍을 당하지 않으려는 의도로 보인다. 자연과 인간을 분리해서 생각하기 전의 사회에서는 특정 생물의 보존이 종족의 유지에 필수적인 요소임을 잘 알고 있었기 때문이다.

이와 관련해서 근친결혼의 금기는 그것이 도덕적으로 나쁘다는 인식으로부터 출발한 것이라기보다는 사회·경제적으로 불합리하기 때문에 발생한 것으로 해석된다. 다시 말해 결혼을 하나의 '교환가치'라고 볼 때, 근친결혼은 이족결혼에 비해 종족의 경제적·정치적 이익에 현격한 손해를 끼치기 때문에 금지되었다는 주장은 매우 설득력 있어 보인다.

10. 결론적으로 금기는 여러 다양한 원인이 복합적으로 결합하여 발생하며, 따라서 그 구조 역시 매우 복잡하다. 어떤 금기는 다른 이유와 결합하여 강화되는가 하면, 어떤 금기는 사회의 변화로 말미암아 그 기능을 상실하면서 사라지기도 한다. 특히 현대사회에서는 금기가 법이나 도덕이 흡수해버린 기능을 이기지 못해 그 힘을 상실한 경우가 많다.

터부의 종류

터부를 기계적으로 분류하는 것은 사실상 불가능하다. 대부분의 터부가 유기적(有機的)으로 매우 복잡하게 연결되어 있기 때문이다. 개인 금기라 하더라도 성격상 사회적 특성을 벗어나지 못하며, 세속적 금기도 종교적 속성과 독립적으로 존재하지 못한다. 그럼에도 불구하고 필요에 따라 몇 가지 분류 방법을 불가피하게 채택하게 되며, 그러한 분류가 터부의 구조와 특성을 비교적 잘 드러내주기 때문에 전혀 유익하지 않은 것은 아니다.

예를 들어 레만(Fr. R. Lehmann)의 분류에 따르면 터부는 사회적 터부, 개인적 터부, 종교적인 터부로 나뉜다.[6] 인류학적 방법에 의한 성서의 터부 연구의 선구자인 싱거(Jacob Singer)는 히브리 성서의 터부를 음식과 음료 터부, 성(性) 터부, 개인과 장소, 물건 터부로 분류하여 정리하였다.[7] 이 책에서는 성서의 금기를 음식과 관련된 금기, 성과 관련된 금기, 그리고 몇 개의 개인 금기들로 나누어 서술하고자 한다.

금기 신학

히브리 성서의 금기 신학은 창세기와 레위기에 기초한다. 창세

---

6) Fr. R. Lehmann, *Die Polynesischen Tabusitten*, Leipzig: Voigtlander, 1930.

7) Jacob Singer, *Taboo in the Hebrew Scriptures*, Chicago/London: The Open Court Publishing Co., 1928.

기에서는 금기란 무엇이며, 왜 필요한가를 말해주고 있다면, 레위기에서는 금기를 어떻게 할 것인가를 세부적으로 규정하고 있다. 창조와 더불어 발생한 금기가 하나님의 인간에 대한 관계의 신화적 표시라면, 거룩한 하나님의 백성으로서 마땅히 지켜나가야 할 각종 법(法)과 규례(規例)는 인간의 하나님에 대한 거룩한 의무다. 이는 곧 모든 관계 질서의 뼈대가 된다.

1. 먼저, 금기의 신화적 원형(原型)은 에덴 동산에서 발생한다. 인간에게 "동산에 있는 각종 나무의 실과"는 허가(許可)하신 하나님께서 "선악을 알게 하는 나무"(Tree of Knowledge, 창세기 2:17)의 실과와 "생명나무"(Tree of Life, 창세기 3:22)의 실과는 금지(禁止)하신 이유가 무엇인가? 도대체 어떤 것은 허가하고 어떤 것은 금지하는 기준이 무엇이며, 어떤 것을 금한다는 것이 갖는 의미는 무엇인가? 왜 성서의 기록자는 태초의 세계를 자유와 사랑, 욕망을 무제한 충족시킬 수 있는 세계로 설정하지 않고, 무엇인가 금지되어 있는 제약(制約)의 세계로 그려나간 것일까?

금지된 지식에 대해 '알고자' 하는 인간의 욕망과 허가되지 않은 것에 대해 안다는 것 사이의 관계는 무엇인가? 비밀을 알고자 하는 것과 이미 알아버린 비밀 사이의 관계인가? 알고자 하는 욕망이 죄인가 아니면 금지된 것에 관해 아는 것이 문제인가? 인간의 호기심을 끊임없이 자극하는 설명인 "그것을 먹는 날에는 너희 눈이 밝아 하나님과 같이 되어 선악을 알 줄을 하나님이 아심이니라"와 "호기심 많은 고양이는 결국 죽는다"는 속담 사이의 양면성은 인간이 영원히 빠져나올 수 없는 함정인가? "아는 것은 힘이다"와 "모르는 것이 약이다"라는 명제 사이의 차이는 무엇인가? 그런 의미에서 터부는 일종의 수수께끼이며, '절반은 악마이며 절반은 신'적인 것이다.

모든 죄악의 출발이 되는 호기심은 금지된 지식에 대한 탐욕—어린아이들이 만지지 말라는 물건을 더 가지고 놀고 싶어 하듯 위반하고 싶은 충동—에 이르며,[8] 이는 실제적인 행동(금지된 경험)으로 이어지면서 절대적인 '불복종'의 죄악/전락을 낳게 된다. "상상이 실재를 능가한다." 결국 금지된 수단으로 금지된 지식을 찾은 셈이 된다. 죄는 지식의 문을 여는 동시에 종교재판소의 문을 여는 열쇠가 된다. 마르크스의 지적대로 아담 시대 이후로 '죄의 나무'[9]는 동시에 '지식의 나무'가 아니었던가.

여기에 보스턴 대학의 샤툭(Roger Shattuck)이 『금지된 지식』[10]에서 논의하고 있는 지식의 '문턱/금기'와 '호기심'의 역설(逆說)이 설자리가 있지 않을까? 그는 "프로메테우스에서 포르노그라피까지"라는 부제를 단 이 책에서 밀턴의 실낙원, 파우스트와 프랑켄슈타인, 에밀리 디킨슨과 알베르 카뮈, 과학 기술과 사드에 이르기까지 인간의 '범주'(portée)와 한계를 넘어서는 오

---

8) '먹지 말라'는 명령은 먹고 싶은 욕망을 더 자극하여 결국 그 명령을 어기게 한다. 이를 우리는 '바스 부인 효과'(『캔터베리 이야기』 중의 하나가 「바스 부인 이야기」)라 부르는데, 이는 본문에 "우리에게 어떤 것을 금지시키시오. 그러면 우리는 그것을 욕구합니다"(Forbede us thyng, and that desiren we)라는 구절에서 비롯된 것이다. 금지 명령은 우리 의지의 자유가 강력한 자연법에 의해 빨려 들어갈 진공의 공간을 만드는 것과 같다.

9) Francis Wheen, Karl Marx, 1999(정영목 옮김, 『마르크스 평전』, 푸른숲, 2001, pp.423~424).

10) Roger Shattuck, Forbidden Knowledge, New York: St. Martin Press, 1996(조한욱 옮김, 『금지된 지식』, 금호문화, 1997).

만한 지식의 도전이 위험함을 경고한다. 아울러 그는 금지된 지식/경험——접근과 획득이 불가능한 지식, 신적·종교적·도덕적·세속적 권위에 의해 금지된 지식, 위험하고 파괴적이며 환영받지 못하는 지식, 나약하고 섬세한 지식, 이율배반적인 지식, 모호한 지식——을 넘어서는 자유(결국 그 자유가 인류의 과학과 학문 발전에 기여했다는 점이 긍정적으로 인정되는 한)와 더불어 인간의 능력 한계(그 안에만 머물러 발전을 기대할 수 없다는 부정적 사실이 인정되는 한) 사이에서 균형을 잃지 않으려는 이중적 의무와 노력이 필요하다고 역설한다.

히브리 성서의 전도서가 권고하는 인간의 절대자 앞에서의 '간격', 즉 인식론적 한계와 지식의 무익함을 알고 인정하는 것——여기서 샤툭의 "낮추어 현명하라"는 충고는 "하나님을 두려워하라"는 전도서의 충고와 같은 개념이다——은 바로 샤툭이 지적하고 있는 휘브리스(hubris)——무질서를 초래하는 지나친 자만심과, 반목과 혼란을 초래하는 광란에 빠진 격정을 가리키는 그리스어——와 관련된다.[11]

베르낭(Jean-Pierre Vernant)에 따르면 휘브리스는 사람들로 하여금 신에게 도전하고 법도를 어기도록 유혹한다. 예컨대 프로메테우스가 제우스에게 도전하는 것을 억제할 수 없도록 만든 것도 바로 휘브리스이다.[12] 즉 휘브리스는 금지된 지식의 한계를 넘

11) 최창모, 「전도서의 수사적 질문과 헤벨(הבל)의 상징적 기능에 관한 연구」, 『신학사상』 104(1999/봄), pp.112~145.

12) Francois Jacob, *La Souris, la Mouche et l'homme*, 1977(이정희 옮김, 『파리, 생쥐, 그리고 인간』, 궁리, 1999, p.103).

어서려는 인간의 오만과 대립되는 자리에 위치한다. 우리가 아는 것은 '우리가 알 수 없다'는 것이며, 또 우리가 알아야 할 것은 '우리가 알지 말아야 할 것이 무엇인가'이다. 우리가 할 수 없는 일, 하려고 시도조차 해서는 안 되거나, 하고자 갈구해서는 안 되는 일이 있음을 알아야 한다. 자유는 모든 것을 할 수 있음을 알지만 모든 것을 다 해서는 안 된다는 것도 아는 행동이다.[13]

우리는 여기서 과연 이 두 극단적인 의지가 공존할 수 있는 자리 또는 양극단의 유혹을 피할 수 있는 '사이'가 정말로 존재 가능한지를 묻지 않을 수 없다. 아울러 그것이 동양 사상이 말하는 중용지도(中庸之道), 소크라테스가 『변명』(Apology)에서 말하는 "진정한 지혜란 지혜의 한계를 아는 것에 있다"는 것, 그리고 아리스토텔레스의 "중간자"(μεσιτης) 개념과는 어떤 함수 관계가 있는지를 함께 물어야 할 것이다.

결국 금기의 원형으로서 에덴 동산의 신화는 세계와 인간을 창조하신 하나님과 그로부터 창조된 인간 '사이'의 넘을 수 없는 간격과 '차이'의 체계로 이루어진 질서를 인정하지 않고서는 영원히 공전(空轉)할 수밖에 없는 수수께끼가 된다. 우주의 동쪽 끝과 서쪽 끝 사이만큼이나 먼 신과 인간의 간격, 인간은 영원히 신이 될 수 없다는 사실을 인정한다는 것, 그것만이 이 신화로부터 해방될 수 있는 유일한 길이 아닐까? 그래서 유대인들에게 하나님의 이름을 부르는 것조차 허락되지 않는 것일지도 모른다.

---

13) Ignacio Ramonet, *Penser le XXI Siecle par Le Monde Diplomatique 2000*(최연구 옮김, 『프리바토피아를 넘어서』, 백의, 2001, p.49).

2. 신과 인간의 차이가 음식물의 차이에서 비롯된다는 것과 같은 맥락에서 히브리인들의 세계관, 즉 그들이 이해하는 세계의 질서는 하나님과 인간, 빛과 어둠, 하늘과 땅, 사람과 동물, 남자와 여자, 종(種)과 종(種) 사이에는 모두 어떤 차이가 존재한다는 사실로부터 출발한다. 머릿(R. R. Marett)이 발견한 것처럼 터부는 "여자를 남자에게, 하층 계급을 귀족에게, 모든 사람을 왕에게 종속시킴으로써 안전하게 하는 계급제도의 모퉁이돌"인 셈이다. 이 '계급' 사이의 차이를 거세하려 들면 충돌하게 되고, 결국 차이가 파괴, 소멸되는 곳에서는 언제나 죄가 시작된다. 결국 무의식의 질서란 곧 차이의 체계로 이루어진 질서를 말한다. 선악을 알고자 했던 호기심 많은 아담과 하와, 신처럼 되고자 바벨 탑을 쌓던 인간들, 남자가 되려는 여자들, 동물과 교합하는 인간들, 유전자를 조작하여 종과 종의 간격을 파괴하는 자들 모두가 죄인이다. 성서는 만지지 말아야 할 것을 만지고, 가까이 하지 말아야 할 것에 접근하고, 먹지 말아야 할 것을 먹으며, 감히 생각지도 말아야 할 것을 생각하는 인간을 싫어한다. 성서는 이들을 혐오스러운 존재들, 곧 성스러움이 고갈된 자들로 규정하고 있다.

왜 하나님은 이들을 싫어하시며 왜 그들은 혐오스러운 존재들인가? 이들은 규정되어 있는 그 어떤 '차이'도 인정하지 않으려드는 자들이며, 차이(의 체계로 이루어진 질서)가 거세·소멸되는 곳에서는 언제나 뒤따르는 위험한 폭력에 의해 피를 묻힌다. 결국 그들은 다른 사람들을 '오염'시켜 사회를 더럽히고 파괴하는 존재들이다. 피가 감염(感染)될 수 있고 전달 가능한 까닭은 폭력이 모방적이며, 폭력(의 이미지들)은 보는 즉시 습득되기 때문이다(폭력/탄저균은 전염되지 않지만, 폭력/탄저균의 공포와 두려움은 전염된다). 따라서 그들은 사회에서 격리시켜야 할 대상이 된다. 오염(汚染)된 자들이며, 피를 묻힌 자들이며, 전염(傳染)시키는 자들이기 때문이다.

히브리 성서에 나오는 피살자의 피를 의인화(擬人化)한 표현, 즉 "피가 땅에서 울부짖는다"(창세기 4:10b)는 표현만큼 살인에 대해 극적으로 묘사한 예는 드물다. 살인자에 의해 흘리게 된 피가 땅을 적심으로써 땅이 오염되는 것은 단순한 더럽혀짐이 아니라, 그 땅이 입을 크게 벌리고 울부짖는 것으로 의인화되었다. 이제 땅으로부터 버림받은 사람은 땅에서 멀리 떠난 사람, 유배된 영혼의 신화가 되어 비록 그가 땅을 경작하더라도 땅이 그 힘을 발휘하지 못하여 생산물을 내지 못하게 된다. 의인화하여 표현하자면, 피살자의 피로 오염되고, 살인자의 죄악으로 손상된 땅은 더 이상 살인자가 뿌린 씨앗으로부터 싹을 틔우고 열매를 맺는 것을 용납하지 않는다. 뿐만 아니라, 땅으로부터 인간을 쫓아내고, 황량한 사막으로 몰아내어 집도 없고 굶주린 유랑자로 헤매게 만든다.[14]

3. 히브리 성서의 신명기나 잠언에서도 이스라엘 주변에 폭넓게 퍼져 있는 이방인들의 관습들을 하나님이 얼마나 혐오하는가를 강조하고 있는데, 그것은 하나님의 거룩한 백성인 이스라엘이 그들로부터 오염되는 것을 막기 위한 것이다. 다시 말해 신명기에서는 하나님이 싫어하는 모든 가증스러운 것들이 제의적인 성격을 띠고 있는데, 특히 이방 신이나 우상을 섬기는 제의적 습관

---

14) 최창모, 「카인과 아벨 이야기(창세기 4장)의 구조와 의미—한 해석사적 연구」, 『목원성서 연구지』, 2(1998), pp.48~104 참조.

에 관하여 매우 부정적인 태도를 취하고 있으며, 거룩한 땅에 들어가서 이스라엘 백성이 피해야 할 이방 제의적 행위에 관한 논설을 길고도 상세히 적고 있다(신명기 12:29~13:1; 18:9, 12). 잠언에서도 고대 근동의 전통적인 지혜문학 방식으로 이방의 윤리적인 타락을 비난하고 있다. 잠언은 윤리적 규범의 위반과 좋은 행위의 기준을, 신명기는 거룩한 것과의 접촉과 하나님의 피할 수 없는 본성을 다룸으로써 개인적인 삶과 종교적인 생활의 규범과 질서를 확립하고자 했다.

신명기에 나타난 금기들	잠언 또는 격언에 나타난 금기들
다른 신을 두지 말라(7:16)	사악한 사람(3:32)
금이나 은으로 우상을 만들지 말라(7:25)	비뚤어진 마음을 가진 사람(11:20)
무당이나 박수를 닮지 말라(18:12)	거짓말(12:22)
유아 희생제사 금지(cf. 12:31)	악한 자의 제사(15:8 cf. 21:27; 28:9)와
남녀 의복 교환착용 금지(22:5)	악한 자의 길(15:9)
제의 창녀 금지(23:18f.)	나쁜 생각(15:26)
어떤 상을 만들지 말라(27:15)	오만한 자(16:5)
	죄인을 무죄사면하고 결백한 자에게 위
	조죄를 판결하는 자(17:15)
	말이나 되를 속이는 행위에 대한 징벌
	(1:1; 20:10, 23; 신명기 25:12~16)
	—'에바'와 '힌'(레위기 19:36f.; 아모스 8:5)

금기의 성격[15]

1. 제의적 금기는 신앙과 관련된 행동을 지배한다. 나아가 특정한 제의적 금기는 특정한 계층의 제의적 지위와 행동을 지배

---

15) A. R. Radcliffe-Brown, *Taboo: The Frazer Lecture 1939*, Cambridge: Cambridge University Press, 1939 참조.

한다. 제사장 계급은 시체를 만질 수 없다는 것 등 '백성의 어른'인 제사장에 관한 금기(레위기 21장)는 제사장 계급의 지위와 행동을 엄격히 통제하며, 그럼으로써 신성한 힘의 남용을 막을 수 있다.

2. 종교적 터부는 죄와 징벌의 문제와 관련이 있으며, 비종교적인 터부는 불운이나 행운과 관련이 있다. 예를 들어 영국에서는 식탁에서 소금을 쏟는 일은 불운을 가져다준다고 여기며, 어깨 위를 꼬집어줌으로써 그 불운을 쫓는다(어깨를 꼬집는 것은 식탁에서 주의하지 않는 어린이들을 꾸짖는 방법이기도 하지만 그것은 단순한 책망에 그치는 것이 아니라 주술적 의미로 확장되면서 그 효과를 극대화한다. 이와 비슷한 우리나라의 풍습으로는 오줌싸개 어린이의 머리에 채를 씌우고 이웃집을 돌며 소금을 받아오게 하는 것이 있다. 여기서 금기는 매우 현학적이며 은유적임을 알 수 있다).

그러나 엄밀한 의미에서 죄가 되는 터부와 불운을 가져다주는 터부를 구별하는 것은 쉽지 않다. 뒤르켐은 성(聖)과 속(俗)의 이분법적 구분과 집합표상(représentation collective)의 개념에 기초하여 종교적 제의와 주술적 제의를 구분하려고 했으며, 말리노프스키나 프레이저 역시 이론적으로 둘 사이의 구별을 시도하였다. 간단히 말해 소금을 쏟으면 불운이 온다는 것은 주술적인 것에 해당되며, 성(聖)금요일에 고기를 먹지 않는 것은 종교적인 행위라고 생각했다. 그러나 이 둘을 구별하는 것은 매우 복잡한 일이며, 단순한 양분(dichotomy)이 사실상 불가능하다.

3. 신성한 것(성전 등)과 부정한 것(시체 등) 사이의 구별 역시 불분명하다. 폴리네시아 추장은 성전은 거룩하다거나 시체는

부정하다는 생각을 갖지 않았다. 래드클리프-브라운(A. R. Radcliffe-Brown)은 '제의적 가치'(ritual value)라는 용어를 처음으로 사용하면서, 제의적 가치가 있다고 여겨지는 것들——사람, 물건, 장소, 이름 등——에서 금기가 발생한다고 하였다. 제의적 가치는 문화적 차이에 따라 큰 차이가 있다. '가치'란 항상 주체와 객체 사이의 관계를 지칭한다. 관계란 객체(목적어)가 주체(주어)에 가치를 주거나, 주체가 객체에 관심을 가질 때 성립한다. 사회제도 역시 하나의 가치체계로 이해될 수 있다. 개인적 관심이 사회적 관심이 되는 것은 비슷한 관심을 가진 다수의 구성원에 의해 가능하다. 따라서 어떤 특정한 사회는 특정한 가치단위——도덕적, 심미적, 경제적 등——에 의해 규정된다. 한 사회의 구성원들이 어떤 제의적 가치에 대해 동의한다면 그것이 곧 사회적 가치가 된다.

4. 제의적 가치와 사회적 가치의 관계는 무엇인가? 제의 연구는 제의 행위를 설명하는 데 그 목적을 두어서는 안 된다. 제의 연구의 목적은 제의의 목적이나 원인(을 역사적으로 밝히는 것)이 아니라, 제의의 의미에 두어야 한다. 의미를 갖는 것은 상징적이며, 의미는 상징으로 표현되는 그 무엇이다. 왜냐하면 그것이 관계하는 사회적 가치 때문이다.

구조주의자들에게 '제의적'이라는 말을 '상징적'이라는 말과 구별하는 것은 의미가 없다. '제의적'이란 곧 '상징적'이다. 또한 상징은 반드시 제도 내의 상호 관계 속에서 설명되어야 하는데, 곧 "모든 관습의 부분은 전체와의 관계 속에서 보아야만 한다는 것이다. 부분을 전체와의 관계에서 보지 않는 것은 마치 알파벳을 따로따로 떼서 보는 것처럼 의미가 없다".[16) 따라서 제의 연구는 제의의 효과를 고려해야 한다.

제의적 효과는 즉각적으로 사회적 효과로 나타난다. 우리는 제의의 사회적 효과를 고려함으로써 사회적 기능을 발견하게 된다. 이를 기능인류학(functional anthropology)이라 부른다. 예를 들어, 기우제(祈雨祭)가 실제로 비를 가져다준다고 말할 수는 없지만 그 제의는 매우 '상징적'인 것으로서 (심리적) '작용'을 하며, 그 작용은 곧 '의미'를 갖는다. 그래서 모든 제의는 그것과 관련된 신화(神話)를 갖는다. 여기서 우리는 같은 방식으로 신화의 의미를 발견하게 된다.

상징으로서 제의가 지닌 사회적 기능을 찾는 작업은 곧 그 사회의 구조를 밝히는 것과 연관된다. 다시 말해 한 사회의 구조는 신화와 제의로 표현된 상징이 갖고 있는 영향과 효과를 밝힘으로써 파악될 수 있다. 그런 의미에서 상징적 표현으로서의 제의 연구와 제의의 사회적 기능 연구는 별개의 것이 아니다. 제의의 으뜸가는 기본은 중요한 공동 관심사에 대한 제의적 가치를 귀속(歸屬)시키고, 공동체의 일원들을 그것과 함께 연결·계사(繫辭)하거나 그런 대상들을 상징적으로 표현해주는 데 있다.

제임스 프레이저는 『프시케의 과업』(*Psyche's Task*)에서 터부가 어떻게 복잡한 사회 조직을 세우는 데 기여하는지를 잘 보여준다. 제의는 상징적 행위를 합리화해준다. 따라서 터부가 여전히 한 사회를 지탱하는 힘을 가지고 작용하는 한, 그 사회에서 터

---

16) Edmund Leach, *Culture and Communication*, Cambridge: Cambridge University Press, 1976, p.95.

부는 계속 존재할 것이다. 그러나 터부가 더 이상 사회에 영향을 주지 못하면 터부는 그 사회에서 사라지게 될 것이다. 반대로 사회가 더 이상 터부의 힘을 믿지 않게 될 경우에도, 터부는 그 힘을 잃고 사라지게 된다.

금기의 사회적 기능

1. 터부는 매우 다른 두 개의 사회적 기능을 가진다. 첫째, 개인이나 집단의 죄를 분류하고 확인해주며, 개인이나 사회가 처한 불안정과 위험한 상황에서 특정 행동을 제한함으로써 위험에 처한 그들을 보호하고 방어하는 기능을 담당한다. 즉 터부는 집단의 행동 양식과 마찬가지로 누가 적이고 누가 아군인지를 구별하게 해주며, 위험과 폭력을 제도적으로 국한시키는 일종의 '울타리' 기능을 수행한다. 지라르(René Girard)는 금기의 이러한 기능에 대해 다음과 같이 말한다.

금기는 지극히 중요한 기능을 갖고 있다. 그것은 본질적인 기능에 절대로 없어서는 안 되는 비폭력의 보호지대를 인간 공동체의 중심에 확보해준다.

둘째, 본질적으로 터부는 사회 통합의 기능을 수행한다. 즉 터부가 제의적 기능을 가지고 있다는 것은 그것이 사회적 복종의 메커니즘과 그 성격이 매우 닮았다는 것을 의미하는데, 이는 제의적 기능을 수행하는 터부가 사회적 일체감(때로는 복종)을 형성하는 데 중요한 작용을 한다는 것을 의미한다.[17]

2. 터부는 항상 다른 사람에 대립하는 인간으로서 개인의 영속적인 동일성을 의식하도록 해준다. 아울러 터부는 그것이 속한 사회에서 필수적으로 통용되는 도덕적 명령으로 여겨진다. 터부와 도덕의 성장이 가져다주는 친숙한 관계는 도덕적 감정이 터부의 원시적 체계 속에 뿌리를 두고 있기 때문에 성립된다. 따라서 터부의 명령은 가정적(假定的)인 것이 아니라 단언적(斷言的)인 것이다. 터부는 도덕법의 창조자는 아니지만, 종종 자연적인 도덕과 합체해서 인간의 도덕적 생활을 구속한다. 다시 말해 터부는 도덕의 수호자는 아니지만, 도덕법의 일부가 그 자체로 표현하는 일시적인 형식이다. 사회의 실질적인 도덕적 힘은 함축적인 도덕적 이상이 끊임없이 합리화하려고 시도하는 곳에 종사하며, 또는 경험적으로 불합리하다고 관찰되는 터부의 법규를 거부하는 사회적 관계 속에서 작용한다.[18] 터부는 사회의 명령이 개인

---

17) M. Gluckman ed., *Essays on the Ritual of Social Relations*, Manchester: Manchester University Press, 1962. 글럭먼의 제자인 터너(V. Turner)는 제의의 사회 통합적 기능에 관심을 가지면서, 제의가 공동체의 통합을 이룰 뿐 아니라, 한 사회의 가치와 신앙, 정서까지도 보존하고 후손에게 전달하는 기능을 담당한다고 보았다. 여기서 바로 상징이 바로 중요한 매개 수단이 된다. V. Turner, *The Ritual Process*, London: Routlege & Kegan, 1969 참조.

18) 여기서 합리적인 터부와 불합리한 터부가 따로 존재한다기보다는 합리적으로 이해되는 터부와 불합리하다고 경험되는 터부가 존재할 뿐이다. 어떤 금기가 합리적이냐 아니냐 하는 것은 상대적이기 때문이다. 다만, 합리적이라고 이해되는 금기의 경우 그렇지 않은 것보다 생존력이 더 강한 것은 당연하지만, 그것이 곧 불합리하다고 경험되는 터부는 모두 사라진다는 것을 증명하지는 못한다. 비록 불합리한 금기로 인식되는 것이라 하더라도 사회적 인식이 고정되거나 고착됨으

의 의지를 가릴 때 사회통제의 대행자가 된다.

3. 그런 의미에서 사회적 터부는 한 사회 집단의 공통적인 생활이나 사고 또는 행동양식(folkways)의 한 영역과 유사하다. 동일한 습관이 사회 집단 내에서 상대적인 동질성을 드러내주듯, 터부는 개인으로 하여금 책임 있는 집단의 일원임을 확인시켜준다. 터부는 법규의 비공식적인 일부로서, 때로는 공적인 법률보다 더 강력하게 사람들의 행동양식을 구체적으로 조정하는 힘을 지닌다. 그런 점에서 터부는 그것이 이치에 닿든 못 닿든, 의식하든 못하든 강력한 사회적 현실이다.[19]

4. 다른 사회적 규범들과 마찬가지로, 터부를 생산하는 주체도 역시 그 사회의 지배계층이다. 예를 들어 이스라엘의 사울 왕은 블레셋과의 전쟁이 매우 급박하게 돌아가자 백성들에게 "내가 내 원수를 갚을 때까지 아무 식물이든지 먹는 사람은 저주를 받을지어다"라고 선언한다(사무엘상 14:24). 그리고 일반인들이 그것을 자신들에게 유익한 가치를 가진 것으로 받아들임으로써 그 금기는 지켜진다.

그러나 불합리한 터부는 오래가지 못한다. 여론이 이에 저항하

로써 문화적으로 강력한 기능을 수행할 수 있기 때문이다. 예를 들어 오른손잡이가 왼손잡이보다 우월하다고 믿는 것이 결코 합리적이지 않지만 여전히 사회적·문화적 '편견'으로 남아 작용하고 있는 까닭은 이미 오른손잡이가 우월하다는 인식이 사회의 지배적인 이데올로기로 고정되어버렸기 때문이다. '월경' 중인 여성을 금기시한 것 역시 같은 맥락에서 이해할 수 있을 것이다. 불합리하지만 여전히 살아 작용하는 금기나 관습은 얼마든지 있다. 이 책 제3부 제1장과 제4부 제2장 참조.

19) Irving M. Rosen, "Social Taboos and Emotional Problems," *Journal of Religion and Health* 11(1972), pp.175~180 참조.

기 때문이다. 공동체는 무엇이 좋은 것이고 잘못된 것인지를 판단하여 지지하기도 하고 거부하기도 한다. 터부는 궁극적으로 시민사회의 재가(裁可)를 얻어 법이 된다. 그러나 시민사회의 단순한 재가만으로는 불충분하기 때문에 사회는 초자연적인 재가를 찾아낸다. 왕이 사제의 신탁에 의존하는 까닭이 여기에 있다.

또 사회통제에 대한 미신적 두려움의 직접적인 인식은 재산에 대한 터부의 관계에서 비롯된다. 터부시된 물건은 기피되고 그럼으로써 신성한 것으로 남을 수 있듯, 재산의 필수적인 안전은 초월적인 힘에 의해 수호됨으로써 향유된다. 마오리족 사이에서 터부를 위반한 자는 신 또는 사람에 의해 징벌을 받는데, 신으로부터는 질병과 죽음을 받고, 사람에 의해서는 죽음에 처해지거나 재산을 잃거나 속한 사회로부터 추방된다.

5. 터부가 비록 개인적인 영역에 작용한다 하더라도, 터부가 깨지게 되면 그 결과는 집단 전체에 영향을 미치기 때문에 개인과 사회의 관계가 매우 밀접하게 관련되어 작용한다. 금기를 위반함으로써 공동체의 질서를 파괴하는 행위에 대해서는 예외 없이 형벌이 가해지며, 그 형벌은 법과 도덕의 통제 기능보다 훨씬 더 강력한 초월적 힘을 빌려 가해지기 때문에 그 사회적 효과가 크게 나타난다. 이스라엘이 여리고를 정복할 때 유다 사람 아간이 전리품의 일부를 몰래 훔쳐 취한 사건이 발생하였는데, 그때 여호수아는 "이스라엘 모든 사람"과 더불어 그를 돌로 쳐 사형에 처했다(여호수아 7장). 마치 암 환자를 구하기 위해 암세포는 물론 주변 세포까지 수술해 떼어버리듯, 종종 한 사람의 잘못이 집단 전체에 끼칠 수 있는 위험을 차단하기 위해, 오염의 위험까지 제거하는 것이다(민수기 16:22 cf 사사기 17:1~5; 로마서 5:12).

6. 기본적으로 금기가 깨지지 않고 유지되는 사회는 그 사회구조와 연결된 영적 힘을 인정하는 사회, 즉 법을 집행하는 자들의 힘과 권위를 인정하는 사회다. 축복하거나 저주할 수 있는 힘을 가진 자들을 믿고 그들의 통제를 따를 준비가 되어 있는 사회에서 터부는 기능한다. 그러한 권위의 소재를 명시적으로 인식하는 사회체제에서는 사람들을 애매모호한 위험과 증명되지 않은 힘, 즉 마술이나 미신에 현혹되어 머뭇거리지 못하도록 함으로써 통제를 강화한다. 사회가 잘 체계화된 곳에서는 명확한 권력이 권위의 소재지에 제대로 부여되어 있는 반면, 그렇지 않은 곳에서는 명확하지 않은 권력이 무질서의 원천이 되는 사람에게 주어져 있다. 다시 말하자면, 사회의 질서 구조는 그것을 유지하는 원시적 힘에 의지한다는 것이다.[20]

7. 성서에서 언급하고 있는 거룩함, 죄, 정결 등의 개념은 원시사회의 터부 개념과 다소 관련이 있는데, 기본적으로 '두려움' 또는 '죄책감'과 연결된다. 죄책감은 양가 감정으로 말미암은 갈등의 표현으로, 욕망에 복종하여 인간을 긴밀한 집단으로 통합하려 하기 때문에 죄책감을 강화함으로써 집단 형성이라는 목적을 달성한다. 이것은 합리적 근거를 갖지 않은 실체 없는 환상처럼 보일지라도 매우 실용적인 결과로부터 채택된 것들이다. 이스라엘 백성들은, 주변 국가들로부터 많은 영향을 받았음에도 불구하고, 스스로 '거룩한 백성'이라 하여 다른 민족들과 구별하고, 공동체

---

20) E. Leach, *Rethinking Anthropology*, London: University of London Press, 1961; Mary Douglas, "Power and Danger," *Purity and Danger: An Analysis of Concepts of Pollution and Taboo*, London: Routledge & Kegan, 1966, pp.95~114.

의 동일성을 유지하는 데 필요한 독특한 규례와 법도를 단단히 만들어갔다. 특히 멸망 이후 이방 세계에서 이교도들과의 치열한 싸움 속에서 살면서 그 필요성을 절감하게 되었으며, 그런 사회적 여건 때문에 체계화된 하나의 질서를 갖는 것이 가능했다. 그 구별 체계의 근간은 당연히 유일신 신앙이다.

너희는 나의 모든 규례와 법도를 지켜 행하라. 그리하여야 내가 너희를 인도하여 거하게 하는 땅이 너희를 토하지 아니하리라. 너희는 내가 너희 앞에서 쫓아내는 족속의 풍속을 좇지 말라. 그들이 이 모든 일을 행하므로 내가 그들을 가증히(혐오스럽게) 여기노라. 내가 전에 너희에게 이르기를 너희가 그들의 땅을 기업으로 얻을 것이라. 내가 그 땅 곧 젖과 꿀이 흐르는 땅으로 너희에게 주어 유업을 삼게 하리라 하였노라. 나는 너희를 만민 중에서 구별한 너희 하나님 야훼라. 너희는 짐승의 정하고 부정함과 새의 정하고 부정함을 구별하고 내가 너희를 위하여 부정한 것으로 구별한 짐승이나 새나 땅에 기는 곤충으로 인하여 너희 몸을 더럽히지 말라. 너희는 내게 거룩할지어다. 이는 나 야훼가 거룩하고 내가 또 너희로 나의 소유를 삼으려고 너희를 만민 중에서 구별하였음이니라(레위기 20:22~27).

금기 없는 현대사회

왜 현대사회에서는 고대사회와는 달리 대부분의 금기가 사라졌을까? 왜 금기가 더 이상 현대인의 의식 세계 및 사회 생활에 직접적인 영향을 미치지 못하는가? 금기가 깨진 직접적인 원인은 무엇이며, 금기가 더 이상 영향을 끼칠 수 없게 된 사회적 변화의 주원인은 무엇인가?

1. 터부가 여전히 한 사회를 지탱하는 힘으로서 작용하는 한 그 사회에서 터부는 계속 존재할 것이며, 역설적으로 터부의 힘에 대한 사람들의 믿음이 유지되는 한 터부는 작용할 수 있다. 반대로 터부가 더 이상 사회에 영향을 끼치지 못하게 되면, 역설석으로 사회가 더 이상 터부의 힘을 믿지 않게 되면 터부는 그 사회에서 힘을 잃고 사라지게 된다. 고대사회의 금기는 숨겨진 '원시적 공포와 성스러움'에서 찾을 수 있었음에 비해, '현대의 거만한 합리주의' 사회는 그러한 초월적 세계를 거의 부정하거나 '과학'의 이름으로 밝혀내기를 좋아한다.

2. 금기가 자리할 수 있는 사회적 환경이 변했다. 사회가 분화하고 복잡해질수록 사회의 모든 구성원들이 동의하는, 즉 모든 구성원들에게 유익한 금기는 존재하기 어렵다. 다시 말해 오늘날의 사회는 이질적이어서, 폐쇄적인 사회 제도나 계급, 그리고 윤리적 제휴가 더 이상 유지될 수 없게 됨에 따라 상대적으로 상응하는 공동체의 공동의식, 집단의식, 통일성이 사라지게 되고, 경제적·사회적 욕구와 이해 관계가 다양해지고 복잡해짐에 따라 집단 또는 개인 모두에게 유익한 금기가 더 이상 존재할 수 없게 되어버렸다. 개방적인 현대사회에서는 폐쇄된 사회적 집단의 경험이자 산물인 금기가 불합리하다고 믿기 때문에 금기는 사라질 수밖에 없다.

3. 숨 가쁠 정도로 빠르게 변화하는 현대사회에서는 수없이 다양한 섞임과 잡종의 문화가 탄생한다. 현대사회는 이른바 퓨전

(fusion)의 시대다. 요리도 예술도 과학도 문화도 학문도 모두 뒤섞는 것이 대세이다. 따라서 현대사회에는 더 이상 고립적인 자연이나 문화가 존재하지 않는다. 특히 생물학적 유전자의 조작기술은 식물과 식물, 식물과 동물, 종과 종, 인간과 동물, 여자와 남자, 성(聖)과 속(俗), 깨끗함과 더러움 간의 차이를 소멸시켜버렸으며, 이들 간의 구별은 더 이상 의미가 없다. '이것도 저것도 아닌' 것으로부터 '이것도 되고 저것도 되는' 것으로 개량된 것이다.

생명공학과 산업의 결합으로 탄생한 (주)생명에서는 이제 콩도 아니고 팥도 아닌 것으로부터 콩이자 동시에 팥인 것을, 감자도 고구마도 아닌 것에서 감자이며 동시에 고구마인 식품을 얼마든지 생산할 수 있을 뿐 아니라, 남자가 여자로 여자가 남자로 성전환도 가능하며, 인간도 아니고 원숭이도 아니면서 인간이자 원숭이인 새로운 종(키메라)을 얼마든지 만들어낼 수 있게 되었다. 현대사회는 더 이상 둘 중 하나만을 강요하지 않는다. 차이와 구별이 없는 비분리 사회에는 금기도 없다. '문턱'이라는 경계 없이는 동일성이나 체계와 질서를 교란시키는 것도 없기 때문이다.

4. 터부로서의 성(性)과 음식은 항상 사회적 계층화, 전통적 특권 의식, 그리고 교차될 수 없는 사회적·가족적·도덕적 계통 등의 중요한 조건과 가설 위에 놓여 있기 때문에, 복잡한 사회와 다원화된 국가에서는 음식이나 성과 관련된 터부나 다른 규칙들이 열린 사회의 이상과 양립할 수 없다. 특히 집단의 이익에 우선하여 개인의 권리가 보장되는 사회에서 개인의 욕구와 욕망은 더 이상 억제나 절제의 대상이 아니며, 타인의 그것과 충돌하지 않는 범위 내에서 충족의 대상이 되었다. 그럼에도 불구하고 폐쇄

적인 계급 제도에 의해 유지되는 복잡 사회에서는 종교가 터부의 정당성을 뒷받침하고 있기 때문에 어느 정도 유지된다.

5. 터부는 유아 단계의 신경증이 아니라 사회의 형성물이다. 현대사회는 억압을 잊어버린 사회이기 때문에 과거의 미신적 사회가 가지고 있던 억압기제인 금기는 낯설고 이해할 수 없는 것이 되었다. 어기고 싶은 욕망을 억제할 필요가 없으므로 넘치는 욕망을 마음대로 분출하고, 대체와 타협의 기술을 개발하여 더 이상 터부가 제공하던 도덕 의식 또는 죄의식을 가질 필요가 없게 되었다. 과거에는 사회의 질서가 억압과 차이의 체계 위에 세워져 있었다면, 현대사회는 해방과 평등 위에 기초하기 때문이다.

6. 금기가 특정 계층의 지배 이데올로기로 전락하고 힘없는 피지배계층에게만 강요됨으로써 점차 그 권위를 잃게 되었고, 결국 사회의 질서를 유지하는 힘의 구조가 해체되었다. '거룩한' 집단이 평민들로부터 자신을 분리한 것이 오히려 폐쇄적인 계급 사회의 본질과 적지 않은 갈등을 야기함으로써 금기의 상실을 가져온 것이다.

7. 대부분의 금기—그 본래의 목적이나 의도가 숨겨진 경우가 많은—가 법이나 도덕적인 이데아—이는 합리적인 설명이나 이해를 통해 분명히 그 의도나 목적이 드러난다—로 자리를 잡았다. 현대사회에서는 사회의 질서를 유지하고 지탱하는 근간이 간접적인 방식의 금기로부터 직접적인 방식의 법으로 이동했다. 사회의 질서유지 기능을 하는 것이 금기에서 법으로 대체된 것이다. 사회구조는 여러 기능들이 행사되는 틀로서 구성적인 제도들의 기능이 변함과 함께 변화한다. 마찬가지로 사회의 구조가 급격하게 변화될 때 그에 따라 제도들의 기능 역시 변하게 된다.

8. 그럼에도 불구하고 고대사회의 문화가 현대사회의 문화 속에 여러 구조와 형태로 잔존(殘存)하고 있다. 스스로 근대인이라 칭하는 사람들에게조차 위장된 신화와 타락한 제의는 보존되고 있다. 고대사회를 연구하는 목적은 유해한 세속적 믿음으로 둔갑한 낡은 문화의 잔재를 펼쳐놓으려는 데 있는 것이 아니라, 그것이 어떻게 변화하고 소멸해갔는가를 드러내는 데 있다. 현대사회에서 고대사회가 지니고 있던 대부분의 금기가 소멸되었다고 해서, 그것이 곧 문명이 원시보다 질서정연하다고 단정지을 수 있는 증거는 아니다. 따라서 금기 연구는 고대사회가 지켜온 금기의 구조와 의미를 되찾음으로써 어떻게 영속하는 평화로운 사회 질서를 유지할 수 있는지를 숙고하게 만든다는 의미에서 여전히 유용하다 할 수 있다. 그런 측면에서 문화 과학은 개혁자의 과학이다.

제2부
유대인의 음식 금기들

누구든지 주의 떡이나 잔을 합당치 않게
먹고 마시는 자는 주의 몸과 피를 범하는 죄가 있느니라.
사람이 자기를 살피고 그 후에야 이 떡을 먹고 이 잔을 마실지니
주의 몸을 분별함이 없이 먹고 마시는 자는
자기에게 내릴 심판/죄를 먹고 마시는 것이니라.

I 왜 돼지고기를 먹지 않는가

예루살렘에서 유학할 때의 일이다. 우리 가족은 이웃 야나이네와 친척처럼 지내는 사이었다. 야나이 아버지는 캐나다에서 이민 온 예쉬바 대학의 교수였고, 어머니는 미국에서 온 고등학교 영어 교사였다. 우리는 주말이면 서로 오가고, 때때로 여행도 같이 하곤 하였다. 그런데 어느날 문제가 발생했다.

어느 안식일에 야나이네 가족이 우리 집에 놀러 와 함께 지내는 동안 우리는 김밥을 만들어 먹기로 작정하였다. 모처럼의 시간적 여유도 즐기려니와 그들에게 한국 음식을 은근히 자랑하고 싶은 생각에 우리 부부는 정성들여 음식을 장만하였다. 옆에서 구경하던 야나이의 어머니 에스더는 김밥을 보고 "꽃 같다"느니 "그림 같다"느니 하며, 처음 보는 동양의 음식을 신기하게 쳐다보고 있었다.

하지만 오랜 준비 끝에 식탁에 차려 놓은 음식이 우리 모두를 즐겁게 해주리라는 기대가 물거품이 되는 데는 불과 몇 초가 채 걸리지 않았다. 그들에게는 이 음식이 그야말로 '그림의 떡'이었다. 유대인의 법에 따르면 유대인은 이방인과 함께 식탁에 앉아 이방인의 음식을 함께 나눌 수 없기 때문이었다. 결국 손님 앞에서 그들을 초대한 우리만 음식을 먹는 꼴이 되고 말았다.

그런데 진짜 문제는 야나이와 나의 합동작전에서 비롯되었다. 야나이는 나를 조용히 부르더니, "먹음직도 하고, 보기도 좋은" 김밥을 맛보고 싶어 도무지 참을 수가 없다면서 몰래 한 개만 먹고자 청하였다. 나는 즉시 비밀리에 협조하였다. 그러나 성공적인 것 같던 작전은 실패로 돌아갔고, 그 후 40일 동안 우리와 그들 사이의 '외교적 관계'는 단절되고 말았다.

유대인들의 음식법은 그야말로 까다롭기 이를 데 없다. 먹을 수 있는 음식과 먹을 수 없는 음식이 엄격히 구별되어 있을 뿐만 아니라, 먹을 수 있는 음식조차 그것을 마련하고 요리하는 과정이 너무도 복잡해서 이에 관한 법규인 카슈룻(תוישכ)만 해도 한 권의 책이 될 정도다.

음식 금기들

인류가 살아가는 데 가장 중요한 것은 음식이다. 음식이 중요한 것은 단지 그것이 배고픔을 면하게 해주는 것이기 때문이라기보다는, 인간 활동의 대부분이 음식을 얻고 소비하는 것과 막대하게 관련되어 있기 때문이다. 나아가 문화로서의 식습관은 한 사회의 구성원들을 묶어 상호 관계를 지속적으로 유지시켜주는 데 중요한 역할을 담당하며, 동시에 인간의 무한한 식욕이 공동체의 구성원들 간에 또는 사회 전체에 미치는 영향은 매우 크다.

음식 문화에 보편적인 관습이나 음식법은 따로 없다. 따라서 어떤 음식 문화가 '원시적'이며, 어떤 음식 습관이 '고급 문화'에 속하는지 구별하는 것은 의미가 없다. 특정 음식 문화는 곧 그 집단의 성격이나 문화의 다른 차원을 반영해줄 뿐이다. 한 사회에서 어떤 음식은 먹을 수 있고 어떤 음식은 금지되어 있는 것은, 그 사회에서 어떤 음식에 대한 상징적 가치가 서로 다르게 이해되고 있기 때문이다.

음식을 함께 나누어 먹는 것은 개인적 우의 또는 집단의식을 다져준다(쿰란이나 초기 기독교 공동체에서 공동식사는 제도의 쐐기돌[keystone]이었다. 이스라엘의 키부츠 역시 마찬가지다). 그런가 하면 함께 음식 먹기를 거부함으로써 분노나 불화를 나타내기도 한다. 식량으로 말미암아 전쟁을 치르기도 하는데, 히브리어에서 '전쟁'(מלחמה)이라는 단어가 '빵'(לחם)과 그 어원을 같이하고 있는 것도 마찬가지 이유에서이다. 결국 음식은 인간 사회에서 사회적 관계에 대한 하나의 물질적·경제적 표현이며, 따라서 인간의 본질과 사회·문화적 특성을 설명하는 훌륭한 예가 되기도 한다.

음식에는 권력과 사회 제도가 어떤 방식으로든 개입하게 된다. 따라서 음식 금기는 평민들보다 왕이나 제사장과 같은 막강한 힘을 가진 자들에게 우선적으로 발생한다(cf. 에스겔 42:13, 14; 44:29, 31). 정치적 권위는 항상 경제적 힘과 분리되어 있지는 않다. 힘이 있는 곳에는 항상 그것을 남용할 위험이 도사리고 있기 때문에 많은 금기가 붙어 다닌다. 특히 음식 금기는 귀족들의 끝없는 음식에 대한 탐욕을 억제하기 위한 사회적 제어 장치이며, 동시에 '거룩한' 자들에게 우선적으로 '거룩한' 음식 규정을 지켜야 할 종교적 책임이 더 요구된다는 것을 의미한다. 여기서 '거룩하다'는 것은 곧 '구별된다'는 것을 의미한다. 제사를 지내고 남은 음식을 반드시 불에 태우는 금기[1]는 거룩한 음식이 일반적인 음식과 섞이게 되면 성스러움이 심각하게 훼손을 입게 된다고 생각하기 때문에 발생한다. 여기서 음식물은 서로 다른 두 영역이나 총체 사이의 모서리, 즉 매개(媒介)를 이루는 것이 된다. 뒤섞임은 상호 적대적이다.

또한 음식이 종교적 행위와 밀접하게 관련된 까닭은, 먼저 종교적인 제의가 신에게 제사를 드리고──제사는 신이 인간에게 내린 선물에 대한 감사의 응답이다(수직적 균형)──그 음식을 함께 나누어 먹음으로써──제사 후 음식을 함께 나누는 것은 축제의 기본 요소이다(수평적 균형)──구성원 간의 일체감(cohesiveness)과 동일성(identity)을 표현하는 사상과 행위의 시스템이기 때문이다. 나아가 초월적인 존재와의 접촉에서 오는 위험을 피하기 위해 사물이나 사람으로부터 전염/오염을 막으려는 욕구가 필연적으로 종교적인 성격을 띠게 되기 때문이기도 하다. 이것이 두 영역/존재 사이를 구별하기도 하고 결합시키기도 하는 음식물의 양가성(ambivalence)이다.

---

1) 제사 후 남은 음식을 반드시 태우는 습관은 남은 음식을 매개로 불운이 찾아온다는 생각 때문이다. 마법사가 남은 음식을 지키고 있기 때문에 위험 요소를 제거하는 데는 태우는 것보다 더 좋은 방법이 없다. 성서에서도 "무릇 제사장의 소제물은 온전히 불사르고 먹지 말지니라"(레위기 6:22)고 하였다. 한편, 제사에 사용한 고기는 그날 먹어야 하며, 다음 날 아침까지 남겨서는 안 된다. 이러한 터부는 성서의 만나와도 관련된다. "모세가 그들에게 이르기를 아무든지 아침까지 그것을 남겨 두지 말라 하였으나 그들이 모세의 말을 청종치 아니하고 더러는 아침까지 두었더니 벌레가 생기고 냄새가 난지라. 모세가 그들에게 노하니라"(출애굽기 16:19~20). 또, 유월절에 잡은 양고기를 "아침까지 남겨두지 말며, 아침까지 남은 것은 소화(燒火)하라"(출애굽기 12:10)고 하였다. 이러한 습관은 폴리네시아의 여러 부족들에게도 남아 있으며, 고대 로마인들 사이에도 있었다.

구약의 음식법

민족들은 각각 자민족의 동일성을 유지하기 위해——그 반대 논리도 성립할 수 있지만——나름의 독특한 음식법을 가지고 있다. 이집트인들은 히브리인들이 깨끗하다고 생각하는 동물을 금하는 규정——양은 혐오감을 일으키는 동물이다——을 가지고 있었으며, 돼지고기는 만월(滿月) 일을 제외하고는 먹는 것이 금지되었다. 아시리아와 바빌로니아 사람들은 특정한 날에 특정한 음식을 먹는 규정——"이야르 월 9일에는 생선을, 아브 월 30일에는 돼지고기를, 그리고 티슈리 월 27일에는 쇠고기를 먹을지어다."——을 가지고 있었다. 이는 성서에서도 관습적으로 특정한 날에는 특정한 음식만을 먹도록 규정하고 있다는 사실과 형식면에서 차이가 없다(cf. 신명기 16:3).

힌두인들이 깨끗한 것과 더러운 것을 구별한 것은 기원전 1,000~800년까지 거슬러 올라간다. 모든 육식을 금하는 힌두 사람들은 자기 지역의 동물들을 부정하게 취급했다. 그런가 하면 그리스-로마인들에게는 희생 제물로 사용되지 않은 동물은 부정했다. 특히 황소는 희생 제물로 바치는 것이 금지되었는데, 이는 밭을 갈아야 하기 때문이었다.

아테네인들은 염소가 식물, 특히 올리브 나무를 파괴한다는 이유로 질색했으며, 스파르타인들은 염소를 헤라 신에게 바쳤다. 개의 경우 어떤 지역에서는 부정하게, 다른 지역에서는 깨끗하게 여겼다. 제2차 세계대전을 전후로 인도인들이 서양인들의 밀을 거부한 일도 있다. 모두 실용적인 또는 현실적인 이유가 적용된 것이다.

구약 성서의 음식법(카슈룻)은 이른바 토라의 정결법(Holiness Code)[2]에 광범위하게 규정되어 있다. 이 법은 대체로 기원전 6세기 디아스포라 세계에서 흘러나오게 된다. 그러나 이 관습은 어떤 특정한 시기에 주변 세계와 완전히 독립적으로 발생한 것이 아니다. 오랜 기간 동안 디아스포라 세계에 살면서 타민족과의 동화(同化)를 막고 자민족의 동질성을 유지하며, 사회를 통합하기 위해서 주변 국가와의 차이와 구별은 불가피한 조처였다. 이 법은 "나는 야훼 너희 하나님이라 내가 거룩하니 너희도 몸을 구별하여 거룩하게 하라"(레위기 11:44)는 원칙에서 출발한다.[3]

히브리 성서에 따르면 태초에 하나님은 인간에게 채식(채소와 곡식, 과일)만을 허락하였다(창세기 1:29). 그러나 인간의 행위가

---

2) David P. Wright, "The Spectrum of Priestly Impurity," *Priesthood and Cult in Ancient Israel*, Gary A. Anderson and Saul M. Olyan, eds., JSOTSupSer.125, Sheffield: JSOT Press, 1991, pp.150~181 참조. 정결법의 기본 개념은 거룩한 하나님의 백성인 '이스라엘의 백성들'이 마땅히 지켜야 할 구별된 질서로서 "너희는 거룩하라. 나 야훼 너희 하나님이 거룩함이니라"(레위기 19:2)로 요약된다. 레위기의 정결법은 토라의 계약서(출애굽기 20:19~23:23) 및 신명기 법(신명기 12장~30장)과 그 형식과 내용이 서로 닮았다. 도표로 그리면 다음과 같다.

주제	정결법	계약서	신명기
서언: 예배의 적절한 형식	레위기 17장	출애굽기 20:19~23	신명기 12장
땅에 관련된 의무	19:9f.; 25장	23:10~11	15장; 24:19~22; 26장
거룩한 축제들	23장	23:12~19	16:1~7
후기: 축복과 저주	26:3~46	23:20~33	27~30장

3) Mary Douglas, *Purity and Danger*, London: Routledge & Kegan, 1966; Jacob Neusner, *The Idea of Purity in Ancient Judaism*, Leiden: E. J. Brill, 1983.

속속들이 썩고 땅은 무법천지가 되어(창세기 6:12), 하나님의 징벌이 노아의 홍수로 이어지고, 홍수 이후 "그러나(אַך) 고기를 그 생명이 되는 피 채 먹지 말 것이니라"(창세기 9:4 cf. 레위기 3:17; 7:26; 17:10~14)는 조건부로 육식이 허락된다. 육류는 되새김하는 위가 달렸으면서, 동시에 발굽이 갈라진 동물만을 먹을 수 있다(레위기 11:3). 유대인이 피 먹는 것을 엄격히 금하고 있는 까닭은 "육체의 생명은 피에 있다"(레위기 17:11)는 사상 때문이다. 또, 기본적으로 유대인은 육류와 유제품류를 함께 섞어 먹지 못한다. "너는 염소 새끼를 어미젖으로 삶지 말지니라"(출애굽기 23:19)는 규정 때문이다. 한편, 어류 가운데는 지느러미와 비늘이 있는 것들만 허가되며, 조류의 경우 가금류는 먹을 수 있으나, 야생 조류는 안 된다.

지금도 유대인들이 이렇게 대단히 복잡하고 까다롭기 이를 데 없는 고대사회의 음식법을 매우 엄격히 지키고 있는 현상에 관하여 현대인들은 코웃음을 칠 수도 있다. 더구나 얼핏 보면 이러한 관습이 전혀 합리적인 이유나 과학적인 근거가 없어 보인다는 점에서 더욱 그러하다. 하지만 이러한 까다로운 음식법은 더운 사막에서 오래 살아온 이스라엘 사람들이 나름대로 축적된 경험을 바탕으로 오랜 세월 동안 지키고 있는 하나의 음식 문화로 이해할 수 있을 것이다. 적어도 이스라엘 사람들이 세계에서 두번째로 긴 평균 수명(남자 75세, 여자 78.4세)을 유지하고 있다는 사실을 우리는 어떻게 설명할 수 있을까? 식생활 문화와 인간의 수명 사이에 상관 관계가 있다는 사실은 모두가 알고, 또 믿고 있는 사실이 아닌가?

음식은 곧 문화다

물론 짧은 상식으로는 유대인의 이러한 음식법이 모두 과학적인 식생활에 근거하고 있다고 설명할 수도, 해석할 수도 없다. 그러나 적어도 우리가 아는 한 피 속에는 건강한 영양분도 많지만 노폐물 역시 많이 포함되어 있다는 사실, 새우나 굴 등에는 콜레스트롤 등 인체에 해로운 물질이 다량 포함되어 있어 세간에 별로 인기가 없다는 사실, 그리고 돼지고기 등에는 포화 지방이 지나치게 많아 고혈압이나 성인병을 유발할 위험이 크다는 등의 저널리즘적인 상식에 비추어볼 때, 유대인의 음식 문화는 결코 웃고 지나칠 일이 아니며 어떤 과학적(?)인 근거가 있는지 따져볼 일이다.

음식은 인간의 가장 기본적인 생존 수단이기 때문에 인간에게 음식 문화란 가장 인간다운 삶을 나타내는 삶의 양식이다. 기아에 허덕이는 지구 곳곳에서 국제 구호단체들이 제공하는 음식을 받아먹기 위해 파리떼처럼 달려드는 난민들의 모습──사실 바빌로니아 신화를 보면 신들도 인간이 불에 태워 드리는 제물의 "향기를 냄새 맡고, 파리떼처럼 모여들었다."──을 보면서 우리가 비애를 느끼는 것과 마찬가지로, 욕심을 절제하지 못하고 몸에 좋다면 무엇이든 먹어대는 게걸스러운 인간의 모습에서도 우리는 추함을 느낀다. 이것이 바로 음식 문화라는 것이 인간됨의 한 양태라고 볼 수 있는 증거인 셈이다. 음식은 곧 문화다.

그런 점에서 인간의 다양한 식습관은 문화적 상대주의(cultural relativism)의 관점에서 보아야 할 현상에 속한다. 인도의 힌두교도들은 소를 신성한 동물로 여겨 쇠고기를 먹지 않고, 유대인이나 무슬림은 돼지고기를 혐오하며, 서양 사람들은 보신탕에 대해 구역질을 느낀다. 이러한 사실은 무엇이 먹기 좋은 음식인가를 규정하는 것이 단순히 소화 생리학이나 영양학의 차원을 넘어서는 것임이 틀림없음을 보여준다. 따라서 한 사회의 문화적 가치와 실천이 다른 사회의 그것보다 우월하다는 판단은 유보되어야 마땅하다. 마빈 해리스의 지적대로 음식의 선호와 기피의 문제는 "음식 그 자체의 본질" 때문이 아니며, "사람들의 근본적인 사고 유형"에서 그 이유를 찾아야 한다는 것이다. 다시 말해 음식을 얻기 위한 환경, 즉 음식의 영양학적·생태학적·경제적 환경에 의한 선택의 한 결과임이 분명하다.

돼지고기를 기피하는 이유

돼지고기를 금지하는 성서의 규율은 정결법에 나온다. "너희는 이 고기를 먹지 말고, 그 주검도 만지지 말라. 이것들은 너희에게 부정하니라"(레위기 11:11, 24). 또, 다른 음식에 대해서는 자유로우면서도 유독 돼지고기를 금하고 있는 코란에서는 "알라께서 너희에게 금하는 것은 이것들뿐이다. 썩은 고기, 피, 그리고 돼지고기"라고 규정하고 있다.

바빌로니아 지역의 수메르 사람들에게는 잘 알려지지 않은 돼지는 가나안 지역의 동물이었으며, 모든 셈족에게는 거의 금기로 알려진 동물이다. 하란 사람들은 일 년에 한 번씩 돼지를 잡아 제사를 드렸으며, 키프로스에서는 돼지가 예배와 중요한 관련이 있었다. 마카비 시대 그리스의 안티오쿠스 왕은 유대인에게 "돼지와 부정한 동물들을 희생 제물로 잡아 바칠 것"을 명령한 바 있었다(마카비 상 1:47). 신약 성서에서도 팔레스타인 내의 그리스·로마 도시에서 돼지를 기른 흔적을 말하고 있다(마태복음 8:24~34). 이집트인들 역시 전통적으로 돼지와 돼지고기를 금지해왔다. 돼지는 특히 농경 신——데메테르(Demeter, 농업·결혼·사회 질서의 여신), 아도니스(Adonis, 여신 아프로디테가 사랑한 미소년), 아프로디테(Aphrodite, 사랑·미의 여신) 등——에게 드린 예배와 깊이 연관된 것으로 알려져 있다. 이는 농업과 종교 제의의 결합과 관련된다.

그러면 성서가 돼지고기를 법으로 금하는 이유는 무엇일까? 이에 관해서는 다음의 몇 가지 가설로 요약된다.

위생 이론 – 돼지의 불결한 습성

돼지고기를 더럽다는 이유로 싫어하고 혐오하게 되었다는 이론의 시작은 랍비 마이모니데스(Mose Maimonides)에게로 거슬러 올라간다. 그는 12세기 에스파냐에서 태어나 이집트의 이슬람 황제 살라딘의 궁정 의사로 일했으며, 랍비로서 카이로와 알렉산드리아에 대학을 창설한 인물이다. 그는 돼지와 돼지고기를 먹는 기독교도들에 대해 강렬한 혐오감을 갖고 있었다. 그는 돼지고기가 "인체에 해롭고 나쁜 영향을 끼친다"고 말하면서, "돼지고기를 법으로 금하는 주요한 이유는 돼지의 습성과 먹이가 매우 더럽고 혐오스럽다는 데에 있다"고 하였다. 또, 그는 "만약 법이 이집트인들과 유대인들에게 돼지를 기르도록 허용한다면, 카이로의 집과 거리는 유럽처럼 더러워질 것이다. 왜냐하면 돼지의 입은 똥과 같이 더럽기 때문이다"라고 했다.[4]

황제의 시의(侍醫)로서 그의 판단은 널리 존중되었다. 실제로

19세기 중엽 돼지고기를 날로 먹었을 경우 선모충병(旋毛蟲病, trichinosis)에 걸린다는 사실이 알려지자 개혁적인 유대인들은 성서의 율법이 지니는 자연과학적 토대가 증명됐다고 기뻐하며 즉각 돼지고기 금기를 재해석하였다. 돼지의 기생충과 전염병에 대한 의학적 지식은 모세 법의 의학적 가치를 공중위생법의 범주로 해석하기에 가장 적절한 것이었다.

그러나 배설물을 먹고, 더러운 진흙탕에 몸을 씻는 돼지의 습성은 그 본성적인 결함 때문만은 아니다. 돼지가 진흙탕에서 뒹굴기를 좋아하는 이유는 돼지의 타고난 습성 때문이 아니라, 신체의 열을 조절하는 체계가 발달하지 않았기 때문이다. 즉 돼지에게는 땀샘이 없어서 과도한 열을 발산하기 위해 몸을 물에 적심으로써 체온을 조정하는 생리적 특성이 있다. 또, 돼지는 자신의 배설물을 먹는 짐승으로 여겨지지만, 사실은 배설물보다 뿌리나 열매, 곡식을 더 좋아한다. 레위기는 고양이나 낙타 같은 다른 여러 동물들의 고기도 역시 금하고 있는데, 그렇다고 이 동물들이 자신의 배설물을 먹는 동물들은 아니다.

돼지고기가 다른 고기에 비해 부패가 빠르기 때문에 금한다는

4) 이러한 위생 이론은 다른 동물 음식의 금기에도 적용될 수 있다. 예를 들면, 이집트에서 쥐와 토끼는 전염병을 퍼뜨린다는 이유로 금지되었으며, 돼지 역시 위생적인 이유로 먹는 것이 금지되었다. 특히 전염병은 악귀들의 활동과 동일시되었으며, 그러한 생각은 중세의 마녀사냥, 고양이 대학살과도 통한다. Robert Darnton, *The Great Cat Massacre: And Other Episodes in French Cultural History*, New York: Harper Collins, 1984(조한욱 옮김, 『고양이 대학살』, 문학과지성사, 1996); Jeffrey B. Russell, *A History of Witchcraft*, Thames & Hudson, 1980(김은주 옮김, 『마녀의 문화사』, 다빈치, 2001) 참조.

논리 역시 근거 있는 주장이라고 보기는 어렵다. 팔레스타인에서는 재래 시장에서 고기를 오랫동안 공기 중에 걸어놓고 판매하는 관습을 볼 수 있는데, 오히려 그들은 수분이 적당히 증발된 고기의 육질이 훨씬 맛있다는 견해를 피력하고 있다. 또한 돼지고기도 잘 익혀 먹으면 기생충 감염을 막을 수 있다. 돼지가 인간 질병의 보균자라면, 다른 동물들 역시 마찬가지다. 또, 불포화 지방을 많이 섭취하면 암, 심장병, 비만 등의 원인이 된다는 의학적인 보고가 돼지고기에만 해당되는 것일 수는 없다. 오히려 패스트푸드가 문제라면 더 문제다. 결론적으로 마이모니데스의 자연과학적이고 위생학적인 설명은 더 이상 설득력이 없어 보인다.

토템 이론−신성한 동물

프레이저(James Frazer)는 돼지가 "이른바 불결하다고 열거된 모든 동물들과 마찬가지로 원래는 신성한 동물이었다. 돼지를 먹지 말라는 것은 대부분의 동물이 원래는 신성한 동물들이기 때문이었다"고 주장했다. 이는 인도에서 쇠고기를 먹지 않는 까닭이 소가 신성하기 때문인 것과 마찬가지다.

같은 맥락에서 어떤 학자들은 돼지가 여러 다양한 부족들의 토템 심볼(totem symbol)이었기 때문에 금기로 여겨진다고 주장했다. 뒤르켐의 『종교생활의 기본형태』(*Les formes elementaires de la vie religieuse*)에 따르면 토템이란 "성스러운 것의 원형"이며, 씨족의 명칭이자 휘장/표식이었다. 다시 말해 신성화된 토템이 힘과 씨족을 상징한다면 토템과 씨족사회는 하나가 된다. 즉 "신과 사회는 같은 것이다." 히브리 성서에서도 "나는 야훼 너희 하나님이라. 내가 거룩하니 너희도 몸을 구별하여 거룩하게 하고 땅에 기는 바 기어다니는 것으로 인하여 스스로 더럽히지 말라"(레위기 11:44)라 함으로써 하나님과 이스라엘 백성 사이의 관계를 합일시켜왔다.

그러나 이 주장은 돼지 혐오의 이유를 밝히는 데 전혀 도움이 되지 못한다. 왜냐하면 소, 양, 염소 같은 '정결한' 동물들도 역시 중동 지방에서 토템으로 숭배의 대상이 된 적이 있었지만(한때 이스라엘 민족들에게 소가 우상 숭배의 대상이 되었던 것과 마찬가지로), 그 지역의 모든 민족들과 종교 집단들은 그 동물들의 고기를 식용으로 즐겨 사용하고 있었기 때문이다.

돼지고기가 단순히 신성하거나 또는 신성하지 않은 음식이라는 이유 때문에 금기가 되었다기보다는 오히려 특권층의 음식이었기 때문에 평민들에게는 제한하면서 금기가 발생했을 가능성을 배제할 수 없다. 일부 고대사회에서는 특권층 사람들만이 특정한 장소에서 특정한 목적을 위해 특정한 음식을 먹었으며, 마치 제사장들이 평민들과는 달리 그들만의 구별된 음식을 먹었던 것처럼, 그렇게 함으로써 자신들을 다른 사람들과 구별하려는 목적——이는 동시에 자신들의 지배적 권위를 강화하는 수단으로 이용되었을 것이다——을 강화해나갔던 것으로 여겨진다. 우리는 히브리 성서에서 이를 뒷받침할 만한 매우 중요한 흔적을 찾을 수 있다.

그들은 밤마다 무덤 사이로 다니면서 은밀한 처소에서 죽은 자들의 영들에게 물으며, 돼지고기를 먹으며 가증한 물건의 국을 그릇에 담으면서 사람들에게 이르기를 '너는 멀찍이 서 있어라. 내게 가까이 하지 말라. 나는 너보다 거룩함이니라' 하나니(이사야 65:4, 5).

스스로 거룩하게 구별하며 스스로 정결케 하고 동산으로 들어가서 그 중앙에 있는 한 사람의 뒤를 따르는 자들과 돼지고기와 가증한 짐승과 쥐 고기를 먹는 자가 다 함께 망하리라(이사야 66:17).

위 본문은 당시 이스라엘 사회에서 특권층에 속한 사람들이 특정한 목적, 즉 신탁의 환상(oracular dream)을 위하여 식탁에 둘러앉아 그들만의 음식—여기서는 돼지고기와 부정한 짐승과 쥐 고기를 먹었다—을 먹으며 신과의 접촉, 즉 접신(接神)을 경험하려 하는 독특한 관습을 그리고 있다. 이런 관습을 숭배하며 "스스로 거룩하다" 여기는 특권층에 속한 제사장들의 내부적 관습에 대해서 이사야는 이를 제의적 범죄 행위라며 크게 꾸짖고 있다(이사야 66:3).

신의 음식 이론

어떤 학자는 이교도들이 거룩하게 여기는 동물들은 유대인에게 금기시 되었다고 주장한다. 다시 말해 이방 제의에 대한 이스라엘 백성들의 거부가 성서의 음식 금기의 기원이 된다는 것이다. 특히 이방 제의에서 제물은 '신의 음식'이었으며,[5] 제사 후

---

5) 제물이 '신에게 바친 음식'이었다는 주장은 고대사회의 유물론적이고 의인론적인 사고의 잔재로 많은 사료에서 나타난다. 바빌로니아 신화에서는 인간이 불에 태워 드리는 제물에 "신들이 향기를 냄새맡고, 파리떼처럼 모여들었다"고 쓰고 있으며, 히브리 성서에도 여호와께

사람들은 그 음식을 먹음으로써 신의 생명에 참여하여 신과의 합일을 이루려 하였는데, 이러한 이방 제의의 목적을 거부했던 이스라엘인들은 이방인들이 선호하는 제물인 돼지를 거부함으로써 자신들을 그들과 구별하고자 했다는 것이다. 이러한 주장은 레위기 20장 23절에서 뒷받침된다. "너희는 내가 너희 앞에서 쫓아낼 민족의 풍속을 따라서는 안 된다. 그들이 바로 그런 풍속을 따라 살았기 때문에, 내가 그들을 싫어하였다."

신의 음식을 인간이 나누어 먹는다는 것은 신의 몸을 그들 가운데 섞음으로써 혼동(混同)을 일으키는 것이기 때문에 안 된다는 것이다. 이러한 믿음은 음식을 통해 전능자의 위험한 힘이 전달된다고 믿는 데서 발생한다. 악령으로부터의 위험을 피하려면 그것이 전달되는 매개물인 음식을 금지해야 한다고 믿었던 것이다. 말레이시아 사람들은 뱀장어 고기를 먹지 않는데, 그 까닭은 그 속에 악령이 살고 있다고 생각하기 때문이다. 남아프리카의 한 부족은 생선을, 호주인들은 돼지고기를 같은 이유에서 금하고 있다. 그러나 황소나 물고기 같은 특정 생물의 경우 이집트와 주변 국가에서 거룩한 것으로 여겼더라도 유대인들이 부정하다고 규정하지 않은 것들도 있음을 고려해야 할 것이다.

분류학 이론

더글러스(Mary Douglas)는 레위기 11장 연구에서 "성서에서 먹지 말도록 금지하고 있는 동물들은 어떤 의미에서든 모두 비정상적인 동물들이다. 전체로서의 성서 체계는 어떤 일정한 방식으

서 노아가 바친 제물의 "향기를 맡았다"(창세기 8:21)는 기록이 있다.

로 고안되어 있는데, 그것은 질서와 완전성에 대한 하나님의 승인을 나타낼 수 있는 방식이다"라고 하였다. 그녀의 이 논지는 자신이 전공한 중앙 아프리카 렐레(Lele)족의 동물 분류법을 성서에 비교 응용한 것이다.

신성함이란 피조물의 범주(카테고리)를 뚜렷이 구분하는 것을 의미한다. 따라서 그것은 올바른 정의(定義), 구별, 그리고 질서와 관계된다.

그녀는 구약 성서에서 먹지 못하도록 금지하고 있는 동물들이 고대 이스라엘 사람들의 동물 분류법에 맞아 들어가지 않는 동물들이라는 것을 보여주고 있다. 낮 동물과 밤 동물, 물 동물과 뭍 동물, 위쪽 동물과 아래쪽 동물 등의 분류 기준은 차이를 구별하는 문제(자연적)와 종의 다양함을 분류하는 문제(문화적)가 상호 작용하여 결정된다. 동물은 소와 같이 되새김질을 하고 굽이 갈라져야 정상이다. 그런데 낙타는 되새김질은 하지만 굽이 갈라지지 않아(그러나 사실 낙타는 굽이 갈라져 있다) 비정상이기 때문에 먹어서는 안 되며, 돼지는 그 반대의 경우로 비정상이므로 먹어서는 안 된다. 물고기는 비늘과 지느러미가 있어야 정상인데, 비늘이나 지느러미가 없는 물고기는 비정상이므로 먹어서는 안 된다. 마찬가지로 날개를 가진 곤충은 날아다녀야 정상이다. 그러므로 날지 못하는 곤충은 비정상이고 먹지 못하도록 금지된다. 예를 들어 메뚜기는 날아야 정상인데, 날지 못하는 메뚜기는 비정상이므로 먹지 못하도록 금지된다. 오소리의 경우 귀 없는 토끼처럼 작은 발굽을 가졌으면서도 무소와 같은 이빨이 코끼리처럼 보이기 때문에 기형이라고 생각했고, 말미잘(sea-anemone)의 경우 식물과 동물의 어중간한 특성을 지니고 있으며, 날다람쥐는 새도 뭍동물도 아니다. 따라서 이들은 대부분 회피되는 동물들이다.

또, 그녀는 돼지에 관한 글에서 "돼지로부터는 우유도 가죽도 털도 얻을 수 없다. 돼지를 기르면 얻을 것이라고는 고기밖에 없다. 만약 이스라엘 사람들이 돼지를 기르지 않았다면, 그것은 돼지고기를 먹는 습관이 없었기 때문이었을 것이다. 나의 생각으로는 이스라엘 사람들이 원래부터 돼지를 부정한 동물로 여기는 까닭은 돼지가 야생의 멧돼지와도 다르고, 영양의 무리로도 분류되지 않기 때문인 것 같다"고 하였다. 결국, 발굽은 갈라졌지만 되새김질은 하지 않는 돼지는 "어느 쪽에도 속하지 않는" 애매모호한 동물이 되었다는 것이다. 돼지가 분류상 설자리가 없다는 것은 금기가 발생할 수 있는 충분한 조건이 된다. 결국 레위기가 돼지를 먹어서는 안 될 것으로 규정하기 위해 무엇이 먹어도 좋은 음식인가를 규정했다는 것이 된다.

더글러스의 상징질서 이론은, 그 자체의 혐오스러움에 바탕을 둔 것은 문화적으로 부정하다는 사실 앞에 그 둘을 연계시킴으로써 발전한다. 그 자체로 혐오스럽다는 것은, 주어진 상징 체계라는 고유한 계급화의 질서에 복종하지 않기 때문에 혐오스러운 것이다. 다시 말해 더럽다는 것은 분류 질서를 교란시키고, 섞어놓으며 뒤바꿔놓는 것이다.

그러나 더글러스의 이러한 이론이 탁월한 발상임에는 이의가 없으나, 무엇이 그러한 분류 체계를 가능케 했는가? 즉 동물 분류법의 기준은 무엇으로부터 기인하는지에 관해서는 묻지도 대답해주지도 않는다는 점에서 그 한계를 드러내고 있다.

환경 이론

돼지 혐오에는 그에 상응하는 어떤 적절한 환경적 조건들이 있었을 것이라는 이론이다. 즉 그 개념 속에는 자연 공동체와 문화 공동체에서 동물, 식물, 인간이 서로 공존해나가는 데 필수적인 과정들이 내포되어 있어야 한다는 것이다. 해리스(Marvin Harris)는 돼지 사육이 중동 지방의 기본적인 문화와 자연 생태계의 조화로운 통합을 깨뜨릴 위협이 되었기 때문에 성서와 코란에서 돼지를 정죄(定罪)했다고 보았다.[6]

농업과 목축이 혼합된 복합적인 경제 형태 내에서 돼지고기를 먹지 말라는 신의 금지 명령은 완벽한 생태적 전략이 되었다. 반(半)정착 취락 농경민들에게 돼지는 가치 있는 재산이라기보다는 오히려 생존에 위협적인 존재가 될 뿐만 아니라, 유목 이스라엘인들은 그들의 척박한 거주지 내에서 돼지를 기를 엄두도 낼 수 없었다. 다시 말해 반(半)유목적, 반(半)농경적 상황 안에서 돼지 사육은 환영받지 못했던 것이다.

기본적으로 지구상에서 목축을 위주로 하고 있는 지역들은 대개가 강우(降雨)를 이용하여 농업을 하기에는 너무 척박하고, 관

---

6) Marvin Harris, "The Sacred Cow" and "The Abominable Pig", *Good to Eat: Riddles of Food and Culture*, New York: Simon & Schuster, 1987(서진영 옮김, 『음식문화의 수수께끼』, 한길사, 1998, pp.77~101) Harris, Marvin, *Cows, Pigs, Wars and Witches: The Riddles of Culture*, New York: Random House, 1974(박종열 옮김, 『문화의 수수께끼』, 한길사, 1990) 참조.

개도 쉽지 않은 숲이 없는 평원과 구릉들로 이루어진 땅이다. 여기에 적합한 가축은 소, 양, 염소 등이다. 이러한 반추 동물들은 다른 포유동물보다 훨씬 더 효과적으로 풀, 나뭇잎 등을 소화할 수 있는 전위(前胃)라는 것을 가지고 있다.

성서는 "짐승 중 무릇 굽이 갈라진 쪽발이면서 새김질하는 것은 너희가 먹어도 좋다"(레위기 11:1)고 구분하고 있는데, 이러한 규칙은 더러운 습성이나 건강에 나쁜 고기에 관해서는 한마디도 언급하지 않고 있다. 그 대신 먹어도 좋은 동물의 특정한 해부학적, 생리적 특성에 주의를 기울이고 있다.

따라서 "되새김질과 갈라진 발굽"이라는 규칙은 먹기에 적당한 동물의 기준이라기보다는, 이스라엘인들이 가축을 사용한 방식의 결과로 보아야 옳을 것이다. 다시 말해 되새김질을 하지 않거나 발굽이 갈라지지 않은 동물은 몸에 해롭기 때문에 먹는 것이 금지되었다기보다는, 공동체의 생태적 환경이 그러한 동물들과는 조화롭게 통합될 수 없었기 때문에 금지된 것으로 보아야 한다는 것이다.

되새김질하는 동물 가운데는 소, 양, 염소가 있다. 이 세 동물은 고대 중동 지역에서 음식을 제공하는 가장 중요한 동물이었다. 그것은 고대인들이 자기 멋대로 반추동물이 먹기 좋다고 생각했기 때문이 아니라, 반추동물은 섬유소를 많이 포함한 식물을 먹고 사는 채식동물로서 되새김질을 하기 때문이다. 되새김을 하는 동물들은 풀이나 짚과 같은 거친 섬유질 먹이를 소화하기에 가장 효과적인 신체구조를 가지고 있다. 섬유질을 소화하는 반추동물의 특출한 능력은 중동 지역의 인간과 가축 사이의 관계에서 결정적인 역할을 하였다. 반추동물은 인간이 먹어야 할 곡물을 나누어 먹지 않고도 고기와 젖을 제공할 수 있었다. 이들은 먹이를 놓고 인간과 경쟁을 하는 것이 아니라, 오히려 똥을 비료로 제공하고 쟁기를 끌어서 농업 생산력을 높일 뿐 아니라, 젖은 물론 의복과 신발의 재료까지 제공한다.

그러나 돼지는 원래 숲 지대와 강둑에 사는 동물로 신체구조상 중동의 기후와 생태에는 잘 견뎌내지 못한다. 덥고 황량하고 태양이 내리쬐는 초원에 살던 소나 양, 염소의 조상과는 달리, 돼지의 조상은 물이 많고 그늘진 숲의 골짜기와 강둑에 살았다. 돼지는 땀을 흘리지 못하기 때문에 체온 조절 능력이 없는데, 이것이 진흙탕에서 뒹굴기를 좋아하는 이유이다. 열을 발산해야 하기 때문이다.

또 돼지는 잡식동물이지만 섬유소 형성도가 낮은 나무 열매, 과일, 식물 뿌리, 특히 밀이나 옥수수, 감자, 콩 등 곡식을 주로 먹기 때문에 인간과 같은 곡물을 먹는 경쟁자일 수밖에 없다. 돼지는 풀만 먹고는 살 수 없다. 따라서 유목, 유랑민들 중에 돼지를 많이 기르는 민족은 지구상 어디에도 없다.

돼지가 지니고 있는 더 큰 약점은 실용될 수 있는 젖이 없고, 성격이 예민해서 똑바로 쟁기를 끌지도 못하며, 털로 옷감을 만들기에도 적당치 않다는 것이다. 또, 물이 부족한 사막에서 더위와 태양으로부터 보호하는 것이 어려울 뿐만 아니라, 위계질서가 없어 무리 지어 이동할 수 있는 사회적 구조를 갖고 있지 않기 때문에 원거리를 몰고 다니기가 무척 힘들다.

따라서 산업화되지 못한 상황에서는 고기만을 위해 사육되는 동물은 일종의 사치품이기 때문에 사육하지 않는다. 중동 지역의 목축 및 농경 혼합경제 체제의 고대사회에서 가축들은 젖, 치즈,

피혁, 분뇨, 단백질 등을 공급하는 원천일 뿐만 아니라, 쟁기 끌기 등 근본적인 가치를 한꺼번에 제공할 수 있어야 한다. 그런 점에서 고대 중동 지방에서는 처음부터 돼지고기가 사치스러운 식품이었다. 이러한 역사적·생태적 경험은 돼지고기를 기피하는 전통이 정착하는 데 기여했을 것이다.

또, 근본적으로 돼지고기를 금지하게 된 결정적인 이유는 인구 증가와 무관하지 않을 것이다. 청동기 시대와 철기 시대를 거쳐오는 동안 갑작스런 인구 증가는 산림의 황폐화를 가속화했을 것이며, 그것은 돼지 사육에 필요한 자연 조건에 치명적인 손실을 입히고 말았다. 인구밀도가 높아지면서 농지의 면적이 증가하고, 돼지의 먹이가 되는 너도밤나무와 도토리, 상수리 숲이 파괴되면서 생태적 조건이 악화된 것이다.

여기서 돼지를 키우는 것이 농업에 맞지 않는다는 것은 매우 명백해졌으며, 이는 돼지의 지위가 낮아진 결정적인 이유를 잘 설명해준다. 오직 고기를 얻기 위해 돼지를 기르는 것은(그런 상황에서 소나 양, 염소 등 다른 동물은 더 유용해진 반면) 비용과 이익의 측면에서 전혀 쓸모없게 되었을 뿐만 아니라, 나아가 돼지를 해롭고 혐오스런 동물로 만들고 말았다. 돼지고기의 금기는 돼지 사육에 적합하지 않은 환경 속에서는 매우 '적절한' 생태학적·경제적 선택인 셈이다. 물론 돼지 사육에 불리한 생태적 환경이 돼지고기 금기를 낳았다손 치더라도, 금지된 또 다른 동물도 반드시 같은 조건 하에서 금기가 된 것은 아니다. 그러나 오늘날까지도 돼지고기를 금지하는 지역은 태양이 너무 강하고 건조해서 돼지를 기르기에 적합하지 않은 생태적 변이 지역임을 알 수 있다.

이러한 생태적 · 환경적 요인으로 인해 발생한 종교적 규정, 즉 금기는 사회적 기능도 가지게 되었다. 금기를 준수함으로써 특별한 공동체의 일원이라는 동질성을 느낄 수 있을 뿐만 아니라, 이러한 식생활은 개종의 표시이자 신앙심의 척도로도 작용한다. 어떤 사회에서 한 집단은 돼지고기를 먹지 않는 금기를 가지고 있고 다른 집단은 그렇지 않다면, 돼지고기에 대한 금기를 가진 집단은 그렇지 않은 집단과 스스로 구별함으로써 집단적인 자기 동일성을 강화하게 된다. 무슬림이나 유대인에게는 돼지가 인간의 지위를 위협하는 존재이지만, 돼지를 숭배하는 사람들에게는 돼지와의 사귐이 없이 진정한 인간적 삶은 가능하지 않다. 그런 의미에서 돼지고기를 금기시하는 집단이나 돼지를 신성시하는 집단은 각각 공동체의 자기의식을 강화해나가려는 목적을 가진다는 점에서 차이가 없다.

결론적으로 한 음식물이 사회에서 수용되거나 거부되는 과정은 결코 단순하지 않다. 위에서 논의한 어떤 이론도 돼지고기 금기에 관한 독립적으로 완벽한 설명은 되지 못한다. 그것은 하나의 원인이 곧 하나의 금기를 낳지는 않는다는 증거이다. 따라서 레위기의 여러 다양한 금지 조항들은 각각 독립적인 동기(separatistic motif)에 의해 형성되었다가 나중에 제사장의 법규에 통합되면서 어떤 원리에 따라 정리된 것으로 보아야 할 것이다. 금기란 매우 복잡한 원인들이 복잡한 방식으로 서로 얽히면서 발생하게 된다. 세월이 흐르면서 몇몇 조건들이 부분적으로 해체된다 해도 금기가 오랜 세월 살아남는 까닭이 여기에 있다. 특히 돼지고기가 유대인들에게 금기시 된 까닭은 더욱 그렇다.

역사적으로 볼 때, 육식보다는 채식을 선호했던 유대인들이 타

문화와의 접촉과정에서 돼지고기를 먹게 되었으며, 그러한 습관은 엄격한 전통주의자들에게 이방 문화와의 동화의 상징으로 여겨졌다. 돼지고기가 '더러움'의 상징어가 된 것이다. 특히 돼지고기는 팔레스타인의 생태적 환경에서 볼 때, 사육하기가 매우 어려웠을 뿐만 아니라 그 때문에 매우 값이 비싼, '타락한' 귀족들의 음식이었다. 분류상 돼지가 비정상적인 동물이었다기보다는 돼지고기를 금지하고자 한 사람들에게 돼지가 '더러운' 동물로 분류된 것이다. 이는 공동체의 자기 정체성을 유지하고 강화하기 위한 것이었다.

더 논의해야 할 문제들

여기서 우리는, 약간의 논리적 비약이 있다 하더라도, 현대사회가 안고 있는 유전자 변형 식품 및 항생제를 먹인 고기의 문제, 동물 사육의 복지 문제, 환경적 재생의 환원(還元) 과정으로서의 사육 방법 문제, 신토불이(身土不二) 등의 음식 문화에 관한 여러 질문들을 생각해볼 여지가 있다. 음식은 생존의 수단이자 문화이며, 이제는 그것이 생존 위기의 한 원인이 되고 있다.

2 왜 우유와 고기를 함께 먹지 않는가

약 10여 년 전 미국 문화의 아이콘이라 할 수 있는 맥도날드가 예루살렘에 처음으로 진출했을 때, 전 이스라엘이 시끄러웠던 적이 있다. 반미 감정 때문이 아니었다(이스라엘에 웬 반미?). 사연인즉, 치즈버거 판매를 허가할 것인가 말 것인가가 핫이슈였다. 결국 맥도날드는 치즈버거는 판매하지 않는다는 조건으로 영업 허가를 받았으나, 얼마 후 주문하면 슬그머니 팔기 시작했다. 한편, 이스라엘에서는 최고급 호텔에서조차 저녁 식사 후 커피 한 잔 얻어 마실 수가 없다. 유대인의 음식 문화를 잘 모르고 간 초보 여행자들이 식사 후 커피를 주문했다가는 "카페나 바에 나가 마시라"는 종업원의 퉁명스런 말대꾸를 듣기 일쑤다.

기본적으로 유대인들은, 중앙 아프리카 운요로(Unyoro)의 왕이 같은 식탁에서는 우유와 고기를 함께 먹을 수 없는 것[1]처럼, 육류와 유제품류를 함께 섞어 먹지 못한다. 고기와 치즈를 함께 넣은 피자나 치즈버거를 먹을 수 없으며, (고기) 식사 후 커피를 마실 수도 없다. 크림이 우유로 만들어지기 때문이다. 물론 육류를 먹을 때 사용하는 접시, 포크, 나이프 등과 유제품류를 위해 사

---

1) J. G. Frazer, "taboo," *Golden Bough*, vol. vi, part II, 1854, p.292.

용하는 것들이 서로 엄격히 구별되어 있다. 유대인의 부엌이나 식당에서는 이러한 규칙이 엄격히 지켜지고 있어, 싱크대는 물론 그릇을 넣어 두는 장소도 각각 구별되어 있다. 그리고 고기를 먹은 후 최소한 5, 6시간이 지나야 비로소 우유를 마실 수 있다.

유대인의 이러한 습관은 "너는 새끼 염소를 그 어미의 젖에 삶지 말라"(출애굽기 23:19; 34:26; 신명기 14:21)는 모세의 음식법에 기준을 둔 것이다. 출애굽기 23장에서는 유대인의 3대 절기(무교절, 칠칠절, 수장절)에 대한 규정의 맨 끝에, 34장에서는 두번째 십계명과 관련된 규율의 끝에, 신명기 14장에서는 정한 음식과 부정한 음식에 관한 계율의 맨 끝에 새끼 염소의 계율이 나온다. 한 연구가에 따르면, "새끼 염소를 그 어미의 젖에 삶지 말라"는 명령은 본래 십계명(十誡命)에 속한 것이었다.[2]

"새끼 염소를 그 어미의 젖에 삶지 말라"

아브라함이 낯선 나그네들에게 "버터와 우유(חֶמְאָה חָלָב), 그리

---

2) J. Wellhausen, *Israelitische und Judische Geschichte*, 4: 100 footnote. 벨하우젠에 따르면 가장 오래 된 십계명은 출애굽기 34:1~25에서 발견되는데, 그 내용과 순서는 다음과 같다. ①다른 신에게 절하지 말라 ②신상들을 부어 만들지 말라 ③무교절에 무교병을 먹으라 ④초태생은 다 내 것이니라 ⑤빈 손으로 내 얼굴을 보지 말라 ⑥엿새 동안 일하고 제 7일에는 쉬어라 ⑦칠칠절을 지켜라 ⑧내 희생의 피를 유교병과 함께 드리지 말라 ⑨처음 익은 것을 야훼 드려라 ⑩염소 새끼를 그 어미의 젖으로 삶지 말라. 또, 라이나흐에 따르면 본래 "십계명은 터부의 옛 법령의 재판(再版)이다." Solomon Reinach, *Orpheus, A General History of Religions*, 1858 참조.

고 하인이 만든 송아지(בֶּן־הַבָּקָר) 요리"로 융숭한 대접을 한 사례 (창세기 18:8)[3]가 발견됨에도 불구하고, 왜 새끼 염소를 그 어미의 젖에 삶지 말라는 이상한(?) 교훈이 히브리인들의 근본적인 법전에 들어가 있을 정도로 지극히 중요했는가? 그리고 상대적으로 우리에게 더 중요한 것으로 여겨지는 교훈들, 곧 살인과 도둑과 음행 등을 금지하는 교훈들은 왜 거기서 제외되었는가?

몇몇 가설 가운데는 이 규정이 자기의 젖에 삶아지는 새끼 때문에 괴로워하는 어미 염소의 모정 때문이라는 세련된 입장에서부터, 마술적인 우상 숭배 의식을 배격하려는 이스라엘인들의 종교적 원칙에 따른 규정이라는 주장까지 제시된 바 있다. 전자의 가설은 고대사회에서 첫 소산을 하나님께 드리는 관습이 사람들에게 무자비하고 비정하게 비춰졌기 때문이라고 생각하였다. 후자의 가설은 8세기의 카라이트(Karaite) 학파와 12세기 모세 마이모니데스의 주장에 근거를 두고 있는데, 중세의 무명 저술가는 "옛 이방인의 풍속 가운데 곡식을 다 거두어들인 다음 새끼 염소를 그 어미의 젖에 삶는 관습이 있었다. 그런 다음 그들은 마술적인 의식으로서 그 새끼 염소를 삶은 젖을 나무와 들녘과 정원과

---

3) 본문에 관한 사르나(Nahum M. Sarna)의 주석에 따르면, 낯선 나그네에 대한 아브라함의 환대(歡待)가 각종 음식을 대접하는 것으로 나타나는데, 송아지 고기는 유목민들에게 친절을 상징하는 음식이며, 오늘날의 요구르트의 일종인 응유(凝乳, curds)와 우유는 유목 경제의 기본 생산물로 고대 근동 사회에서 신들에게 바쳐진 음식이었다고 언급한다. 그러나 사르나는 이 본문과 전통 유대 음식법과의 관계에 대해서는 언급하고 있지 않다. Nahum M. Sarna, *Genesis*, The JPS Torah Commentary, Philadelphia: The Jewish Publication Society, 1989, p.129 참조.

과수들에 뿌리고, 그 다음 해에 더 많은 결실을 맺도록 기원했다" 고 진술한다.

이러한 주장은 후기 학자들에게 영향을 주었다. 카슈토 (Umberto Cassuto)는 이 금지령이 이스라엘 백성을 우상 숭배적인 관습에서 멀리 떼어놓으려는 데 의도가 있었다고 보았으며, 폰 라트(G. von Rad)는 우가릿(Ugarit) 문서에서 밝혀진 바와 같이 일종의 우유 마법을 방지하려는 것으로 보았다. 그리고 노트(Martin Noth) 역시 "여기서는 아마 이방인의 종교 의식에서 유행하는 어떤 관습을 금지한 것으로 보인다. 이것은 종교 의식적인 규정 중의 하나이다"라고 말하고 있다. 그러나 그 이상의 설명은 없다.

우유의 비등점과 공감마술

오늘날 아프리카의 목축민들은 자기들이 기르는 가축의 젖을 끓이는 것에 대하여 뿌리 깊은 혐오감을 품고 있으며, 이러한 관습은 아주 널리 퍼져 있다. 그들은 소의 젖을 짜서 끓일 경우, 그 젖을 생산한 암소가 더 이상 젖을 내지 않을 것으로 생각하며 심지어 그 짐승이 자기의 젖을 끓일 때에 받은 상처로 인해 죽을 수도 있다는 미신적인 신앙을 가지고 있다. 중앙 아프리카의 몇몇 부족들은 젖소들이 자신의 젖을 어떻게 처리하는지 다 알고 있다고 믿는다. 따라서 젖을 끓이면 젖소의 유방이 말라버려서 젖을 낼 수 없다고 생각한다.

아프리카의 다마라족과 헤레로족의 경우, 우유를 마실 때 그릇을 깨끗이 씻어내는 일이 결코 없다. 그들은 그릇을 씻어내면 우유의 찌꺼기를 씻어내는 것이 되기 때문에 결국 젖소들이 우유 생산을 중단할 것으로 굳게 믿는다. 또 우유는 특별히 그것을 담도록 지정된 표주박에만 짜서 담아야 하는데, 이 표주박에는 물조차 담는 것이 허용되지 않는다. 표주박의 청결은 나무를 태운 재로만 보장된다. 이러한 습관은 인간에게도 적용되어 아프리카 남서부에서 목축을 하는 헤레로족은 목욕조차 하지 않는데, 그 까닭은 몸을 씻으면 가축에게 해로운 영향이 미치게 된다는 생각 때문이다. 이들은 물 대신 황토를 몸에 발라 목욕을 한다.

이들은 일단 젖소에서 우유를 짜낸 다음에도 우유가 여전히 그 짐승과 생명의 연결을 유지하고 있어서, 우유가 어떤 상처를 입으면 공감적으로 또는 공명적으로 그 젖소에게도 느껴질 것으로 여겼다. 일종의 공감마술(共感魔術)[4]의 원리에 바탕을 두고 있는 것이다. 모로코의 이슬람 신앙에서는 젖소가 송아지를 분만한 다음 일정 기간(제3일부터 40일이 지날 때까지) 우유를 끓이지 못하도록 하는 법이 시행된다.

우유를 끓일 때 넘쳐서 불 속으로 들어가면 그것을 짜낸 젖소의 유방에 병이 생기거나, 그 젖소가 더 이상 젖을 내지 못하고 유지방이 빈약한 젖을 내게 된다. 또, 만일 초유(初乳, beestings)를 우연히 불 속에 떨어뜨려 태우게 되면, 그 젖소나 송아지가 죽을 수도 있다. 송아지가 태어난 다음 제3일부터 40일이 지날 때까지 초유를 끓여서는 안 된다. 만일 이 기간에 초

---

4) J. G. 프레이저, 「새끼 염소를 그 어미의 젖에 삶지 말라」, 『구약 성서의 민속』, 강천, 1996, p.733.

유를 끓이면, 송아지가 죽게 되거나 그 어미 소의 우유에서 소량의 버터만 나오게 된다.

결국 인간 생존의 주요한 근원, 더구나 오랜 기간 유목 생활에서 터득해온 생존 방식과 수단을 함부로 다루는 것이 자칫 어떤 손상을 끼칠지 모른다는 공포심이 고대 히브리인들에게 "너는 새끼 염소를 그 어미의 젖에 삶지 말라"는 계명을 가지게 했을 것이다. 새끼 염소를 어미의 젖에 삶는다는 것은 이중의 공명/공감 효과를 가져다주는 것이기 때문에 더욱 금기시해야 했을 것이다. 즉 어미 염소가 열과 비등(끓어 넘침)으로 인해 젖을 생산하지 못하게 되거나 즉각 죽게 될 위험이 다른 염소들의 경우보다 컸기 때문이다.

그렇더라도 단순히 젖을 끓이는 것에 대한 금기가 어떻게 새끼 염소와 관련되어 규정되는가 하는 질문은 여전히 과제로 남는다. 채식에 비해 우유와 고기는 소화하기에 더 많은 시간과 에너지가 필요한 음식인데, 더구나 두 종류의 음식을 섞어 먹음으로써 음식을 통해 섭취되는 영양소보다 오히려 소화하는 데 사용되는 많은 에너지가 더 많아지는 것은 아닐까? 즉 낮은 소화율과 관련된 가설도 제시될 수 있다.

중앙 아프리카의 바간다족의 관습에 따르면, 과거에는 젖으로 삶은 고기가 매우 풍미(風味)가 높은 미식가의 음식이어서 방종하고 파렴치한 사람들, 곧 자신의 쾌락만을 생각하는 인간들의 잔치에서 가장 인기 있는 음식이었다는 것이다. 다시 말해 이중 삼중으로 가축들에게 상해를 입히는 자신들의 행위는 생각지 않고, 맛과 쾌락만을 위해 벌이는 인간들의 악행을 강도나 살인죄

보다 더 흉악한 것으로 보았던 것이다. 강도나 살인은 한 개인에게만 악영향을 끼치는 데 비해, 이러한 행위는 마치 우물에 독(毒)을 타는 것과 같아서 공동체 전체에 손상을 끼치는 범죄 행위로 이해되었으며,[5] 종족 전체가 먹고 살아갈 주요 양식의 근원을 손상시킴으로써 온 종족의 생존을 위협하는 것으로 보았다.

인간과 송아지의 경쟁 관계

유목사회에서 송아지/새끼 염소의 탄생은 재산 증식이라는 긍정적인 요소와 함께 그동안 인간의 음식이었던 어미 소/염소의 젖을 놓고 송아지/새끼 염소와 경쟁을 하게 되는 부정적인 관계를 동시에 발생시킨다. 즉 소/염소가 새끼를 낳게 되면 우유를 사이에 놓고 인간과 송아지/새끼 염소 사이에 경쟁 관계가 발생한다. 특히 제한된 식량 사정을 가진 유목사회에서는 어쩔 수 없는 갈등 구조가 성립된다. 이러한 모순 관계는 불화를 낳게 되며, 마치 삼각관계로 얽힌 연인들처럼, 인간으로 하여금 가능한 한 송아지와 우유 사이의 관계를 멀리——사실은 적당히——떨어뜨려 놓음으로써 인간의 경쟁 우위를 도모하도록 만든다. 즉 우유와 송아지의 친밀 관계에 금기를 만들어둠으로써 경쟁 관계에서 인간이 유

---

5) 성서에서도 개인의 잘못이 집단 전체에게 징벌이 미치는 예가 많다. 여호수아 7장 13절과 24~26절과 민수기 16장은 개인의 잘못이 집단 전체에 '오염'될 수 있음을 보여주는 좋은 예이다. 사도 바울도 이르기를 "한 사람으로 말미암아 죄가 세상에 들어오고, 또 그 죄로 말미암아 사망이 들어온 것 같이, 모든 사람이 죄를 지었으므로 사망이 모든 사람에게 이르렀느니라"(로마서 5:12)고 하였다.

리하도록 조정했다. '금기'의 절대성은 그것이 협상을 통한 협정이나 합의에 의해 도출된 결과가 아니라, '극심한 불화'라고 부르는 어떤 상황 속에서 인간의 필수적인 요구에 의해 성립된 것이기 때문에 금기 없이는 사회도 존재하지 않는다는 점이다.

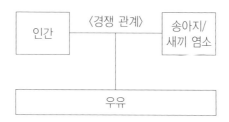

최근 영국의 "동물의 윤리적 대우를 위한 사람들"(PETA)이 영국 어린이들에게 우유를 마시지 말 것을 권고하고 나서 화제를 일으켰는데, 그들은 "우유를 마시는 것은 젖소를 착취하는 것"이라며 어린이들을 설득했다.

이러한 주장은 단순히 동물의 권리를 존중하려는 동물 애호가들의 운동 차원에서뿐만 아니라, 그동안 인간이 우유를 마셔온 습관에는 동물과 인간의 경쟁 관계 속에서 언제나 인간이 우위를 점해온 인간 중심적 사고가 있음을 반성하려는 생태적 차원의 논의로 확대 해석할 수 있을 것이다.

우유와 고기의 근친 관계

한편, 이 금기의 핵심은 송아지와 어미 젖의 관계가 매우 밀접하게 연결되어 있다는 점이다. 다시 말해 우유와 송아지는 같은 어머니로부터 나온 것이기 때문에 사실상 친족관계가 성립되며,[6)]

근친 간에 섞인다는 것은 매우 위험한 일이 된다.[7] 다시 말해 같은 어머니에게서 나온 우유와 송아지 사이에는 친족/쌍둥이 관계가 성립되며, 이는 곧 심각한 경쟁 관계이다.[8] 성서는 "어미 새가 새끼나 알을 품고 있는 것을 만나거든, 어미 새와 새끼를 동시에 잡지 말라"(신명기 22:6)고 하며, "그 어미가 암소건 암양이건, 너희는 그 어미와 새끼를 같은 날에 죽여서는 안 된다"(레위기 22:28)고 하여 근친상간의 금지와 같은 선상에서 명령하고 있다.

근친 관계가 위험한 까닭은 쌍방 모두에게 언제나 똑같은 욕망, 똑같은 논거, 똑같은 무게, 즉 평형(Gleichgewicht)이 존재하기 때문이다. 따라서 근친 간에는 상호적 폭력의 관계가 나타난다. 엄밀한 의미에서 이러한 갈등과 대칭적 대립은 광란의 경쟁 관계를 만든다.

생물학적 친족관계와 사회적 친족관계가 등식(等式)을 형성하

6) Jacob Singer, *Taboo in the Hebrew Scripture*, London: The Open Court Publishing Co., 1928, p.11.
7) 근친 결혼과 관련된 금기는 제3부 제2장에서 다루게 될 것이다.
8) 이 관계는 쌍둥이 형제와 마찬가지의 관계로 설명될 수 있다. 형제 갈등 구조와 의미에 관해서는 최창모, 「이삭―두 민족의 아버지(창세기 25:19~34)」, 『성경연구』 20(1996.7), pp.10~33과 「카인과 아벨 이야기(창세기 4장)의 구조와 의미―한 해석사적 연구」, 『목원성서 연구지』 2(1998), pp.48~104를 참조할 것.

고 있는 사회구조에서는 이러한 생각이 당연한 것일지도 모른다. 뒤에 제3부 제2장에서 상세히 논의하겠지만, 치명적인 위험을 가져다 줄 수 있는 친족 간의 "근친결혼의 금기는 어떤 자연법칙에 따른 것이 아니라, 문화적 필요에 따른 것"이다. 이것은 근친과의 혼인 자체를 금지하는 것이 아니라, 내 것을 타인에게 주고 타인의 것을 내가 갖는, 즉 교환을 일으키는 원리이자 법칙에 의한 금기이다. 이는 나와 타인, 내 집단과 타 집단 간 대립을 교환을 통해 하나의 집단으로 통합, 연결하는 원리를 말한다. 따라서 아무런 교환을 일으키지 않는 "근친결혼은 도덕적으로 유죄이기 이전에 사회적으로 불합리하다"는 것이다.

이와 마찬가지로 같은 소에서 나온 우유와 새끼는 생물학적 친족관계이며, 따라서 둘을 함께 섞는다는 것은 곧 친족 간의 결합을 의미하기 때문에 불합리한 것이 된다. 아마도 우유를 마시는 것과 고기를 먹는 것이 각각 인간에게 유익한 행위라면, 둘을 함께 섞어 먹음으로써 각각의 음식이 제공하는 고유한 이익의 합보다 이익이 훨씬 감소하기 때문에 불합리하다고 생각했을지 모른다. 다시 말해 둘을 섞어 함께 먹음으로써 얻을 이익이 우유에서 얻을 수 있는 이득(A)과 고기에게서 얻을 수 있는 이득(B)의 합(合) (A+B)보다 훨씬 적다고 믿었던 것은 아닐까?(필자가 전문가의 도움을 얻어 실험을 해본 결과 이 가설은 사실이 아님이 밝혀졌다)[9] 아무튼 어떤 종류의 것이든지 근친 간에 서로 섞는 것은 혼합이며, 혼합은 곧 오염이 되고, 오염은 공동체의 생존을 위

---

9) 우유와 쇠고기 각각 100g과 혼합물(우유＋쇠고기) 200g을 시료별로 처리한 후 에너지(열량)를 테스트한 결과, 우유에서는 59Kcal/100g(A),

협하는 것이 되므로 엄격히 통제되어야 한다는 의미에서 이 금기를 해석할 수 있을 것이다. 동일성을 교란하는 곳, 여기서 금기가 발생한다.

섞임 – 오염(불결) – 위험

앞서 언급한 대로, 음식을 정결(청결이 아니라)하게 유지하기 위해 다른 음식과의 접촉을 엄격히 금하는 습관은 매우 폭넓고 다양하게 분포되어 있다. 나무나 토기로 만든 그릇 외에 쇠로 만든 용기에 우유를 담는 것을 금지하는 부족, 우유를 야채 또는 고기와 접촉시키는 것을 금지하는 부족도 있다. 특히 마사이족의 경우, 우유가 고기와 접촉되지 않도록 각별한 주의를 기울인다. 그러한 접촉은 우유를 생산한 소의 젖꼭지에 병이 생기게 할 것이며, 따라서 더 이상 젖을 짤 수 없다고 믿기 때문이다. 이와 같은 이유로 고기를 요리했던 냄비에 우유를 보관하지 않으며, 동시에 우유를 담았던 그릇에 고기를 넣으려고도 하지 않는다. 그들은 언제나 우유를 담는 그릇과 고기를 담는 그릇을 따로따로 보관, 구별해서 사용한다.

쇠고기에서는 148Kcal/100g(B), 혼합물로부터는 205Kcal/200g을 각각 얻었다. 영양학적으로 우유와 쇠고기 혼합물의 열량은 개별 음식에서 각각 섭취한 열량의 합(A+B)과 거의 차이가 없다. 그러나 부피의 경우 우유(99ml/100ml), 쇠고기(103ml/100ml), 혼합물(191ml/200ml)을 각각 측정한 결과, 혼합물의 부피가 개별 음식의 부피의 합보다 작아, 우유와 쇠고기를 동시에 먹는 것이 두 음식을 각각 먹는 것보다 포만감이 덜한 것으로 나타났다.

이러한 관습은 사람의 위장 속에서도 두 가지 음식이 서로 접촉해서는 안 된다고 생각하게 하였다. 위장에서조차 우유가 고기와 섞여서 오염되면 그 젖을 생산한 소에게 위험이 도래하기 때문이다. 그래서 그들은 고기와 우유를 동시에 먹지 않는다. 고기 식사와 우유 식사 사이에 상당한 휴식이 있도록 할 뿐만 아니라, 종종 이미 먹은 종류의 음식을 완전히 위장에서 씻어내기 위해 구토제나 설사약을 사용하기까지 한다. 나우디족의 경우 우유를 마신 후 24시간 내에는 고기를 먹지 않는다. 나아가 그들에게 우유는 용사의 음식이고, 고기는 여성들의 음식이다. 그들은 젖과 고기를 동시에 먹는 것을 큰 범죄로 여기기 때문에 10일 동안은 우유 음식만 먹다가 그 다음 10일 동안은 고기 음식만 먹는다. 그들은 만일 이 규칙을 위반하면 소가 틀림없이 죽게 된다고 믿는다.

유대인의 음식 습관 역시 선조들이 키우는 가축의 우유를 먹고 살던 유목민 시절부터 그들에게 전수된 상속의 일부에 속한다. 그들은 옛날부터 우유와 고기를 섞어 먹음으로써 우유 공급이 감소하는 것을 두려워했던 전통을 이어오고 있는 것이다. 다시 말해 히브리적 관습들은 본래 목축민의 사회적 단계에서 출현한 것이며, 따라서 그것들은 이스라엘 민족의 본래적인 전설, 곧 그들의 조상들은 양과 소떼를 몰고 초원을 찾아 이리저리 떠돌던 유목민이었다는 전설을 확인해준다(cf. 신명기 26:5).

금기의 구조

이상의 논의에서 볼 때 중요한 것은, 레비-스트로스가 말한 바와 같이, 일반적으로 금기는 아주 방대하고 복잡한 구조를 이루고 있다는 사실이다. 특히 음식 금기는 대상인 동·식물의 내재적 특성 때문이 아니라, 하나 또는 그 이상의 체계 속에서 그것이 점유하고 있는 사회적 지위/위치 때문에 발생한다는 사실이다. '자연적'(natural)인 것—자연적인 것이란 '생각하기 좋은 것'이지 반드시 '먹기 좋은 것'은 아니다—과 '문화적'(cultural)인 것—'먹기 좋은 것'이 반드시 '잡기 좋은 것'은 아니다—사이의 관계 속에서 그 금기의 실체가 명확히 드러난다. 금기가 모든 사회에 획일적으로 분포된 경우가 매우 드물다는 사실이 이를 잘 뒷받침해준다. 자연적 조건과 사회적 조건 중 한쪽 질서에서 어떤 구분을 선택하면, 다른 쪽 질서에서도 그에 대응하는 구분이 채택된다. 결국 먹어도 되는 동물과 금지된 동물의 구분은 금지된 동물을 해로운 것으로 간주하게 하는 생물학적 특성이나 신비성에 기인하는 것이 아니라, 동물을 '강조된 종(種)'과 '강조되지 않은 종(種)'으로 구분하려는 사회적 배려에서 온 것이라 할 수 있다.

자연조건이란 인간의 생활양식과 기술적 능력의 작용이기 때문에, 인간은 그것을 규정지으며 특정한 방향으로 이용함으로써 그것에 의미를 부여한다. 따라서 자연은 그 자체로는 모순된 것이 아니며 거기에 가해지는 특정한 인간 활동과의 관계 속에서 비로소 모순이 생긴다. 또, 어떤 환경이 가지는 특성이란 그 주민의 활동이 어떠한 역사적·기술적 형태를 취하느냐에 따라 서로 다른 의미를 갖게 된다. 결국 동·식물에 관한 지식이 그 유용성에 따라 정해지는 것이 아니라, 먼저 지식이 있기 때문에 비로소 유용하거나 흥미롭다고 간주되는 것이다. 그런 점에서 주술(呪術)은 과학의 은유적 표현이다. 따라서 주술과 과학을 대립하는 것으로 보지 말고, 양자를 지식 습득의 두 가지 병행하는 필연적 양식으로 받아들이는 것이 옳을 것이다. 과학은 지각이나 상상력의 차원에 시선을 집중하는 환유적(metonymique)인 것이고, 주술은 그것으로부터 벗어나는 데 목적을 두는 은유적(metaphorique)인 것이다. 레비-스트로스의 언급대로, 종교가 "자연법칙의 인간화"라면, 주술은 "인간행동의 자연화"라 할 수 있다. 따라서 주술 없는 종교도 없고, 최소한 종교적 흔적이 없는 주술도 없다.

한편 인간과 자연환경의 관계는 환경이 인간적인 수준으로 높아지면서 비로소 이해 가능하게 되는데, 그 관계는 여전히 사고의 대상으로 남는다. 인간은 그 대상을 결코 수동적으로 파악하지 않으며, 그것을 개념화한 후 다시 골고루 혼합하여 하나의 체계를 만들어낸다. 그 체계는 미리 정해진 것이 아니며, 상황이 같다고 하더라도 체계화할 수 있는 방식은 여러 가지인 것이다. 그런 의미에서 신화란 자연현상을 설명하는 사실(자연적 사실이 아닌 하나의 논리체계)을 위한 하나의 수단일 뿐이지 결코 기원론이 아니다.

3 왜 피를 먹지 않는가

2002년 월드컵을 전후해서 다시금 '보신탕' 공방이 뜨거워진 일이 있다. 우리나라 사람이라면 보신탕이 개고기를 뜻한다는 것을 모르는 사람이 없다. 공방은 프랑스 영화배우 출신으로 동물보호재단을 이끌고 있는 브리지트 바르도가 한국의 보신탕 문화에 대해 국내 한 라디오 프로와 인터뷰를 하던 중 신경질적인 반응을 보이며 일방적으로 전화를 끊은 사건에서 비롯되었다. 그는 "개고기를 먹으면 야만인"이며, "야만을 문화 〔상대주의〕라는 이름으로 보호하고 정당화하는 것은 어불성설"이라면서 우리 음식 문화를 공격했다. 이에 우리 언론에서는 "프랑스인도 개고기를 먹었다"며, 100년도 더 된 파리의 개 정육점 사진을 게재해가며 반론을 폈다. 이 논쟁은 일본의 언론이 합세하면서 더욱 뜨거워졌다. 급기야 여야 국회의원들은 "개고기 식용을 합법화하는 축산물 가공처리법 개정안"을 국회에 제출하고, '전국 개고기식당 연합회' 결성이 시도되는 등 여파가 커지게 되었다. 과연 누구의 주장이 옳은 것인가?

개고기를 아무렇지도 않게 먹는 사회와 개고기를 먹는 사람들을 야만적이라고 보는 사회는 각각 어떻게 생겨난 것일까? 초기 문화인류학을 주도했던 학자들은 주로 문화를 진화라는 틀에서

보려고 시도하였다. 생물의 진화 과정과 같은 선상에서 인간의 역사와 문화를 '야만적' 단계에서 '문명화'(즉 서구 유럽화) 단계로 진화하는 것으로 해석한 이른바 '문화적 진화론'은 분명 식민지 확장 과정에서 '전통' 문화들과 접촉하면서 발생한 서구 우월주의의 산물이다.

그러나 20세기에 들어서면서 각각의 문화를 서로 다른 특수한 문화적 맥락에서 이해하게 됨에 따라 보다 다원론적이고 상대적인 관점에서 바라보기 시작했다. 다시 말해 각각의 문화는 나름의 고유한 발전 형태를 가지며, 이는 지리적 환경, 유입된 물질문명의 확산, 창안, 적응의 조건에 따라 다르게 나타난다는 것이다. 인간과학(Science of Humans)으로서 인류학의 기본적인 관심은 한 마디로 '인간 문화의 다양성과 문화 사이의 차이들'에 있다고 말할 수 있다. 그런 의미에서 "문화란 우리가 평등하게 그러나 서로 다르게 더불어 살 수 있게 해주는 현장이다."[1]

한 민족의 문화관을 '발전/진보'라는 이름으로 타민족에게 강요하는 것은 일종의 문화 제국주의다. 문화가 진보한다는 문화적 발전주의는 문화를 우열의 관계로 서열화함으로써 한쪽의 지배를 정당화할 위험이 있다. 이러한 이념이 문화파괴(ethnocide)와 민족말살(genocide)로 표출된 사례는 많다. 그러므로 문화를 우리 자신의 가치에 근거해서 볼 것이 아니라, 그 문화 자체에 입각해서 보아야 할 것이다. 물론 모든 것을 인정하는 급진적 상대주의

---

1) 울리히 벡, 「날뛰는 세상에서 나대로 살기: 개인화, 세계화 그리고 정치」, 『기로에 선 자본주의』, 앤서니 기든스·윌 허튼 편저, 박찬욱 외 옮김, 생각의 나무, 2000, p.336.

나 오직 한 가지만을 인정하는 획일적 보편주의 역시 한계가 있다. 문화를 바라보는 시각은 다원주의적이며, 탈(脫)중심적이어야 한다. 지구상의 문화와 문명이 활기를 띨 수 있는 것은, 생태계의 활기가 종(種)의 다양성에서 비롯되는 것과 마찬가지로, 각각 자신의 몫을 차지하는 다양성의 유지 덕분이다.[2]

생물학적 다양성과 문화적 다양성의 감소는 심각한 의미를 갖는다. 문화는 차이다. 차이를 거세하려 들면 충돌하고 차이를 인정하면 공존할 수 있는 것이 문화다.

채식인가 육식인가

히브리 성서에 따르면, 태초에 하나님은 인간에게 채식(채소와 곡식, 과일)만을 허락하였다(창세기 1:29). 음식물은 인간과 신 사이를 최초로 분할하는 수단으로 작용하였다. 스미스(William Roberton Smith)는 이러한 기억을 동물에게도 영혼이 있다고 생각하던 시대의 흔적이라고 보았다. "염소의 젖은 넉넉하여 너와 네 집사람의 식물이 되며, 네 여종의 먹을 것이 되느니라"(잠언 27:27)는 언급 역시 식물을 얻기 위해 동물을 살해하는 것을 부자연스러운 것으로 여기고, 목가적인 생활을 즐거움으로 삼던 시절을 동경하고 있음을 반증하고 있다.

---

2) Richard A. Shweder, "Moral Maps, 'The First World' Conceits, and the New Evangelists," *Culture Matters*, Samuel P. Huntington and Lawrence E. Harrison eds., Basic Books, 2000(이종인 옮김, 『문화가 중요하다』, 김영사, 2001, pp.254~274).

그러나 성서는 사람들의 삶이 속속들이 썩고 땅이 무법천지가 되어(창세기 6:12, 13), 하나님의 징벌이 노아의 홍수로 이어지고, 그 홍수 이후 육식이 허락되었다고 말한다. "그러나 고기를 그 생명이 되는 피 채 먹지 말 것이니라(אַךְ בָּשָׂר בְּנַפְשׁוֹ דָמוֹ לֹא תֹאכֵלוּ)"(창세기 9:4 cf. 레위기 3:17; 7:26; 17:10~14)는 조건부로 육식이 허락된다. 육식과 채식의 구별이 살과 피의 대립 형태로 재형성된 것이다. 이는 살해(殺害)의 경향이 인간에게 필수적으로 내재해 있음을 인정하는 것이며, 육식을 인간 타락의 불가피한 결과로 보는 증거다. 육식에는 생명을 파괴하고 '피'를 흘리게 하는 (타락한) 행위가 따르므로——식인문화를 가지고 있는 원시 부족의 경우 부친의 시신을 나누어 먹음으로써 조상의 영혼을 몸에 지니며 살고자 했다지만, 불교에서는 살생을 엄격히 금하고 있으며, 무함마드 시대의 아라비아에서는 모든 합법적인 살해는 희생제사 때에만 허락되었다——신중함이 필요했으며, 따라서 육식을 위한 방식을 구체적으로 규정하는 이른바 거룩한 음식법(레위기 11장[3]; 신명기 12장; 14장)이 마련된 것으로 보인다.

우선 성서는 "네 하나님 야훼께서 네게 주신 복을 따라 네 마음에 내키는 대로 성 안 어디서든지 생축(生畜)을 잡아 그 고기를 먹을 수 있나니, 곧 정한 자나 부정한 자 모두 다 노루나 사슴을 먹음 같이 잡은 짐승의 고기를 먹으려니와 오직 그 피는 먹지 말고 물 같이 땅에 쏟을 것"(신명기 12:15, 16, 21, 22)이라 했다.

---

3) 레위기 11장의 구성에 관해서는 Jacob Milgrom, "The Composition of Leviticus, Chapter 11," *Priesthood and Cult in Ancient Israel*, Gary A. Anderson and Saul M. Olyan eds., JSOTSupSer.125, Sheffield: JSOT Press, 1991, pp.183~191을 참조할 것.

여기에 근거하여 유대인은 피 먹는 것을 엄격히 금하고 있다. 이스라엘에서 판매되는 각종 고기는 모두 짠데 이는 가축을 잡을 때 피를 모두 제거하기 위해 고기를 소금물에 얼마 동안 담궈두기 때문이다.

왜 피를 먹는 것을 엄격히 금한 것일까? 아예 육식을 금하면 될 것인데, 고기는 먹으면서 피를 먹지 말라는 말은, 마치 셰익스피어의 『베니스의 상인』에서 살은 베어갈지언정 피는 가져가서는 안 된다고 역설한 것과 비슷한 뉘앙스를 풍기고 있지 않은가?

피 없는 고기

A. 피를 먹으면 안 되는 이유는 주로 레위기 17장에 나온다. 그런데 본문이 제시하는 원인을 찾기 전에 먼저 본문의 특성과 구조를 이해할 필요가 있다.

1. 언뜻 보아서 "하나님이 모세에게 일러 아론과 그 아들들과 이스라엘 모든 자손에게 알리라"(1절)는 서설(序說)이 십계명과 그 이외의 법을 제정하여 선포하는 것과 유사한 것처럼 보일지도 모른다. 그러나 상투적인 판단에서 볼 때, 이 본문은 '필연적인'(apodictic) 법도, '결의론적인'(casuistic) 법도 아니다. 왜냐하면 조건절을 나타내는 키(כִּי) 또는 임(אִם)으로 시작하지 않기 때문이다. 따라서 본문은 단지 무엇이 전개될 것인지를 알리려는 목적으로 서술되는 것이지, 특정한 명령이나 책임에 응하도록 하려는 것이 아니다.

2. 또, "이스라엘 집의 누구든지(אִישׁ אִישׁ מִבֵּית יִשְׂרָאֵל)"(3a절)에서 장황한 반복 표현(אִישׁ אִישׁ)은, 법조문을 전달하는 보다 일반

적인 방식——אִישׁ אֲשֶׁר——과 비교해볼 때, 적합하지 않은 표현이다. 여기서만 사용되는 이러한 표현(8, 10절; 에스겔 14:4, 7)은 일반적으로 이스라엘에 속한 "모든 자손들"(2절)——심지어 그들과 함께 거주하는 타국인들까지를 포함(10a, 12b, 15b절)해서——을 폭넓게 지칭하려는 목적으로 사용된 것 같다.

3. "끊어지리라(כרת)"(4b절)는 표현 역시 어떤 법률적인 위반의 피할 수 없는 결과를 선언하는 것이라기보다는, 그러한 결과가 올 상황에서 피해 나올 수 있는 방법을 마련해주기 위한 언급처럼 보인다. 피를 흘리면 "끊어진다"는 표현이 "피를 땅에 쏟고 흙으로 덮어라"(13b절)와 또 "피를 먹는 자는 나의 백성에게서 끊어지리라"(14bß절)로 바뀌는 것에서 짐작할 수 있다.

B. 다음으로 피 먹는 것을 금한다는 표현에서 어떤 종류의 피를 금한다는 것인지를 분명히 할 필요가 있다.

1. 신명기처럼, 레위기에도 "어떤 피든 먹는 자(אֲשֶׁר יֹאכַל כָּל דָּם)" (10절)라고 되어 있다. 레위기 17장에서만 모두 6번(10절, 12절, 14절에 각각 두 번씩, 그외에도 레위기 3:17; 7:26, 27; 신명기 12:16, 23, 24, 25; 15:23에서 각각 한번씩)이나 액체인 피를 '마신다'고 표현하는 대신 '먹는다'고 표현하는 까닭은 무엇일까? 성서에서 다른 액체를 '먹는다'고 표현하는 경우는 없다. 여기서는 피가 남아 있는 고기를 먹는 경우를 상정해놓고 있기 때문에 그렇게 표현한 것으로 해석된다(cf. 신명기 32:42; 예레미야 46:10). 이는 "어떻게 고기를 생명이 되는 피 채로 먹을 수 있겠는가"(창세기 9:4)를 연상시킨다.

2. "피 먹는 것"을 금하는 규정은 레위기 3장 17절, 7장 26, 27절

과 17장 14절("어느 육체의 피든지 먹지 말라"〔דם כל בשר לא תאכלו〕)
에도 나오는데, 세 곳 모두 "어떤 (육체의) 피든지"라 하여 제의
적 희생제물의 피는 물론, 다른 어떤 동물의 피도 먹지 못하도록
규정하고 있다.

   C. 성서가 피를 먹으면 안 된다고 하는 합리적이며 논리적인
근거가 무엇인지 본격적으로 알아보자.
   1. 우선, 성서가 말하는 근거는 11, 12절에 담겨 있는데, 정작
이 본문은 하나님께서 모세를 통해 이스라엘에게 고하라고 한 본
문에는 들어있지 않다. 오직 5~7절과 14절만이 "이스라엘 자손
들이" 또는 "이스라엘 자손에게"라고 구체적으로 지시한다.
   2. 11a절("왜냐하면"〔כי〕)과 12a절("그러므로"〔על כן〕)은 각각
앞뒤 구절의 구체적인 논리적 인과관계를 밝혀주고 있기 때문에
11a절은 10절의 원인이 되며, 12a절은 11b절의 결과가 된다. 두
개의 논리는 서로 반복적으로 교차배열된다.

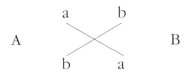

   3. 10~11a절(A)의 인과관계를 논리적으로 정리하면 다음과
같다. 이스라엘 가문에 속한 사람(a)이나 그들과 함께 사는 타국
인 모두(a′) 어떤 피든 먹지 말라(b), 피 먹는 사람은 끊어진다
(c), 왜냐하면 육체의 생명은 피에 있기 때문이다(d). 한편,
11b~12절(B)의 인과관계를 논리적으로 정리하면 다음과 같다.
내가 이 피를 너희에게 주어 제단에 뿌려 너희의 생명을 위하여

속하게 하였나니(e) 생명이 피에 있으므로(d) 피가 죄를 속하느니라(f). 그러므로 내가 이스라엘 자손(a)에게 말하기를 너희 중에 아무도 피를 먹지 말며(b) 너희 중에 함께 살고 있는 타국인이라도(a′) 피를 먹지 말라 하였다(b).

이 본문의 논리를 뒤집어 〔A〕와 같은 형식으로 만들면 다음과 같이 요약된다. 내가 이스라엘 자손(a)과 너와 함께 거하는 타국인(a′)에게 피를 먹지 말라고 했다(b). 왜냐하면 내가 너희에게 주어 단에 뿌린 피는 너희의 생명을 속하게 하였는데(e), 생명이 피에 있기 때문이며(d) 피가 죄를 속하기 때문이다(f). 이렇게 보면 〔A〕와 〔B〕의 논리적인 차이는 없다. 다만 B에서 피를 먹지 말라고 금하는 원인이 한 개 더 추가되며(e+f), 〔A〕-c의 설명이 빠져 있을 뿐이다.

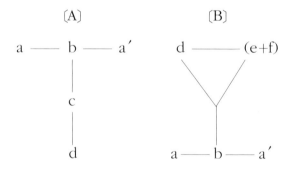

4. 〔A〕와 〔B〕가 공동으로 제시하는 피를 금하는 첫번째 이유는 "피가 육체의 생명이기 때문"(כי נפש הבשר בדם הוא, 11a, 11d절)이라는 것이다. 여기서 히브리어 네페쉬(נפש)는 '생명, 생기(生氣), 살아갈 힘'을 의미하는 것이지, '목숨, 목, 자아'를 말하는 것이 아님은 논쟁의 여지가 없다. 생명을 잃은 경우, 히브리어에

서는 네페쉬 메트(נפש מת)라 하여 '생기를 잃었다'고 표현한다. 바사르(בשר)는 일반적으로 '살아 있는 것'을, 담(דם)은 '피'를 의미한다. 여기에 나오는 세 단어는 모두 명사이며, 단어 '피'에 전치사 베(־ב)가 삽입되어 있을 뿐이다. 결국 번역하면 "살아 있는 것의 살아갈 힘은 피에 담겨 있기 때문이다"가 된다. 논점은 "피가 생명이다"나 "피 속에 몸 자체와는 성질이 다른 어떤 힘이 있다"는 게 아니다. 단지 피가 없으면 생기가 없다(그래서 죽게 되는 것이다)는 것이다.

결국 피가 없으면 죽게 되기 때문에 피를 먹어서는 안 된다는 논리다. 무슨 심오한 신학적인 원리나 신앙적인 서술을 담고 있는 것이 아니며, 아주 상식적인 범주의 추론일 뿐이다. 생명이 위치한 곳이 피(혈액)라는 생각은 보편적이었다. 고기는 먹을 수 있지만 고기를 얻기 위해서는 생명을 손상시켜야 하므로 마찬가지로 치명적이다.[4] 일종의 생명존중 사상이랄까? 그러나 그것만으로는 충분한 설명이 된다고 생각하지 않았다. 히브리 성서는 보다 제의적이며 새로운 차원의 논리적 근거를 추가하고 있다.

5. 〔B〕가 제시하는 또 다른 이유는 "(내가) 피를 단에 뿌려 생명을 위하여 속하게 하였"기 때문이라는 것이다. "내가 피를 단 위에 두었다"(לכם על המזבח אני נתתיו, 11b절)라는 표현은, 물론 제사장이 하는 일이지만(출애굽기 29:12; 레위기 8:15; 9:9; 16:18 등), 하나님 자신이 피를 제단에 두는 분이시라는 의미를 강조한다. 그렇게 함으로써 "내가 너희에게 너희의 생명을 속하게 하기 위하여 주어

---

4) Lynn Margulis, *What is Life?*, Nevraumont Book, 1995(황현숙 옮김, 『생명이란 무엇인가?』, 지호, 1999) 참조.

단 위에 (피를) 뿌렸다"(11c절)는 것이다.

여기서 히브리어 나탄(נתן)은 '양도하다/돌리다'(to assign)라는 뜻으로 번역할 수 있는데(New Jewish Publication Society Version 성서), 여기서는 "피가 죄를 속하는" 작용을 한다는 것이 논점의 핵심이다. 또, 동사 '속한다'(כפר)는 본래 명사 유래어(由來語)로서, 명사로는 '몸값' '보상/지불'이라는 의미를 가진다 (예를 들면 출애굽기 30:12∼16; 민수기 8:19; 사무엘하 21:3; 이사야 47:11). 또는 동사로는 종종 '(부채를) 완제(完除)하다' '(불결한 것을) 제거하다' 또는 '(죄를) 속죄하다' '근절하다'라는 뜻으로 사용된다. 제사법(Priestly Code: 성서의 제사법)에서 희생물로 드리는 피가 인간의 생명을 위해 몸값으로 바쳐진다는 표현은 이곳이 유일하다(cf. 신명기 21:1∼9). 피가 죄를 씻어 정화(淨化)시켜주는 것이 아니라, 제의적 목적에서 대가로 지불되는 것으로 생각하는 것은 매우 이례적인 표현이다(cf. 비제의적인 보상, 민수기 35:31∼33). 아마도 "사람을 쳐죽인 자는 반드시 죽일 것이요"(נפש תחת נפש, 레위기 24:18)라는 제사법과 조화를 맞추기 위해서가 아닐까 생각된다.[5]

결국, 피는 하나님이 인간의 속죄를 위하여 (단 위에, 즉 제자리에) 준 것이기 때문에 인간이 먹을 수 없다는 논리다. 피는 인간을 위해 하나님이 정하여 두신 대로, 제단 위에 있으면서 인간의 죄를 씻어야 하기 때문에, 다른 장소에서 다른 목적을 위해 사

---

5) B. J. Schwartz, "The Prohibition Concerning the 'Eating' of Blood in Leviticus 17," *Priesthood and Cult in Ancient Israel*, G. A. Anderson and S. M. Olyan eds., Sheffield: Sheffield Academic Press, 1991, p.56.

용해서는 안 된다는 것이다. 피의 분명한 존재이유(raison d'etre)가 밝혀진 셈이다.

D. 사람이 죄를 지어 자신의 생명을 대가로 지불하지 않으면 안 될 상황이 초래되었다면 그때 가장 먼저 무엇을 해야 하는가? 여기서는 사형에 처해질 만한 무거운 죄를 지은 사람의 경우를 말하려는 게 아니다. 보복의 악순환을 멈출 수 있는 방법을 말하려는 것이다. 여기서 다시 르네 지라르의 제의적 살해의 양가성의 순환논리가 성립한다. 희생제의는 결코 화해할 수도 양립할 수도 없는 두 개의 이질적인 의미 사이에서 작용한다.

이 논리는 프레이저가 먼저 발견한 고대 로마의 황금가지 전설에서 그 흔적을 찾을 수 있다. 이 신화에 따르면 사제이자 왕인 성스러운 인물은 동시에 살인자이다.

북이탈리아 네미 호수 부근에는 신성한 숲(디아나 숲)과 성스러운 장소가 있는데, 칼을 빼든 인물이 그 숲 가운데 있는 나무(그 가지는 황금색이었다)를 밤낮없이 지켰다. 그는 사제이면서 살인자였다. 그는 전임자를 살해하고 사제가 되었지만 언젠가 그도 새로운 인물에게 살해당할 운명이었다. 그를 대신하여 사제가 된 자는 또다시 살해될 때까지 사제직을 유지하는 것이 그 성스러운 곳의 규율이었다. 그 사제는 왕이라 불리기도 했다.

지라르에 따르면 살해 행위는 죄악이다. 그런데 모든 제의는 살해를 동반한다. 따라서 수많은 제의 속에서 희생물을 죽이는 것은 일종의 살해 행위로서 죄악이다. 그러나 그 희생물은 누군가(사제/살인자)에 의해 죽임을 당하지 않으면 성스럽게 되지 않으며, 인간의 죄는 씻어질 수 없다. 또, 고대사회에서 '피의 복수'는 사회 질서를 유지하는 가장 중요하면서도 기본적인 원칙이었다. 그런데 문제는 거짓말이 자꾸만 거짓말을 낳듯 '피의 복수'가 끝나지 않는 무한한 연속과정이 된다는 점이다. 폭력을 사용하지 않고는 절대로 폭력을 근절할 수 없다. 그러므로 폭력은 끝날 수가 없다.

고대 이스라엘 사회는 이러한 피의 속성을 잘 알고 있었기 때문에 피를 매우 위험하게 다루었다. 더구나 "육체의 생명이 되는 피"와 "(내) 생명을 속하기 위해 드려지는 피(대리희생물)"를 함부로 먹어 모독한다는 것은 해서는 안 될 일이기 때문에 엄격히 금하게 된 것이다. 이 둘은 둘이자 곧 하나다(11b절). 모든 논리는 하나로 귀결된다. 그러므로 어떤 피든 먹어서는 안 된다.

생명의 신성함 대신 생명의 시장성이 들어서 있고, 돈이 생명 과정들을 대신하면서 생명 자체는 소진되고, 생명조차 (주)생명에서 제조하여 판매하는 상품으로 전락해버린 현대사회[6]에서 이 금기는 어떤 의미를 가지는가?

그러므로 누구든지 주의 떡이나 잔을 합당치 않게 먹고 마시는 자는 주의 몸과 피를 범하는 죄가 있느니라. 사람이 자기를

---

6) 반다나 시바, 「벼랑 끝에 몰린 세상: 환경 제국주의와 생명의 사유화」, 『기로에 선 자본주의』, 앤서니 기든스·윌 허튼 편저, 박찬욱 외 옮김, 생각의 나무, 2000, pp.229～257.

살피고 그 후에야 이 떡을 먹고 이 잔을 마실지니 주의 몸을 분별함이 없이 먹고 마시는 자는 자기에게 내릴 심판/죄를 먹고 마시는 것이니라(고린도전서 11:27~29).[7]

---

7) 그리스도의 살과 피를 먹고 마시는 것은 레위기의 금기와 상징적으로 어긋나는 것이다. 그러나 성찬식을 통해 말이 유형화되고, 구체화된 몸짓 그 자체로부터 모든 육체성은 고양되고 영화(靈化)되어 숭고해진다. 여기서 다시 안과 밖의 경계가 유지된다. Julia Kristeva, *Pouvoirs de L'horreur*, Paris: Seuil, 1980(서민원 옮김, 『공포의 권력』, 동문선, 2001, p.183).

제**3**부
성(性)과 금기들

육체미의 극치는 무엇인가?
미남이나 미녀가 어떻게 묘사되고 있는가?
사라의 무엇이 이집트 왕을 유혹하였으며,
보디발의 아내로 하여금 강렬한 성적 관심을
보이도록 한 요셉의 매력은 무엇이었는가?

I 왜 월경 피는 불순하게 취급되는가

월경 페스티벌이 우리나라에서 처음 열린 것은 지난 1999년 이었다. 제1회의 주제는 "유혈낭자"였으며, 이듬해 열린 축제는 "달떠들떠", 2002년에는 "월경＋월경＋월경"이 주제였다. "유혈낭자"에서는 감춰지고 터부시되었던 월경을 드러내 떳떳이 이야기하자는 취지의 서막이었으며, "달떠들떠"는 혐오스럽고 인정하고 싶지 않은 부분으로 여겨온 '월경'을 에너지가 가득한 여성만의 기간으로 여기고 이를 긍정하자는 내용의 행사였다면, 다음 해에는 여성들 개개인의 경험을 적극적으로 토해내고 자신이 가진 몸의 역사인 월경을 인정하고 존중하는 축제로 만들고자 했다.

그런데 한 달에 4~7일, 매월 약 1/7~1/4의 기간을 월경 중인 상태로 보내는 여성들 자신조차 드러내놓고 말하기가 아직 어색하기만 한 원시적인 금기 가운데 하나는 아마도 여성의 월경 피에 관한 것일 것이다. 월경 중인 여자는 사람은 물론 물건과도 격리되었다. 여성들에게는 일상용품, 사냥 또는 낚시 도구 등 남성이 사용하는 각종 물건뿐 아니라 때로는 음식조차 접촉이 금지되었다. 심지어 생리 중에 남편에게 줄 음식을 만들기 위해 불을 붙거나, 끓이거나, 굽거나, 체질하는 것도 금지되었으며, 포도주를 마시기 위해 잔에 포도주를 따르는 일도 금지되었다. 생리 중인 여자가 다른 사람을 쳐다보는 것이나, 생리 중인 여성의 뒤를 따라가는 것까지도 부정하게 여겼다. 이런 여성은 신생아와 가축으로부터 멀리 피해야 한다. 한마디로 생리 중인 여성은 거의 시체와 마찬가지로 더럽게 취급되었다. 이처럼 원시종교로부터 고등종교에 이르기까지 대부분의 종교들에서 여성의 몸을 더럽고 오염되기 쉬운 존재로 보았다.

히브리 성서에서도 역시 "너는 여자가 월경을 하고 있어서 몸이 불결한 기간에는 그에게 가까이 하여 그 몸을 범하면 안 된다"(레위기 18:19)고 명령한다. 다시 말해 월경 중의 여자와는 성관계를 맺을 수 없도록 금하고 있다. "남자가 월경을 하는 여자와 동침하여 그 여자의 몸을 범하면, 그는 그 여자의 피 나는 샘을 범한 것이고, 그 여자도 자기의 피 나는 샘을 열어 보인 것이므로, 둘 다 백성에게서 끊어지게 하여야 한다"(레위기 20:18)고 하였다. 또 성서는 월경 중인 여자의 상태와 이를 씻는 규정을 다음과 같이 제시하고 있다.

어떤 여자가 몸에서 피를 흘릴 때에, 그것이 여자의 몸에서 흐르는 월경(בנדתה)[1]이면, 그 여자는 칠일 동안 불결하니, 무

---

1) '월경'을 의미하는 히브리어 니다(נדה)의 어원은 분명하지 않다. 어근 노데드(נדד, Ibn Janah, Rashi, Ibn Ezra)는 히브리 성서에서 칼(qal) 동사로는 '떠나다' '달아나다' '떠돌아다니다'(이사야 21:15; 호세아 9:17), 히프힐(hiphil) 동사로는 '달아나게 하다' '쫓아내다'(욥기 18:18), 피엘(piel) 동사로는 '쫓아내다' '(옆으로) 치우다'(이사야 65:5; 아모스 6:3)라는 뜻으로 각각 사용된다. 따라서 '월경'의 본래

릇 그 여자에게 닿는 모든 남자는 저녁까지 부정하다. 그 여자가 불결한 기간에 눕는 자리는 다 부정하며, 그 여자가 앉았던 모든 자리도 다 부정하다. 그 여자의 잠자리에 닿는 남자는 모두 옷을 빨고 몸을 물로 씻을 것이요 저녁까지 부정하다. 그 여자가 앉았던 좌석을 만지는 자도 다 옷을 빨고 몸을 물로 씻을 것이요 저녁까지 부정하다. 그 여자가 눕는 잠자리든 앉는 자리든, 어떤 남자가 그 자리에 닿으면, 저녁까지 부정하다. 누구든지 이 여자와 동침하면, 그 여자의 불결함이 그 남자에게 전염되어 칠 일 동안 부정하고, 그 남자가 눕는 잠자리도 모두 부정하다"(레위기 15:19~24 cf. 15:3~18).[2]

이처럼 여성의 월경은 신비로운 것으로 축복받기보다는 더러운 것으로 터부시 되어왔다. 고대에는 월경 중인 여성을 자연과 교감할 수 있는 신비한 존재로 여기기도 했다는데, 어떻게 해서 동서양을 막론하고 월경을 하는 여성은 불결한 것으로 취급하여 공동체에서 격리하기도 하고 신성한 장소에는 접근할 수도 없게 한 것일까? 아마도 매달 그 많은 피를 쏟고도 이어지는 여성의 생명력에 대한 남성들의 두려움 때문이 아니었을까? 아니면 이

의미는 '추방' '배제'로 추정된다. 이는 고대사회에서 월경 중인 여자를 그가 속한 사회로부터 일정한 거리 밖으로 내쫓던 관습과 분명히 관련이 있는 것 같다. Jacob Milgrom, *Leviticus 1~16*, The Anchor Bible, vol. 3, New York: Doubleday, 1991, pp.744~745 참조.

2) 본문의 역사를 성서와 미쉬나를 비교하여 서술한 논문으로 Jacob Neusner, "From Scripture to Mishinah: The Origin of Tractate Niddah," *Journal of Jewish Studies* 29(1978), pp.135~148이 있다.

는 단지 원시사회가 어떻게 남녀를 차별해왔으며, 어떻게 여성의 '공민권'을 침해하였는가를 보여주는 명백한 증거일 뿐인가? 그 이상의 다른 배경과 의미는 없는 것인가?[3] 왜 남자의 피—할 례—는 마찬가지로 부정하게 취급되지 않은 것일까?[4]

월경과 성차별[5]

구약에서 월경 생리대는 우상 또는 이방인만큼이나 불결한 것

3) 여성과 관련된 금기를 여성 신학적 관점에서 이해하고 있는 글로는 Aili Nenola, "Taboo for Women and Women's Duties, or How Have Religions Treated their Best Friends?" *Feminist Theology* 5(1994), pp.106~114가 있다. 한편, 월경과 관련해서 여성이 얼마나 차별을 받아왔는가에 대한 역사적 연구 가운데 매우 흥미로운 것은 16세기 유럽 문학에 나타난 월경 터부이다. 이에 관한 연구로는 Ottavia Niccoli, "'Menstruum Quasi Monstruum': Monstrous Births and Menstrual Taboo in the Sixteenth Century," *Sex & Gender in Historical Perspective*, E. Muir and G. Ruggiero eds., Baltimore: The Johns Hopkins University Press, 1990, pp. 1~25가 있다.

4) Leonie J. Archer, "Bound by Blood: Circumcision and Menstrual Taboo in Post-Exilic Judaism," *After Eve*, Janet Martin Soskice ed., Collins Marshall Pickering, 1990, pp.38~61 참조.

5) 월경의 문화사로는 Janice Delaney, Mary Jane Lupton and Emily Toth, *The Curse: A Cultural History of Menstruation*, Chicago: University of Illinois Press, 1988을, 여성의 시각에서 본 월경 이해는 Leonie J. Archer, *Through the Devil's Gateway: Women, Religion and Taboo*, Alison Joseph ed., London: SPCK, 1990을 각각 참조할 것. 고대 이스라엘 사회에서 월경 중인 여자에 관한 일반적인 논설은 Jacob Milgrom, *Leviticus 1~16*, The Anchor Bible, vol. 3, New York: Doubleday, 1991, pp.948~1009에서 상세히 다루고 있으며,

으로 간주되어 내동댕이쳐졌으며(이사야 30:22; 에스겔 7:19~20; 에스라 9:11), 죄악으로 멸망한 예루살렘을 월경하는 여자로 비유하기도 했다(애가 1:17). 이처럼 구약 성서에서 월경은 극도의 오염, 극도로 혐오스러운 것의 메타포였다. 예수 시대 헤롯 성전에서 제사장들은 여성에게 이방인보다 못한 지위를 부여했으며(Josephus, *Apion* 2, 8), 특히 월경 중인 여자들은 예루살렘 성전의 네 귀퉁이로부터 배제되는 유일한 존재였다.

쿰란(Qumran)에서도 생리 중인 여자는, 밤에 아내와 성교하며 사정한 남자처럼, 거룩한 도시에 들어갈 수 없었다(*Temple Scroll*, 48~51). 랍비 문학에서도 역시 월경 중인 여자를 오염된 불결한 존재로 여겨 함께 음식을 먹는 것이 금지되었다(t. Sabb. 1:14). 왜냐하면 월경과 출산을 아담을 죽음으로 몰아간 하와의 죄에 대한 징벌로 보았기 때문이다(Genesis Rabbah 17:13). 미쉬나(Mishina)에서 가장 길게 규정하고 있는 정결법에서도 생리에 관해 한 장(章)을 할애하고 있는데, '부정'(不淨)한 지 12일째 되는 날에는 제의적인 목욕(정결례)을 하도록 요구하고 있다(Niddah 10, 7). 탈무드(Talmud)에서 자궁은 '부패한 곳'으로 언급되며(Niddah 57b), 중세 유대교의 기록에도 생리는 타락한

아울러 월경 금기에 대한 유대-기독교 전통에 관해서는 William E. Phipps, "The Menstrual Taboo in the Judeo-Christian Tradition," *Journal of Religion and Health* 19(1980), pp.299~300과 Leonie J. Archer, "'In thy blood live': Gender and Ritual in the Judaeo-Christian tradition," *Through the Devil's Gateway: Women, Religion and Taboo*, Alison Joseph ed., London: SPCK, 1990, pp.22~49를 참조할 것.

하와가 받은 열 가지 저주 가운데 하나로 등장한다(Erubin 100b). 이 '저주'는 정통파 유대교가 아직도 각종 종교 행사에서 여성을 배제하는 이유로 작용하고 있다. 1972년 이스라엘의 최고 랍비는 결혼한 남자가 월경 중인 여성과 성교(coitus)할 경우 "대(代)가 끊길 것이며 다가올 세계에 들어가지 못할 것"이라고 경고한 바 있다.

3세기 알렉산드리아의 주교 디오니시우스(Dionysius)는 월경 중인 여성을 제한하자고 주장한 최초의 기독교 지도자로 기록되어 있다. 바실리데스에게 보낸 편지에서 그는 '부정한' 사람을 성만찬 테이블에 접근시켜서는 안 된다고 주장했으며, 교회는 그의 이러한 주장을 수세기 동안 권위 있는 판단으로 지지해왔다. 중세 비잔틴 교회의 법학자 발사몬(Theodore Balsamon)은 "월경 중에 거룩한 제단 앞에 나가 역할을 한 부정한 여자 집사를 추방했다". 최근 루마니아의 한 교수는 동방정교회가 여성을 사제로 임명하는 것을 금지하는 까닭이 '피의 부정한 기간' 때문이라고 인정한 바 있다.

초기 교부들은 여성의 월경 터부를 구약 성서에서 금지하고 있기 때문에 따르기도 하였지만, 나름대로 합리적인 근거를 제시하려고 시도하였다. 제롬은 성서 주석에서 월경을 '신의 저주'라 말하면서, "월경 중인 여성보다 더 불결한 것은 없다."(Jerome, *Against Helvidius* 20; *Commentary on Zacharias* 13)고 했으며, 이후 제롬을 뒤따르고 있는 토마스 아퀴나스는 "남자가 월경 중에 있는 아내와 떨어져 있어야 하는 이유는 맹인, 절름발이, 문둥이 자식 등 불구자를 임신하기 때문이다"(Thomas Aquinas, *Summa Theologica*, supplement, q. 64, 3)라고 했다. 7세기

캔터베리 대주교 시어도어는 "여자가 부정한 기간에는 교회나 성찬에 들어와서는 안 된다"고 하여 월경 기간에 여성이 성찬에 참여하는 것을 금지했으며, 종교개혁자 칼뱅 역시 월경을 '더러운 질병'이라 불렀다. 20세기까지 로마 가톨릭 교회법은 여자가 "제단에 접근하지 못할 어떤 이유도 있어서는 안 된다"(Corpus iuris cannonical 813, 2)고 자격을 규정하고 있었다. 역사적으로 오랫동안 월경이 여성의 종교 활동에 장애물이었던 것은 어느 정도 사실이다. 이는 여성에 대한 그 사회의 태도를 고스란히 반영하는 것이다. 그러나 예수는 놀랍게도 당시 가장 격리되어야 했던 문둥병 환자와 혈루증(血漏症)을 앓던 여자와 '접촉'하여 치유하였다(마가복음 1:41; 5:30).[6]

---

6) 예수는 유대인의 음식에 대한 터부를 폐지하거나, 이교도와 식탁을 같이하거나, 아니면 문둥병 환자에게 말을 걸거나 몸으로 접촉하는 것을 서슴지 않았다. 이것들은 단순한 일화나 경험이 아니다. 그것은 차이를 새롭게 배치하는 것이다. 그것으로부터 체제는 다른 의미의 체계, 즉 모든 말하는 주체의 체계를 정비한다. 예수는 유대인의 깨끗함/더러움의 이분법을 밖/안의 구조로 대치한다. "이 백성이 입술로는 나를 존경해도, 마음은 내게서 멀리 떠나 있다"(마가복음 7:6), "입에 들어가는 것이 사람을 더럽히는 것이 아니라, 입에서 나오는 것, 그것이 사람을 더럽힌다"(마태복음 15:11), "무엇이든지 사람 밖에서 몸 속으로 들어가는 것으로서 그 사람을 더럽히는 것은 아무 것도 없다. 사람에게서 나오는 것이 그 사람을 더럽힌다"(마가복음 7:15, 16). 여기서 안/밖의 경계가 무엇보다 중요하다는 점과, 위협은 더 이상 밖에서 오는 것이 아니라 안으로부터 온다는 것을 보여주고 있다. "오직 안에 있는 것으로 구제하라. 그러면 모든 것이 너희에게 깨끗해질 것이다"(누가복음 11:41), "눈먼 바리새인아, 너는 먼저 잔 속을 깨끗이 하여라. 그러면 그 겉도 깨끗하게 될 것이다"(마태복음 23:26), "율법학자들과 바리새

아주 위험한 월경

고대인들은 몇 가지 이유를 들어 월경을 위험한 것으로 보았다. 우선 여성의 월경을, 남성의 정액 방출과 마찬가지로, 신비한 성적 생식 능력으로 여겼기 때문이다. 여성은 달처럼 1개월을 주기로 달거리를 한다. 여성과 달이 풍만한 대지(大地)와 같다는 생각은 매우 원형적인 사고였다. 우리 말에서도 월경을 월신(月信) 또는 월수(月水)라 불렀는데, 이는 달처럼 주기성이 있다는 의미다. 고대사회의 산파나 수의사들은 만월이 출산을 촉진해준다고 믿었다. 달이 순환 주기에 따라 차고 기울 때와 자연이 조수 간만을 일으킬 때, 인간은 놀라운 우주의 에너지를 경험하게 되면서 탄생과 생식, 그리고 죽음이라는 인간 조건을 이해한 것 같다. 메소포타미아 수메르의 달 신(神)인 난나 신과 보름달 축제, 그리고 성혼(聖婚)은 모두 신성한 종교 의례로 치러졌다. 생명이 위치한 곳이 피(혈액)라고 믿는 뉴질랜드의 마오리족은 월경시 나오는 피가 생명의 근원이라는 생각을 받아들였다. 월경은 자연의 힘과 연관되고 있다.

생리가 흐른다는 것──생리(menses)의 어원은 라틴어 멘시스

인들아, 위선자들아, 너희에게 화가 있다! 너희가 회칠한 무덤과 같기 때문이다. 그것은 겉으로는 아름답게 보이지만, 그 안에는 죽은 사람의 뼈와 온갖 더러운 것이 가득하다. 이와 같이, 너희도 겉으로는 사람에게 의롭게 보이지만, 안으로는 위선과 불법이 가득하다"(마태복음 23:27, 28). 여기서 예수의 더러움은 내재화를 통해 모세의 더러움과 화해한다. Julia Kristeva, *Pouvoirs de L'horreur*, Paris: Seuil, 1980(서민원 옮김, 『공포의 권력』, 동문선, 2001, pp.175~177).

(mensis), 즉 '달'(moon)이다——은 달의 주기와 관련되는데, 이는 무시무시한 우주의 에너지가 만들어준 것이라고 믿었기 때문이다. 또 메소포타미아에서는 물론 탈무드에서도 월경 중인 여성의 피를 마력(魔力)이 있는 위험한 것으로 보아, "여자가 뱀을 보면……머리카락과 손톱을 들어 뱀에게 던지며, '나는 생리 중이다'라고 말하라"고 가르쳤다(b. Pesah. 111a). '미치광이'(lunatics)는 라틴어 루나(luna)에서 파생된 단어로, 광기를 일으키는 사람을 가리키는데, 만월 때 훨씬 더 활동적이어서 문제를 많이 일으킨다고 보았다. 월경 역시 병리학적 불안(pathological anxiety)을 유발한다고 여겼다.

사람(여성)을 제외한 다른 피조물들에게조차 월경은 일반적인 현상으로 인식되지 않았는데, 프레이저에 따르면, 여성의 월경은 경작 실패, 질병, 군사적 패배, 사냥 실패 등을 가져오는 해로운 원인이 된다고 믿었다. 의학적으로도 매달 일어나는 배란(排卵)은 임신의 준비 과정으로 인식되었으며, 월경은 곧 임신의 실패나 유산(流産), 즉 손실이나 죽음을 의미했던 것이다. 피가 흐르지 않았다면 완전한 인간이 되었을 것이므로, 월경 피를 흘리는 기간 중의 여성은 불완전한 인간이라 여겨졌다.

빈번한 임신 또는 양육은 여성의 사춘기부터 폐경기까지의 기간——과거 여성의 초경에서부터 폐경기 사이가 약 14세부터 35~40세였던 것에 비하여, 오늘날에는 영양 상태의 호전으로 약 12세부터 50세까지로 늘어난 추세다——동안 일상적으로 가능한 일이므로, 월경은 임신을 의학적으로 예방하는 조치를 취할 필요가 없는 드문 경우이다. 따라서 다소 비약적이라 하더라도, 생리 기간 중 자녀 생산 외의 목적으로 성이 도구화될 가능성을 사전에 방지하려는 기제가 발동한 것으로 볼 수 있다. 경우야 어떻든 간에 이러한 모든 이해의 결과는 월경 중인 여자의 격리로 귀결되었다.

월경은 왜 불순한 것일까?[7]

왜 월경은 불순(不純)한 것이며, 또 위험한 것으로 취급되었을까? 그것은 먼저 생물학적인 여성성——월경, 성교, 임신, 출산 등——과의 관계에서, 그리고 성적 욕망과 그것의 사회적 관계에서 이해해야 할 것이다. 종교적인 처방은 이 두 가지가 따로따로 또는 함께 결합해서 적용된다. 이는 오염의 제거, 즉 제의적 정화의 요구와 밀접하게 연관되어 드러난다.

먼저, 월경 피는 일반적인 출혈의 테두리 속에서 검토되어야 한다. 사춘기 여성의 경우 대부분 초경(初經)의 공포를 경험한다. 밑에서 피가 나온다는 것, 이것은 하나의 공포다. 넘어져서 아파올 때보다는 다리에서 흐르는 붉은 피를 볼 때 더 공포에 질리기가 쉽다. 출혈, 그것은 하나의 공포다.

고대사회는 사고나 폭행 또는 제의의 희생물에게서 흘러나온 피조차 모두 위험하고 불순한 것으로 여겼다. 모든 종류의 피흘림에는 살해/희생이 전제되기 때문이다. 음식을 얻기 위해 흘리는 피나 제의를 목적으로 흘리는 피는 모두 희생을 전제한다.

---

7) 여러 문화의 민속에 나타난 월경에 관한 인류학적, 교차 문화적 연구 및 월경의 사회적 양상에 관한 탁월한 연구로는 T. Buckley and A. Gottlieb, eds., *Blood Magic: The Anthropology of Menstruation*, Berkeley/LA: University of California Press, 1988이 있다.

"폭력을 두려워하는 곳에는 어디든지 항상 제의적 불순(不純)이 있다"는 명제는 출혈의 보편적인 불순을 나타낸다. 평정과 안정이 지속되는 한 피는 보이지 않는다.

폭력이 나타나면 피도 나타나게 되는데, 이 피는 어디든 침투하여 무한정 퍼져나간다. 특히 몸 내부로부터 외부로 유출되는 유동체는 훨씬 더 위험하며 오염을 초래한다. 왜냐하면 안과 밖의 구분은 젖음과 마름의 이분법과 결합해서 사회적 오염의 경계선을 긋기 때문이다. 이러한 피의 유동성은 폭력의 전염성을 구현하고 있다. 피는 모두를 더럽히며, "피는 복수를 부른다." 이러한 맥락에서 피를 흘리는 여성은 위험하고 불순하며, 월경 중인 여자와의 육체적 (성)접촉/오염은 피부병, 신체적 기형, 정박아, 불임(不姙), 그리고 열매를 맺지 못하는 것과 연결되어, 마치 죽은 시체, 유출병·문둥병 환자와의 접촉과 마찬가지로 위험한 것이 되고 만다.

앞서 언급한 대로, 모든 금기는 '위험'한 상황에서 발생하며, 성스러운 곳에서는 언제나 위험이 발생한다. 특히 거룩한 제의적 살해 역시 필연적으로 피를 흘리게 되기 때문에 위험하기는 마찬가지다. 동물을 잡아 고기를 먹을 때 흘리게 되는 피(음식법)와 여성이 출산과 월경 중에 흘리는 '불순한' 피(정결법)가 동일하게 조심해야 할 금기로 취급되는 이유가 바로 여기에 있다. 또, 남성의 할례시 '자발적'으로 흘리게 되는 피(제의적/계약법)와 여성의 월경시 '자연적으로' 흘리는 피가 서로 같으면서도 본질적으로 다른 까닭이 여기에 있다. 물질적인 피와 상징으로서의 피의 의미는 개념적으로 반드시 일치하지는 않는다.

여기서 종교적 '위험'이란 곧 세속적 의미의 위험과 동일한 것이면서 동시에 다른 것이 된다. 종교적인 의미의 위험한 곳에서도 금기가 발생하지만, 세속적인 의미의 위험한 곳에서도 금기가 발생하는 까닭이 바로 이 때문이다. 따라서 동물을 잡아 고기를 먹을 때 필연적으로 흘리게 되는 피를 먹는 것이 금기가 된다.

희생제물의 거룩한 피(제사법)와 월경의 더러운 피(정결법)가 전혀 다른 목적을 가지면서도 동일한 '피'로 인식되는 것과 마찬가지로, 거룩한 존재와의 접촉이나 더러운 것과의 접촉은 모두 동일하게 '위험'한 것이 된다. 가장 성스러운 것은 성스러운 것보다 더 위험하며, 가장 더러운 것은 더러운 것보다 더 위험하다. 따라서 희생 제물의 피나 월경 중에 흘리는 피는 모두 위험한 것이며, 위험한 것과의 접촉은 곧 오염, 즉 부정한 것의 확대가 된다. 불순함의 확대는 사회 전체에 미치는 위험이기 때문에 철저히 막아야 한다. 여기서 금기가 발생한다.

오염에 대한 두려움은 명백한 본능의 투사 또는 상징화로 해석된다. 프로이트에 따르면, 오염에 대한 두려움은 심리적으로나 문화적으로 또는 사회적으로 충분히 표현될 수 없는 어떤 물질의 상징화로 해석해야 한다. 여기서 더러운 것과 깨끗한 것—사실상 구조적으로 계층 간, 인종 간, 남녀 간, 종(種) 간의 혼합 금기와 똑같은 것이다—이 '혼합'되는 것을 위험하다고 생각한 사고의 구조를 발견할 수 있다. 뒤섞임은 동일성을 교란하는 것이며, 깨끗함/순수함의 적이다.

한편, 모든 종류의 출혈은 두려움을 준다. 물론 월경 피와 학살이나 사고에 의한 피는 아주 쉽게 구별되어왔다. 그런데 많은 사회에서 월경 피는 매우 불순한 것으로 취급되었는데, 이 불순은 분명 성적 욕망과 관계가 있다.[8] 원시 종교의 사고에서 성적 욕망은 결국 폭력으로 귀착한다. 성적 욕망은 인간이 그것을 이용한다고 여길수록 더 쉽게 인간을 농락하는 '위험한' 힘들 중의 하나이다. 성(性)과 권력의 관계는, 지식과 권력의 관계와 마찬가지로, 현대사회에서는 잘 알려진 구조다.[9]

특히, 남성보다 수동적인 위치에 있음에도 불구하고, 여성들이 왠지 '불길한 음모를 꾸미는 듯한' 신비한 힘——출산 능력에 대한 공포를 의미한다——을 가진 것처럼 느껴지기 때문에, 기득권층인 남성들은 그 불가사의한 힘으로부터 자신을 보호해야 한다고 생각했을지도 모른다. 이들은 여성의 제어할 수 없고 교활하며 비이성적이고 비대상적인 능력으로부터 위협을 느꼈을 것이다(이를 패트리즘[patrism]이라 부른다). 그래서 여성은 사회가 억압하려는 근본적인 악과 동의어가 되고, 여기서 월경은 결정적인 역할을 하게 된다. 월경과 오염에 대한 믿음은 억제할 수 없는 생식 능력을 가진 모계사회를 억압하려는 남성적 지배 사회의 모

---

8) D. H. 로렌스의 『사랑에 빠진 여인들』(*Women in Love*)을 보면 성적 욕망의 관계란 남녀 간의 흡혈귀적 욕망(vampire lust)의 문제로 설명된다. 모든 생명체는 본질적으로 단독적이며 서로로부터 격리되어 있다. 동시에 개인으로서 존재하기 위해서는 타인과의 거리가 완전히 소멸하지 말아야 하는데, 여기에 관계의 어려움이 있다. 거리가 너무 멀면 외롭고 고독할 뿐만 아니라 아예 사회적 관계가 형성될 수 없다. 이것은 곧 종의 죽음을 의미한다. 반면 서로의 거리가 너무 가까워지면——더 이상 가까워질 수 없을 정도로 밀착된 인접성이 바로 섹스이다——개체의 죽음이 초래된다. 이 단절의 벽(피막)이 허물어지는 순간, 두 생명체가 서로 혼합되면서 죽음이 찾아온다.

9) 이 관계는 이 책 제3부 제2장에서 다시 다룰 것이다. 이광래, 『미셸 푸코』, 민음사, 1997; J. G. 메르키오르, 이종인 옮김, 『푸코』, 시공사, 1998; 권택영, 『프로이트의 성과 권력』, 문예출판사, 1998 참조.

순적 시도로 해석된다.[10]

결국 남성의 성기와는 달리 여성의 성기가 정기적인 출혈의 장소라는 사실은 항상 세상 모든 남자들에게 강한 인상을 주는데, 그들에게 월경은 출혈을 야기할 수 있는 다양한 형태의 폭력과 성 사이의 분명한 연관성을 입증하는 것처럼 보이기 때문이다. 성은 수많은 갈등, 질투, 원한, 분쟁을 일으키므로, 가장 조화로운 사회에서조차 혼란의 영원한 원인인 것이다. 간음, 근친상간, 동성애 등의 일탈적 사랑으로 이 틀을 벗어나게 되면, 〔성〕폭력과 그것의 결과인 불순함은 더욱 극심해진다. 그런 의미에서 개인적인 〔월경〕'피'의 오염은 그것이 비록 한 개인의 내부에서 발생하는 것이라 하더라도, 곧 사회적인 문제이며 사회적 관심의 대상이 된다.

오염과 정화

피흘림이 있는 곳, 즉 부정한 것과의 접촉이 있는 곳——마찬가지로 거룩한 것과의 접촉이 있는 곳——에는 반드시 정결의식(淨潔儀式)이 뒤따르는데, 불순한 피의 오염에 저항하여 그것을 순화시킬 수 있는 방법은 무엇일까?

고대사회의 정결의식——그것이 개인적이든 사회적이든 간

---

10) Julia Kristeva, *Pouvoirs de L'horreur*, Paris: Seuil, 1980(『공포의 권력』, 동문선, pp.115~126). 이 책의 제3장에서는 인간의 의식(儀式) 속에서 이루어지는 정화 행위의 본질을 '아브젝시옹'(abjection)을 통한 의식이라는 사실에 초점을 맞추어 해석하고 있다.

에——에서 각종 오염과 부정을 씻거나 제거하는 방식에는 불에 견딜 만한 물건은 불을 지나게 하고, 몸이나 손, 또는 불에 견디지 못하는 것 등은 흐르는 물에 씻거나(세례 또는 정결례, 민수기 19:17; 31:21~24),[11] 숯불(cf. 이사야 6:1~7) 또는 향료(cf. 레위기 14:2~9)를 사용하거나, 옷을 갈아입거나 몸을 연기로 그을리는 것, 금식, 회개(悔改) 기도, 심지어는 시죄법(試罪法, ordeals)——피를 뿌리거나 토하거나 때리는 것 등——으로 하제(下劑) 효과를 내는 방법, 그리고 흔하게는 격리 또는 봉쇄, 차별 대우 등의 방법이 사용되었다. 그외에도 사냥이나 산삼을 캐러 나가기 전에 여성과의 성적인 접촉을 피하는 예를 들 수 있으며, 극단적인 절제 방법으로 오염된 사람이나 물건을 죽이거나 없애 버리는 것, 나아가 사형에 처한 사람의 뼈나 우상을 가루로 만들어 불태워버리는 방법도 사용되었다. 불은 긍정적이든 부정적이든 매우 강력한 변형의 수단이기 때문에 정화(淨化)를 위해 자주 사용되었다. 불 속을 걷거나 뛰어다니는 이방인의 습관은 성서에

---

11) 씻는 행위에서 물의 역할과 상징적 의미에 관해서는 엘리아데의 언급을 주목할 필요가 있다. "모든 것은 물에 '용해'되며, 모든 '형태'는 깨지고, 이전에 존재하던 것들은 없어진다. 물에 잠긴 후, 이전 것들은 아무것도 아니며, 외형도 없고, '흔적'도 없으며, 결과도 없다. 인간 차원에서 볼 때, 담근다는 것은 우주적인 차원에서의 죽음과 등가(等價)이며, 세상을 태고의 바다 속으로 용해시켜버리는 홍수와 동일하다. 모든 형태를 깨뜨리는 것, 과거를 없애는 것, 정화, 재생, 새 생명을 가져다주는 힘을 가진 물……물은 과거를 없애버리는 것이기 때문에——비록 한 순간일지라도——정화하며 재생하고, 사물의 시초의 완전함을 복구한다." Mircea Eliade, *Patterns in Comparative Religion*, London, 1958, p.194.

도 나오며, 이스라엘의 자녀들을 불 가운데 지나다니지 못하도록 규정하고 있다(신명기 18:10; 에스겔 16:21; 23:37). 아주 독특한 방법으로 죄를 동물에게 전가(轉嫁)하는 상징적인 방식인 속죄양 또는 희생양 법칙(scapegoat principle)[12]도 사용된 바 있다.

여기서 잠시 메리 더글러스의 불결함과 정결함에 관한 이론을

---

12) 리쾨르(Paul Ricoeur)의 말을 빌리면 '죄'는 상징적으로 더러움, 즉 '때'라고 할 수 있다. 이 '때'를 씻기 위해 '은혜의 상징'으로서의 세례/침례를 받게 된다. 또한 죄를 씻는 방법으로 속죄양(Scapegoat, 레위기 16:20~22)이라는 방식이 있는데, 이는 죄를 동물에게 전가(轉嫁)하는 상징적 행위다. 레위기 16장 20절부터 22절에 따르면 "아론이 살아 있는 숫염소의 머리 위에 두 손을 얹고, 이스라엘 자손이 저지른 온갖 악행과 온갖 반역 행위와 온갖 죄를 다 자백하고 나서, 그 모든 죄를 그 숫염소의 머리에 씌운다. 그런 다음에 기다리고 있는 사람의 손에 맡겨 그 숫염소를 빈 들로 내보내야 한다."
이른바 "들로 내보내는 숫염소"(scapegoat, 히브리어로는 아자셀〔azazel〕이라 불리는데, 이는 저주받은 사막의 떠돌이를 의미한다)에 손을 얹고, 희생시키지 않은 채로 들로 내보내는 제사 행위는 백성들의 죄를 숫염소에 전가하여 멀리 추방하는 상징적 행위로 이해해야 할 것이다.
그러나 숫염소가 실제로 백성들의 죄를 가져가는 것은 아니다. 죄가 있는 예배자들이 이 행위를 심리적인 차원에서 그들의 행동을 고치는 계기로 삼음으로써 사실적인 변화를 일으킬 수 있는 것이다. 이처럼 제의는 외적인 세계를 직접적·화학적으로 변형시켜줄 수는 없다. 다만 추상적 개념을 구체적으로 표현함으로써 효과적·실질적으로 변형(transform)의 계기를 마련해주는 것이다. 인도네시아 발리 섬에서는 염소 대신 새를 날려보냄으로써 죄를 씻는 관습을 가지고 있다. 폴 리쾨르, 양명수 옮김, 『악의 상징』, 문학과지성사, 1994; 「악의 상징 해석」, 양명수 옮김, 『해석의 갈등』, 대우학술총서 500, 아카넷, 2001, pp.287~413 참조.

살펴보는 것이 유익하다. 더글러스에 따르면, 원시 제의에서 논의 하는 씻는 것, 닦는 것, 격리시키는 것, 소독하는 것 등의 청결(淸潔) 행위는 단순히 위생에 근거한 것이 아니라, 정결(淨潔)케 하는 상징적 행위다. 이 행위에는 위생의 외형과 상징적 정결의식이 신비롭게 연결되어 있다. 불결한 상태(A)로부터 최고 수준의 정결한 상태(C)에 이르기까지 각 단계 사이의 접촉은 오염/전염을 가져오는데, 정결한 것(C)이 불결한 것(A)과 접촉하게 되면 무조건 정결한 것은 불결한 것이 되고마는 특징을 가진다.[13]

따라서 불결한 것이 정결케 되기 위해서는 반드시 오염의 중립지대가 필요하게 되며, 불결한 것은 반드시 중립상태(B)를 거쳐야 정결한 것이 될 수 있다. 다시 말해 불결상태(A)와 중립상태(B)가 접촉하게 되면 B는 A로부터 오염되어 불결하게 되지만, 중립상태(B)와 정결상태(C)의 접촉은 B를 C의 상태로 만들어주기 때문에 정결하게 된다는 것이다. 여기서 비로소 A가 B와 접촉하면서 정결해질 수 있게 된다. 따라서 불결하다는 것은 독립된 사건이 아니다.

| 불결상태(A) | ← | 중간상태(B) | → | 정결상태(C) |

---

13) 제2차 성전 시대의 성전 재건자들과 그 반대자들 사이의 갈등은 성전 재건을 중단시킨다. 본래 반대자들은 성전 건축을 공동으로 추진하고자 했으나 거부당한다(에스라 4:1~3). 예언자 학개는 거절의 논리적 근거를 깨끗한 것이 더러운 것과 접촉하면 깨끗한 것조차 더러워진다는 정결법에서 찾았다(학개 2:10~15).

불결상태에 있는 월경과 출산과 시체, 그리고 피, 고름, 땀, 침 등의 분비물과의 접촉은 오염을 가져오며, 더러운 상태에 놓여 있는 옷, 금속, 그릇, 용기 등과의 접촉 역시 오염을 가져오기 때문에 청결함으로 나아가기 위해서는 적절한 조처가 요구된다. 불결의 개념에는 반드시 정결케 하는 상징 체계가 있다.[14]

예를 들어, 유대인들은 회당에 들어가기 전에 반드시 손을 씻는 관습이 있는데, 수도꼭지에서 나오는 물로 직접 손을 씻지 않고, 반드시 먼저 용기(用器)에 수돗물을 담아 그 용기의 물로 양손을 씻는다. 오염된 물건에 접촉해 더러워진 손을 씻을 때, 이미 구별되어 정결케 된 상태의 물에 직접 접촉하게 되면, 정결상태의 물이 다시 오염되어 더럽혀지기 때문에 곤란하므로 반드시 일단 거룩한 물을 중간상태의 용기에 담아 거룩하게 된 용기에 담긴 물로 손을 씻는 방식이 사용된다. 여기서 정결하게 되는 과정은 위생이 아니라 하나의 상징 체계다. 더러운 곳에는 반드시 깨끗하게 하는 체계가 있다.

죄는 피로써 씻는다

성서는 월경 피의 경우 7일 동안 부정하기 때문에 이 기간 동안 어떤 접촉도 금하며, 접촉한 모든 물건들은 물로 세탁을 하도록 규정하고 있다. 여기서는 매우 간단한 방법을 채택하고 있지만 피와 관련된 오염을 정화하는 가장 궁극적인 방법은 바로 피

---

14) Mary Douglas, *Purity and Danger: An Analysis of Concepts of Pollution and Taboo*, London: Routledge & Kegan, 1966, p.36.

를 통한 방법이다. 이 피는 제의를 통해 거룩한 희생물이 흘린 피, 즉 순수한 피다.

내가 이 피를 너희에게 주어 단에 뿌려 너희의 생명을 위하여 속하게 하였나니, 생명이 피에 있으므로 피가 죄를 속하느니라(레위기 17:11).

율법에 따르면, 거의 모든 것이 피로 깨끗해집니다. 그리고 피를 흘림이 없이는, 죄를 사함이 이루어지지 않습니다(히브리서 9:22).

왜 피로 오염된 사람을 정화하는 방법이 피로 씻는 것이 되는 것일까? 오염이 곧 죄의 한 형태라면, 구약에서 동물의 피를 단에 뿌림으로써 죄를 씻어 생명을 얻게 되며,[15] 신약에서 죄를 씻

---

15) 미쉬나에 따르면 이스라엘인들은 유월절의 희생양과 할례의 피를 통해 구원받을 수 있다고 믿었다. 할례의 계약적 피의 새로운 의미는 "생명은 피에 있으며 생명은 할례의 피에 있다"(Midrash Rabbah, Lev.17.11)는 미드라쉬의 구절에서 분명히 드러난다. 남성의 할례의 피와 여성의 월경 피가 구별되는 것—기원, 목적, 효과면에서—은, 계약의 증거로서의 할례가 자발적이며 제의적인 피흘림인 데 비해, 월경은 자연적인 생리적 피흘림이기 때문이다. 제의적으로 남성은 포함되고, 여성은 배제되는 남녀차별적 근거가 바로 여기에 있다. 남녀차별적인 피의 규범은 아들을 낳을 경우 33일, 딸을 낳을 경우 66일이 지나야 산모의 산혈이 깨끗해질 것이라는 데서도 드러난다(레위기 12:2~5). 남성의 할례의 피와 여성의 월경 피의 상반적인 관계를 문화와 자연의 이분법적 이해를 통해 성경의 남녀차별적 시각에서 해석

는 유일한 방법이 예수 그리스도가 흘린 피로 말미암아 가능하다는 말의 뜻은 과연 무엇인가? 여기서 다시 르네 지라르의 희생이론이 매우 유용하다.

지라르에 따르면 살해 행위는 죄악이다. 그러나 모든 제의는 살해를 동반한다. 따라서 수많은 제의에서 희생물을 죽이는 것은 일종의 살해 행위로서 죄악이다. 그러나 그 희생물은 죽임을 당하지 않으면 성스럽게 되지 않으며, 인간의 죄도 씻어질 수 없다. 그러므로 성스러움의 기원에는 폭력이 있다. 여기서 '제의적 살해'에는 양가성(ambivalence)의 순환논리가 들어 있다. 이 놀라운 양가성의 역설 뒤에는 항상 폭력의 작용이 드러난다. 제의로 흘린 피와 범죄로 흘린 피 사이에는 더 이상 아무런 차이도 없다. 결국 모든 불순은 똑같은 위험, 즉 집단 가운데 끝나지 않는 폭력이 생겨나는 것으로 귀결된다. 이 위험은 항상 똑같으며, 폭력의 방향을 뒤탈 없는 희생물에게로 돌리기 위한 똑같은 방어책, 똑같은 희생작용을 일으킨다.

고대사회에서 '피의 복수'는 사회의 질서를 유지하는 가장 중요하면서도 기본적인 원칙이었다. 그런데 문제는 '피의 복수'가 끝나지 않는 무한한 연속과정이 된다는 점이다.[16] 따라서 연쇄반

한 논문으로 Leonie J. Archer, "Bound by Blood: Circumcision and Menstrual Taboo in Post-Exilic Judaism," *After Eve*, Janet Martin Soskice ed., Collins Marshall Pickering, 1990, pp.38~61을 참조할 것.

16) 영원한 피의 복수를 소재로 한 소설로 알바니아 출신의 작가 이스마엘 카다레의 『부서진 사월』(*Avril Brise*, 유정희 옮김, 문학동네, 1999)이 있다.

응을 촉발시킬 우려가 있으므로, 복수의 확대는 사회 존립 자체를 위태롭게 한다. 절대로 피를 뿌리지 않는다는 의무는 정확히 말해서 뿌려진 피에 대해 반드시 복수해야 한다는 의무와 같은 것이다. 폭력을 사용하지 않고는 폭력을 근절할 수 없다. 그러므로 폭력은 끝날 수가 없는 것이다. 폭력에 대해 폭력을 행사하는 것은 자신을 폭력에 오염시키는 것이다. 그러나 폭력이나 전쟁을 멈추게 하기 위해서는 사람들에게 폭력은 가증스러운 것이라고 설득하는 것만으로는 부족하다.

여기서 희생 제의의 본질 및 희생의 사회적 기능을 엿볼 수 있다. 희생 제의는 결코 화해할 수도 양립할 수도 없는 두 개의 이질적인 의미 사이에서 작용한다. 즉 사회는 무슨 대가를 치르고서라도 보호해야만 하는 자신의 구성원으로부터 폭력의 방향을 돌려서 비교적 그 사회와 무관한, 즉 '희생당할 만한' 희생물에게로 향하게 된다. 일종의 '대체 희생'(substitutional sacrifice)인 셈이다.[17] 이것의 기능은 위기에 빠져 있는 집단을 누적된 내

---

17) '대체 희생'의 목적은 폭력을 속이는 것이다. 다시 말해서 폭력은 언제나 폭력을 낳게 마련인데, '대체' 희생을 시킴으로써 폭력을 멈추게 하는 것은 결국 폭력을 속이는 것이 된다. 창세기 27장에 따르면, 야곱이 아버지 이삭에 의해 축복받는 장면은 대표적인 폭력 속임에 해당된다. 이삭은 장자 에서에게 사냥하여 맛있는 음식을 가져오라고 명령한다. 그러나 동생 야곱이 어머니 라헬의 도움으로 양을 잡아 요리하여 형보다 먼저 아버지에게 가지고 들어간다. 늙어 눈먼 이삭은 형 에서와는 달리 털이 나지 않은 야곱이 희생된 동물(새끼 양)의 가죽 뒤에 숨어 있음을 알지 못하고 축복을 한다. 양(곧 야곱)이 에서를 치환(置換)하고 있다. 희생된 양은 아버지를 속이는, 다시 말해서 이 아들을 위협하는 폭력의 방향을 대체/치환하고 있다.

적 공격성으로부터 '정화'하는 것이다. 즉 질서를 발생시키는 폭력을 사용함으로써 비로소 무질서를 발생시키는 폭력을 근절할 수 있게 된다. 모방 폭력은 공동체를 분열시키지만, 희생의 폭력/제사는 공동체 전체를 폭력의 악순환으로부터 보호하며, 폭력의 방향을 공동체 전체로부터 돌려서 외부의 희생물로 향하게 함으로써 공동체를 화해시킨다. 다시 말해 희생의 기능은 내부의 폭력을 진정시키고, 분쟁의 폭발을 막는 데 있다.[18]

한 사람이 백성을 대신해서 죽어서, 민족 전체가 망하지 않는 것이 당신들에게 유익하다는 것을 생각하지 못합니까?(요한복음 11:49, 50).

그리스도께서는, 참된 성소의 모형에 지나지 않는 것으로서, 손으로 만든 성소에 들어가신 것이 아니라, 바로 하늘에 들어가셨습니다. 이제 그는 우리를 위하여 하나님 앞에 나타나십니다. 대제사장은 해마다 짐승의 피를 가지고 성소에 들어가지만, 그리스도께서는 그 몸을 여러 번 바치실 필요가 없습니다.

---

18) 이러한 생각은 중국 주(周)나라 좌구명(左丘明)이 편찬한 춘추전국시대의 8국 역사서인 『국어』(國語)에 초(楚)나라 이야기 『초어』(楚語)에서도 나타나는데, 『초어』 하편 제2장은 이르기를 "제사의 의의는 국가와 백성을 편안하게 안정시키기 위한 것이다"라고 하였다. 희생 덕택에 백성은 동요하지 않고 계속 평정을 유지하므로, 이 희생 제의가 국가의 단합을 강화한다는 것이다. 신약 성서에서도 "그의 십자가의 피로 화평을 이루사 만물 곧 땅에 있는 것들이나 하늘에 있는 것들이 그로 말미암아 자기와 화목케 되기를 기뻐하심이라"(골로새서 1:20)고 하였다.

그것은, 그가 그 몸을 여러 번 바치셔야 하였다고 하면, 그는 창세 이래로 여러 번 고난을 받으셔야 했을 것이기 때문입니다. 그러나 이제 그는 자기를 희생 제물로 드려서, 죄를 없애시려고 시대의 종말에 오직 한 번 나타나셨습니다. 사람이 한 번 죽는 것은 정한 일이요, 그 뒤에는 심판이 있습니다. 이와 같이, 그리스도께서도 많은 사람의 죄를 짊어지시려고, 한 번 자기의 몸을 제물로 바치셨고, 두번째로는 죄와는 상관없이, 자기를 기다리고 있는 사람들에게 나타나셔서 구원하실 것입니다(히브리서 9:24~28).

현대사회에서 복수의 위협을 피할 수 있는 것은 바로 재판제도 때문이다. 사형제도는 복수를 금지하는 것이라기보다는, 복수를 단 한 번의 복수로 효과적으로 제한하는 데 있다. 사법제도는 일종의 공적(公的) 복수인 셈이다. 그러나 그러한 공적 기능을 갖춘 사법제도가 없었던 원시 사회에서는 희생의 폭력이 상호적인 폭력의 재발을 막는 기능을 대신했다(르네 지라르는 상호적인 폭력의 재발을 "희생의 위기"라고 부른다). 사법제도와 희생 제의는 결국 똑같은 기능을 한다. 현대사회에서 금기가 설자리를 잃은 하나의 까닭이 설명된다.

결국 폭력에 대한 예방 수단이자 폭력을 종식시키는 마지막 폭력이 곧 희생 제의다. 복수할 능력이 없는, 즉 복수당할 위험이 없는 무력한 희생물에게로 공격 성향을 집중시킴으로써, (보복) 폭력 욕구에 대한 일종의 배출구를 마련한 셈이다. 희생 제의는 폭력의 싹이 퍼지는 것을 막는다. 즉 함부로 사람들이 복수하지 못하게 한다. 종교는 우리를 폭력으로부터 보호해준다. 그리고는 폭력이 종교 뒤에 숨듯이, 종교도 폭력 뒤에 몸을 숨긴다. 결국 희생은 공동체의 조화와 사회의 통일성을 회복시킨다. 이런 의미에서 모든 사회 질서는 죄 없는 희생물의 피에 기초하고 있다. 문화의 역사란 역설적으로 말해 일련의 린치(私刑)의 역사에 불과하다.[19)]

거룩한 피와 불순한 피

적어도 마지막 폭력을 위해 사용되는 희생물은 '순수'해야 하며, 해로운 싸움에 끼어들지 않았어야 한다. 다시 말해 "희생될 수 있는 것"은 더 이상 복수할 수 있어서는 안 되기 때문에, 그리고 복수의 끔찍한 악순환으로부터 벗어나게 해주어야 하기 때문에, 공동체에 속해 있으면서도 완전히 속해 있지 않은 희생물이어야 한다. 동물, 전쟁 포로, 노예, 어린아이, 아직 성인식을 치르지 않은 청소년, 불구자, 그리고 때로는 왕이 잠재적인 희생물의 대부분을 이룬다. 이들은 모두 집단 폭력의 표적이다(르네 지라르는 이를 "희생물의 기호(記號)"라 부른다).

여기서 제의의 '종교적' 의미가 시작된다. 희생의 '순화 작용'이 폭력의 무한정한 파급을 막는 데 성공할 수 있는 것은, 결국 그것이 일종의 '전염'을 막는 데에 성공한 것이기 때문이다. 여

---

19) 마리 프랑수아즈 코트 잘라드, 「르네 지라르: 인류학적 가설—모든 문화의 기초에 있는 희생물과 폭력」, *Penseurs pour aujourd'hui*, Michel Richard, ed. Lyon: Chronique Sociale, 1985(이상률 옮김, 『오늘의 프랑스 사상가들』, 문예출판사, 1998, p.75).

기서 인간 희생(유아살해)과 동물 희생(가축살해) 사이에는 본질적인 차이가 없다. 전쟁에서 피를 흘린 다윗 왕은 거룩한 성전을 지을 자격을 박탈당했으나, 전쟁에서 승리하고 돌아온 사사 입다는 자신의 딸을 희생 제물로 바침으로써 전쟁에서 흘린 더러운 피를 씻었다.[20]

---

20) 성서에 나오는 인간희생에 관한 보도 가운데 가장 극적인 사건은 사사 입다(Jephthah, 사사기 11, 12장)의 이야기일 것이다. 사사 입다 (יפתח)는 길르앗과 한 기생(בֵן אשה זונה) 사이에서 낳은 큰 용사였다 (11:1). 그는 태어나자마자 본처와 본처의 자식들로부터 '추방' (יגרשו)되었고, 입다는 그 형제들을 피하여 돕 땅(בארץ טוב)에서 잡류 들(אנשים ריקים)과 함께 거하였다(11:2, 3). 암몬이 쳐들어와 길르앗 사람들을 괴롭힐 때, 그들은 입다를 지파의 우두머리(ראש)로 삼겠다는 제안을 해왔고(11:8b), 야훼를 그들 사이의 증인으로 삼았다 (11:10). 전쟁에 나간 입다는 하나님께 서원(נדר ליהוה)하여 이르기를, "만약 전쟁에서 이겨 승리하면, 누구든지 내 집 문에서 나와서 나를 영접하는 그를 야훼께 돌릴 것이니, 내가 그를 번제로 드리겠나이다" (11:31)라고 하였다. 전쟁에서 승리하고 미스바로 돌아올 때, 딸이 소고를 치며 춤추고 나아왔다. 이때 입다는 옷을 찢으며 슬피 이르기를 "내가 야훼를 향하여 입을 열었으니(אנכי פציתי פי אל יהוה), 능히 돌이키지 못하리라"(11:35b)하였다. 그의 딸이 이 사실을 받아들여 두 달 후 "그 서원대로" 남자를 알지 못하는 딸을 제물로 바쳤다(איש לא היא ידעה). 이것이 이스라엘의 규례가 되었다(11:39~40). David Marcus, *Jephthah and His Vow*, Texas: Lubbock, Texas Tech Press, 1986 참조.
이 이야기를 르네 지라르의 방식으로 해석해본다면, 입다는 전쟁(피흘림)의 승리에서 돌아와 순결하고 깨끗한 딸의 피를 하나님께 희생물로 드림으로써, 정의로운 지도자로서 전쟁으로 인한 폭력(피흘림)을 멈추게 했을 뿐만 아니라, 하나님(백성들)과 맺은 언약을 지킴으로써, 반복적인 폭력을 중단케 했다. 요컨대 거룩한 희생으로 더러운 폭력을

피, 즉 폭력이 갖고 있는 이중적이면서 동시에 하나인 이런 성질은 에우리피데스의 비극 『이온』(Ion)에서 매우 인상적으로 나타난다. 왕비 크레우스(Creuse)는 고르곤느(Gorgone)의 똑같은 피 두 방울이라는 기이한 부적으로 주인공을 죽이려 하는데, 한 방울은 치명적인 독(毒)이며, 다른 한 방울은 약(藥)이다. 피는 거룩하면서도 더럽고, 약이면서 동시에 독이며 이 피 두 방울은 혼동하기가 쉬워서 만약 이 둘이 섞이면 순수한 것과 불순한 것의 구별은 없어지게 된다. 그리고 동일성이 교란에 빠지게 되어 결국 좋은 폭력과 나쁜 폭력의 차이도 더 이상 없게 된다.

순수한 것과 불순한 것이 뚜렷이 구별되는 한, 우리는 아무리 큰 오점이라도 씻어낼 수 있다. 그러나 일단 그것이 뒤섞이게 되면 더 이상 어떤 것도 순화시킬 수 없게 된다. 살해로 흘린 피와 희생 제의의 피—같으면서 동시에 다른—를 구별하지 못하는 것은 매우 위험한 일이다. '차이의 종말', 그것은 약한 자를 억압하는 힘이며, 아버지를 때려 죽이는 아들이다. 순수한 것과 불순한 것, 희생 제의적 피와 살해로 흘린 피 사이의 차이는 곧 '선'과 '악' 사이의 차이다. 따라서 '차이의 종말'은 곧 인간 정의의 종말이다. 인간적 정의의 차이는 질서에 뿌리를 박고 있기 때문에, 이 차이의 체계로 이루어진 질서가 사라지면 함께 사라지고 만다.

이러한 구조는 유목사회와 농경사회, 도시와 시골의 대립으로 해석되기도 하는 카인과 아벨의 신화(창세기 4장)에서 잘 드러난

대체한 것이다. 고대 근동의 인간희생 제사에 관해서는 Alberto R. W. Green, *The Role of Human Sacrifice in the Ancient Near East*, Missoula : Scholars Press, 1975 참조.

다. "카인이 아벨을 살인한 것은 '살인'의 신화적 원형이다. 그러나 동시에 [아벨이 카인에 의해 희생된 것은] '제물'의 신화적 원형이기도 하다."[21] 여기서도 좋은 폭력(아벨이 동물의 피를 하나님께 드리기 위해 흘린 피)과 나쁜 폭력(카인이 아벨을 살해하며 흘린 피)은 엄격히 구별된다. 살인자에 의해 흘린 피가 땅을 적시면, 그 땅은 오염되어 더 이상의 생산물을 내지 못하게 되며, 결국 땅은 인간을 쫓아내고 황량한 불모의 사막으로 내몰아 집도 없는 굶주린 유랑자가 되게 한다.[22]

현대문명이 남긴 오염을 어떻게 정화할 것인가

비록 그것이 체계적이고 종합적으로 검증되지 않았다 하더라도, 현대사회에는 '오염의 두려움'에 대한 믿음이 남아 있다. 문화 우월주의와 인종 차별주의, 각종 폭력과 오염의 두려움을 조롱하는 편견의 다른 형태들이 그것이다. 현대 문명이 남긴 '찌꺼기들'에 대한 두려움은 인류 문명 전체의 운명과도 연결된다. 특히 환경 오염(특히 대기, 수질, 핵 물질 오염 등)과 산림의 황폐화[23]로 인한 생태적 생존의 위험을 극복하기 위한 유용한 교훈과

---

21) Edmund Leach, *Structuralist Interpretations of Biblical Myth*, Cambridge: Cambridge University Press, 1983(신인철 옮김, 『성서의 구조인류학』, 한길사, 1996, p.85).

22) 최창모, 「카인과 아벨 이야기(창세기 4장)의 구조와 의미―한 해석사적 연구」, 『목원성서 연구지』, 2(1998), pp.48, 104.

23) 히브리 성서는 이르기를 "너희가 한 성읍을 점령하려고 둘러싸서 공격하는 데 오랜 기간이 걸리더라도, 거기에 있는 과일나무를 도끼로 마구

방안은, 고대사회가 나름대로 자신들의 사회를 지탱해나가기 위해 만들어놓은 각종 금기들로부터 찾을 수 있을지 모를 일이다.

특히 고대사회의 금기가 지니고 있던 오염에 대한 정화 장치를 고려할 때, 오늘날 어떻게 각종 오염을 정화해나갈 것인가의 문제와 전혀 별개의 문제라고 생각할 수 없다. 이제 우리의 관심은 종교적 오염에서 환경 오염의 문제로 이동해야 할 것이다. 이 문제야말로 개인과 사회의 생존에 가장 가까이 다가와 있는 사안이기 때문이다. 그런 의미에서 오염/정화의 문제는 예나 지금이나 여전히 인간 질서의 한 문제가 아닐 수 없다.

최근의 생태인류학은 생태적인 위기에 직면하고 있는 세계의 환경 논의에 독특한 공헌을 하고 있다. 그것은 인류학이 종종 미시적이며 거시적인 관점을 성공적으로 통합해왔기 때문이다. 장기간에 걸친 인간의 사회적 변화의 연속 과정을 연구하고 있을 뿐만 아니라, 그 결과 인간 문화와 자연 환경의 상호 작용에 관심을 가지고 있으며, 나아가 이러한 관점을 토대로 사회의 물리적인 하부 구조와 소규모 사회 간의 상호 작용을 연구하는 인류학은 생태적 환경에 관심을 가짐으로써 문화생태학과의 연대를 적

찍어서는 안 된다. 과일은 따서 먹어라. 그러나 나무를 찍어버리지는 말아라. 들에 있는 나무가 원수라도 된단 말이냐? 어찌 그 나무들을 포위하겠느냐? 다만, 먹을 열매를 맺지 못하는 나무는 너희가 알고 있으니, 그런 나무는 찍어도 좋다. 너희는 그런 나무를 찍어서, 너희와 싸우는 성읍을 점령할 때까지, 성읍을 포위하는 데 필요한 장비를 만들어서 쓰도록 하여라"(신명기 20: 19, 20)라고 말하고 있다. 환경 문제에 대한 유대교의 입장과 해석에 관해서는 Manfred Gerstenfeld, *Judaism, Environmentalism and the Environment*, Jerusalem: Rubin Mass Ltd., 1998를 참조할 것.

극적으로 모색해나가고 있는 실정이다.

마빈 해리스의 『식인과 제왕―문화의 기원』은 인구의 성장과 특정 문화의 조건이 변화를 일으켜왔다는 점을 논의하고 있다. 그가 제시하는 것은 에너지의 조건과 인구의 증가로 산업 문명이 급속히 변형되었으며, 현재의 인간들이 과거의 인간들보다 그 결과들을 잘 통제할 수 있을 것인가의 여부는 논의의 여지가 있다는 것이다. 인류학자 람보(Terry A. Rambo)는 『원시적 오염자들』에서 인간과 자연의 상호 작용이 이루어지는 것은 여러 가치에만 토대를 두고 있는 것이 아니라 인구, 기술 그리고 사회적인 구조에 토대를 두고 이루어지고 있다는 점을 강조한다. 오염은 돌이킬 수 없는 환경의 퇴영(退嬰)을 의미한다. 인류학자들은 문화의 변화로 야기되는 문제점과 그 문화적인 변동에 간여(干與)할 것인가의 여부에 대한 딜레마에 직면해 있다.

2 왜 근친상간을 금하는가[1]

우리 시대의 가장 중요한 화두 가운데 하나는 이혼의 급증이요 가족의 해체 현상이다. 20세기 최고의 변화로 꼽히는 여성의 경제·사회적 지위 상승과 더불어 급증하는 이혼율은 현대인들의 달라진 가족관을 반영한다. 가족은 존중하지만 가족주의는 거부한다는 주장도 있다. 불과 얼마 전까지만 해도 서로 얼굴도 보지 못한 채 혼례를 올렸으며, 결혼 당사자의 의사는 거의 반영되지 않았다. 그러나 이제 결혼은 남녀 간의 사랑을 넘어 성적 욕망을 채우기 위한 수단으로 바뀌어가고 있으며, 극단적으로 말해 결혼 없이도 섹스는 얼마든지 즐길 수 있는 시대가 되었다. 결혼은 성과 불가분의 관계를 가지지만, 또한 그 이상의 기능과 작용을 한다. '욕망의 해방'을 주장하는 현대사회에서 가족의 개념이나 친족의 경계는 이제 더 이상 의미를 상실한 것일까?

1967년 폭스(R. Fox)가 말한 것처럼, "친족과 인류학의 관계는 논리와 철학, 나체와 예술의 관계와 같다."[2] 친족이 왜 그렇게

---

1) 이 장은 「성의 종교적 이해」라는 제목으로 『알고 싶은 성, 알아야 할 성―성의 과학적 이해를 위하여』(건국대학교 출판부, 2000)에 실었던 글을 수정·보완한 글이다.

2) R. Fox, *Kinship and Marriage: An Anthropological Perspective*,

도 중요한 것인가? 생각해보면, 인류가 만들어낸 제도 중에 가족제도만큼 오래 된 것도 없다. 가족제도는 국가보다도, 회사보다도, 학교보다도 먼저다. 인간이 사회적 동물인 것도 따지고 보면 출생과 동시에 필연적으로 가족사회의 구성원이 됨으로써 시작된다. 가족은 결혼을 통해 친족관계를 창조한다. 그렇다면 인류는 왜 결혼을 하기 시작했을까? 과연 '원시 잡거(雜居)'란 인류 역사에서 가족의 출현보다 앞선 형태였을까? '가족'이 되기 위해 필요한 조건이란 무엇이며, 그것은 어떤 구조와 의미를 가지는가? 친족이란 무엇이며, 왜 근친결혼의 금기는 다양한 문화 속에서 공통적으로 발견되는 것일까?

친족이란 무엇인가

역사적으로 결혼과 가족제도, 그리고 이와 관련된 친족의 개념은 우리가 생각하는 것만큼 단순하지 않다. 시대마다 장소마다 결혼 풍습은 매우 다양하며, 결혼의 목적이나 의미 역시 다르다.[3]

Harmondsworth: Penguin Books, 1967, p.10.

3) 한국 고대사회에도 근친혼(近親婚)을 피하고자 한 경향이 있었다. 『삼국지』 위지 동이전에 따르면 오늘날의 원산 이남의 동해안 지역에 살고 있던 동예(東濊)라는 종족집단에서는 동성(同姓)끼리는 결혼하지 않았다고 한다. 그러나 삼국 시대 후반 신라 왕실이나 귀족 간의 결혼에서는 근친혼이 나타난다. 신라 시대의 결혼풍습은 신라의 골품제도(骨品制度)와 밀접한 관계를 가지고 있다. 골품에 따라 유능한 인재라도 출세에 제한을 받았고, 의식주의 일상 생활에서도 차별을 받았다. 따라서 혼인도 같은 골품끼리 하는 것이 상례였다. 만약 다른 골품과 결혼하면 그 소생은 어머니의 골품으로 전락하였다. 그래서 골품을 유지하기 위

이것은 가족이 고전적인 형태를 형성한 이래로 단선적으로만 변화해온 것이 아님을 보여주는 증거이며, 나아가 강력한 창조성을 지닌 인간 정신이 거의 모든 유형의 가족제도를 창안하여 영위한 시기는 인류사의 초기였을지도 모른다는 사실을 반영한다. 하나의 제도는 그 사회의 가치 체계를 반영한다. 가족제도는 부, 재산, 노동, 상속, 토지, 출산, 인구, 지배, 통치, 손익(損益), 질병, 죽음 등 물질적 · 정신적 실재(實在)와 무관하지 않은 개념이다. 따라서 미시적인 결혼 제도와 관습, 친족의 구조를 연구하는 이유와 목적은 그것이 거시적인 정치 · 경제 · 사회 구조의 근간이 되기 때문이며, 특정 시대나 사회를 이해하는 데 매우 중요한 단서를 제공해주기 때문이다. 성서의 결혼 제도와 법[4] 또한 고대 이스라엘의 사회 구조를 이해하는 데 매우 중요한 위치를 차지한다. 여기서 사회인류학적 연구 방법이 기여한 바가 크다.

1948년 레비-스트로스가 박사학위 논문으로 제출한 『친족의 기본구조』는 구조주의 이론의 초석이 된 작품으로서, 언뜻 보기에 같은 분석 범주에 속하지 않는 것처럼 보이는 현상들을 한꺼

해 근친결혼이 유행하였다. 김기흥, 『새롭게 쓴 한국 고대사』, 역사비평사, 1993, pp.74~83 참조. 한편, 이슬람 문화에서는 사촌 이상부터 결혼할 수 있는 근친결혼의 풍습이 파라오 시대부터 전해 내려온 전통으로 지금도 사촌끼리 결혼하는 것을 가장 흡족하고 훌륭한 결혼으로 생각하고 있다. 참고. L. Manniche, *Sexual Life in Ancient Egypt*, London and New York : KPI, p.29.

4) B. Farber, *Comparative Kinship Systems : A Method of Analysis*, London/New York/Sydney : John Wiley & Sons, 1968, pp.33~48 : L. M. Epstein, *Marriage Laws of the Bible and Talmud*, Cambridge : Harvard University, 1942.

번에 설명할 수 있는 포괄적인 모델을 찾아내려는 시도였다. 그는 여러 사회행위에서 공통적으로 나타나는 현상을 설명해줄 수 있는 불변의 요소를 찾던 중, 인간의 여러 다양한 사회·문화형태 속에서 보편적·자연적으로 나타나는 근친결혼의 금지라는 '기본적인' 요소를 발견하였다. 상당수의 사회에서 이 금기는 가족 내의 아들과 어미 또는 누이 사이뿐만 아니라, 씨족의 모든 남녀 사이에 적용되었다.

전통적인 연구방식이 주로 근친결혼 금기의 기원과 정도를 찾는데 초점을 맞추고 있었다면, 그의 연구는 주로 금기의 구조와 기능연구를 보다 중요한 주제로 삼았다는 점에서 근본적인 차이를 보인다. 이전까지의 연구[5]는 근친결혼의 금지가 가진 긍정적인 사회적 역할을 간과하고, 그것을 주로 도덕적 관점에서만 설명하였다. 예를 들어 모건(Lewis Henry Morgan)은 『인간 가족의 혈족과 인척관계의 체제』(1871)[6]와 『고대사회』(1877)[7]에서 원시 사회의

---

5) 인류학적 방법론에 의한 친족 연구사와 다양한 이론, 최근 연구의 중요한 이슈들에 관해서는 Ladislav Holy, *Anthropological Perspectives on Kinship*, London: Pluto Press, 1996에 잘 정리되어 있다. 아울러 Leslie A. White, *The Science of Culture: A Study of Man and Civilization*, 1969(이문웅 옮김, 『문화과학: 인간과 문명의 연구』, 아카넷, 2002) 제11장 「근친상간의 정의와 금지」를 참고할 것.

6) L. H. Morgan, *Systems of Consanguinity and Affinity of the Human Family*, Washington DC: Smithsonian Institution, 1871.

7) 모건이 제시하는 고대사회의 이론은 다음과 같다. (1)사회의 진보를 이끌어가는 원동력은 '인간의 지적 능력,' 즉 기술과 경제제도의 진보에 있다고 보아, 그 정도를 기준으로 인간 사회를 야만(野蠻)의 전기·중기·후기, 미개(未開)의 전기·중기·후기, 그리고 문명(文明)이라는 일곱 단계로 구분하고 있다. 모건은 '자연상태'에 있던 야만 전기에 해

친족관계는 원시적인 난교/난혼 상태를 지나 집단혼이 우세를 보

당하는 시기의 사람들은 군생적 난혼(群生的亂婚) 상태에 있었으며, 차츰 불의 사용, 활과 화살, 토기, 청동기, 철기 등의 기술의 진보에 따라 사회적으로 분업화되었다고 설명한다. (2)사회조직의 형태로는 군생적 난혼으로 대변되는 야만 전기와 문명(국가) 단계(키비타스)의 중간에 씨족조직을 형성하는 단계, 즉 소키에타스를 두고 있다. 씨족은 집단혼에 의한 모자관계의 우월성에 기초하여 모계씨족의 형태로 성립되었다는 것이다. 그리고 모계씨족은 미개 중기 이후 사유재산제의 발달에 의해 보편적인 부계씨족 체제로 변화해갔다고 보았다. (3) 정치조직에서 진화가 보편적으로 나타나는데, 미개 전기에는 각 씨족의 대표가 모인 수장회의, 즉 일권정부가 성립했다. 그리고 미개 중기에는 씨족대립을 배경으로 평시에는 수장회의, 전시에는 군사지휘관이라는 이권정부가 성립했다. 이어 미개 후기부터 주민구성이 다양해지고 징병, 조세 등이 필요해지면서 전체 주민의 의결기관인 인민회의가 만들어졌으며 여기서 삼권정부가 성립했다. 모건이 제시한 진화도식을 도표로 그리면 다음과 같다.

시기 사회 형태	야만			미개			문명
구분	전기	중기	후기	전기	중기	후기	
혼인·가족 형태	난혼 혈연			배우자혼 가족		일부일처 가족	
씨족 형태		모계제 SOCIETAS		부계제 SOCIETAS			
정치조직 형태				일권정부 수장회의	이권정부 수장회의 군사지휘관	삼권정부 수장회의 군사지휘관 인민회의	국가 CIVITAS

또 모건은 사회 변화에 따라 재산에 관한 관념이 변해 갔다고 설명한다. 소키에타스의 성립에 대응하여 발생한 공유재산제 관념은 야만, 미개 사회를 경유하면서 지배적인 재산관념이 되었는데, 미개 중기 이후 생산력이 발전하자 점차 사유재산제 개념이 도입되었다. 문자가 없던 야만, 미개 시대에 일어난 모계씨족에서 부계씨족으로의 이행에 대한 가설을 입증하기 위해 모건은 씨족의 형태와 혼인, 가족형태가 서로

이고 있는 징후라고 설명하면서, 근친결혼의 금지를 근친결혼 또는 동종교배(inbreeding)[8]가 야기하는 치명적인 유전적 결함을 방지하기 위한 하나의 기제로 보았다. 또 어떤 이는 성적 욕망의 차원에서 설명하기를 가족의 경우 일상생활의 습관에 의해 성욕이 감퇴하므로 이 때문에 가족끼리의 결혼이 금지되었다고 보았다. 어떤 학자는 반대로 근친결혼을 성적 욕망에 의해 발생하기 쉬운 부조화로부터 가족의 핵을 보호하기 위한 수단으로 이해했다. 이러한 설명들은 이후 프로이트의 오이디푸스 콤플렉스 이론에 의해 맹렬히 비판을 받거나 체계화되었다.

프로이트와 오이디푸스 콤플렉스[9]

한편, 프로이트의 『토템과 터부』에 따르면, "같은 토템에 속하는 사람들끼리는 서로 성관계를 맺지 않으며, 결과적으로 결혼할

대응하는 것으로 보았다. 즉 "혼인형태가 변화함에 따라 친족명칭이 달라졌다"는 것이다.

모건의 『고대사회』는 인류학뿐만 아니라, 사회과학의 여러 분야에도 커다란 영향을 끼쳤다. 특히, 마르크스와 엥겔스는 이 책을 높이 평가했다. 마르크스는 『고대사회』를 절반 이상 발췌하여 해설한 『고대사회 노트』를 남겼으며, 엥겔스는 『가족, 사유재산 및 국가의 기원』에서 실증적인 자료와 이론체계를 전면적으로 수용하여 모건=엥겔스 설을 제창하였다.

8) 식물도 인간들처럼 근친결혼을 피한다. 식물은 꽃가루는 받더라도 수정을 조절함으로써, 근친 간에 씨앗을 만드는 것을 피하는데, 이 현상을 '자가불화합'(自家不和合, Self-incompatibility)이라고 한다.

9) 르네 지라르, 『폭력과 성스러움』, 김진식 · 박무호 옮김, 민음사, 1995, pp.253~287.

수 없다"는 법칙이 거의 모든 곳에서 발견되는데, 이는 동일한 토템으로부터 나온 모든 사람들은 친척이자 하나의 가족이며, 이 가족 내에서는 어떠한 성적 결합도 절대적 방해요소로 인정되기 때문에 금지된다. 토템에 기초한 족외혼, 즉 씨족 성관계의 금지는 집단의 근친상간을 제지하는 데 적절한 수단이었으며, 이는 곧 근친상간의 유혹이 더 가까이 있었기 때문에 이를 막는 데 강한 조치가 필요했을 것이라는 증거가 된다는 것이다. '근친상간에 대한 공포'는 같은 집단 내에서 이를 막을 수 있는 제도의 수립에 만족하지 않고, 말 그대로 종교적 엄격성을 지니게 되는 방향으로 발전했다. 프로이트는 근친상간적 충동에 의해 지배되는 부모와의 관계를 신경증의 핵심 콤플렉스라고 선언하기에 이르렀다.[10]

프로이트 사고에서는 욕망의 모방적 특성이 중심을 이루고 있다. 모방욕망──자신에게는 결핍되어 있는데, 타인은 갖고 있는 것처럼 보이는 것에 대한 욕망은 본질적으로 모방적일 수밖에 없다──과 오이디푸스 콤플렉스 분석 사이에는 차이점이 있는 만큼 유사성도 존재한다. 예를 들어, 프로이트의 동일화(identification) 가운데 아버지에 대한 동일화 개념──아버지처럼 되고 싶어하는 어린 아들의 욕망──은 이로 인해 생겨난 오이디푸스 콤플렉스──아버지의 욕망 대상을 소유함으로써 자연스럽게 아버지와 같게 되려는 욕망, 즉 자기 실현을 하려고 애쓰는 존재의 욕망──와 매우 잘 일치한다. 결국 어머니에 대한 리비도 경향은 아버지에 대한 동일화라는 모방이며, 동시에 어머니에게 고

---

10) 프로이트, 『토템과 터부』, 김종엽 옮김, 문예마당, 1995, pp.19~41.

정되는 리비도인 셈이다. 이 두 힘은 같은 방향으로 작용하면서 서로를 강화시켜 나간다.

어린 아들은 어머니로 향하는 자신의 길을 아버지가 막고 있다고 느낀다. 이 때문에 아버지에 대한 동일화는 적대적인 뉘앙스를 띠게 되며, 마침내는 어머니에 대해서조차도 아버지를 대신하려는 욕망과 뒤섞이게 된다. 게다가 시초부터 이 동일화는 양면적이었다.

일찍부터 아이는 그의 리비도를 어머니에게 집중시키며……아버지에게서는 동일화에 의해 자신에 대한 지배력을 확인한다. 이 두 태도는 얼마 동안 공존하다가, 마침내 어머니에 대한 성적 욕망이 커지면서, 아이에게는 아버지가 욕망 실현의 장애물이 되고 있다고 느끼는 이른바 '오이디푸스 콤플렉스'가 생겨나게 된다. 이때에 아버지와의 동일화는 적대적인 성격을 띠며, 어머니에 대해서 아버지를 대신하려는 욕망을 낳게 한다. 이제 아버지에 대한 태도는 양면성을 띠게 된다. 본래부터 동일화에 들어 있었던 양면성이 분명하게 드러난 것이라고 말할 수 있을 것이다.

이러한 모방적 경쟁 관계의 결과들은 결국 상호적 폭력으로 귀착되는데, 이 상호성은 어떤 과정의 결과이다. 추종자는 모델의 욕망을 모방하지만, 거기서 자신의 욕망과 유사한 것을 분간해내지 못한다. 결국 그는 자신이 모델과 '경쟁할' 수 있으며, 자신이 모델에게는 위협이 될 수도 있다는 것을 이해하지 못한다. 아이는 폭력에 대한 어떠한 경험도 없기 때문에, 친부살해와 근친 상간의 욕망은 결국 어른의 관념, 즉 모델의 관념이다. 르네 지라르는 이를 다음과 같이 설명했다.

근친상간의 금기는 근친여성이 다른 여성보다 더 탐나기 때문에 근친여성에게서 멀리 떨어져 있게 하는 것이 아니라, 근친이 모방 폭력 속에 다시 빠지는 것을 막아준다. 이것은 나아가 모든 성적 금기의 역할을 하는데, 근친상간의 금기는 그 한 측면에 불과하다.

레비-스트로스의 해석

그러나 레비-스트로스의 혁명은 이 현상을 생물학적 차원에서 분리시키고, 부계 혈족 관계라는 단순한 도식 및 자민족 중심주의적인 도덕적 고려로부터 해방시킨 데 있다. 다시 말해 그가 이 주제를 다룰 때 생물학을 출발점으로 보길 거부하는 것은, 생물학이 '자연'(自然)에 속하기 때문이 아니라, 반대로 완전히 '문화'(文化)에 속해 있기 때문이다. 가족은 혈연(血緣)이라는 자연적 사실과 결혼(結婚)이라는 문화적 사실 사이의 유기적 결합으로서, 항상 자연과 문화 사이에서 타협을 하고 있다. "혼인은 그래서 자연과 문화, 결연(alliance)과 친족 사이의 역동적인 만남이다……혼인은 두 연인, 양쪽 부모, 양쪽 집안 사이의 중재이다."[11] 그는 아무리 기본적인 것이라 하더라도 문화에 의해 중개

11) Claude Levi-Strauss, *The Elementary Structures of Kinship*,

되지 않은 진실이란 없다고 생각한다. 레비-스트로스는 모든 문화적 경험 속에는 사실에 근거하기 때문에 유용하며, 그것 없이는 문화가 살아남을 수 없기에 참된 것임에 틀림없는 많은 지식이 들어 있다는 것을 강조한 최초의 사람이다.

즉 그의 구조주의적 가설은 혼인이라는 결합——친족이란 요지부동의 자연발생적 단위가 아니라, 결혼에 근거한 하나의 합성물이다. 그러므로 그것은 출발점이 아니라 종점이다——이 결국 하나의 거래이며 교환이라는 점을 부각시킴으로써 연구 대상의 성격을 새로이 규정하는 계기를 마련하였으며, 이로써 친족은 사회적 재생산의 제1차적 기초로 자리잡게 되었던 것이다.

레비-스트로스는 친족 체계를 분석하면서 언어를 분석할 때와 마찬가지로 상호 교환의 원리와 호혜성(互惠性)의 원리를 들어 설명한다. '호혜성'이란 '사회를 이루어 산다'는 삶의 원칙의 문제와 결부된다. 그는 먼저 인간 사회의 제도를 법칙의 체계로 보며, 인간이 자연 상태에서 문화 상태로 넘어오는 최초의 법칙을 '근친상간 금제(禁制)' 규칙에서 찾는다. 인간도 동물과 같이 짝짓기를 해야 하지만, 아무하고나 혼인하지는 않는다. 근친이라고 생각되는 범위의 사람들과는 혼인하지 않는 것이 원칙이다. "근친상간의 금기는 어떤 자연 법칙에 따른 것이 아니라, 문화적 필요에 따른 것이다."

이것은 근친과의 혼인을 금지하는 것이 아니라, 내 것을 타인에게 주고 타인의 것을 내가 갖는, 즉 교환을 일으키는 원리이다. 내 누이와 딸을 타인에게 주고 타인의 딸이나 누이를 내가

Boston: Beacon Press, 1969, p.489.

데려오는 교환 법칙인 것이다. 이는 나와 타인, 내 집단과 타 집단 간 대립을 교환함으로써 하나의 집단으로 통합, 연결하는 원리다. 레비-스트로스는 이러한 법칙은 주면 받아야 하고, 받으면 반드시 되돌려주어야만 하는 호혜성의 원리이며, 이것이야말로 모든 개인과 집단들 간 대립을 방지하는 사회 구성 원칙이라고 말한다.

이족(異族) 결혼 제도에는 부정적인 것보다는 긍정적인 의미가 더 많다. 이것은 타인의 사회적 존재를 긍정한다. 동족 결혼을 금하는 것은 단지 생물학적 가족 이외의 다른 집단과의 결혼을 유도하기 위해서이다. 그것은 근친결혼이 생물학적으로 위험하기 때문이 아니라, 이족 결혼이 사회적으로 득이 되기 때문이다.[12]

다시 말해 혼인을 통해 유통되는 교환이 혼인의 진정한 관계 설정의 구조이며, 이것에 입각하여 사회 집단들이 상호 관계를 확립한다는 것이다. 언어적 차원의 교환, 여자 교환과 더불어 물질 교환 역시 단지 물질만을 교환하는 것을 의미하지는 않는다. 물질 교환은 감정-의무-가치관 교환을 수반하게 되며, 결국 이 세 층위의 교환은 사회를 구성하는 통합 원리로 작용한다.

따라서 근친결혼이 금지되는 것은 그것이 도덕적으로 비난받을 만한 양심의 가책이 되기 때문이 아니라, 사회 관계의 토대를

---

12) Claude Levi-Strauss, *Les Structures Elementaires de la Parente*, Mouton, 1967(1948), p.595.

이루는 교환가치를 손상시키기 때문이다. 자기 누이와 결혼하는 것이 불합리한 까닭은, 민족학자 마가렛 미드가 언급한대로, 그것이 매형(妹兄)이나 매제(妹弟)를 포기하는 것이기 때문이다. 그가 현지조사에서 "왜 당신은 근친결혼을 금하는가?"라는 질문을 던지자, 한 추장은 "내 아들이 내 딸과 결혼한다면, 그것이 내게 무슨 이익이 되는가?"라고 반문한다. 매형이나 매제가 없다면 누구와 함께 물고기를 잡거나 사냥을 하겠는가? "근친결혼은 도덕적으로 유죄이기 이전에 사회적으로 불합리하다."[13]

실제 상황에서 나타나는 천태만상의 결혼 양상이 만들어내는 복잡한 미로에서 길을 잃지 않기 위해서 레비-스트로스는 수학적인 의미에서의 약분(約分)을 시도하였다. 즉 그는 몇몇 정해진 수의 가능태만을 뽑아 그것들을 친족의 기본 구조들이라고 규정하였다. "친족의 기본 구조들이란……어떤 특정한 종류의 친척과 결혼을 하도록 규제하는 체계, 다르게 표현하자면 친척이라는 큰 범주를 두 가지 집단, 즉 결혼 가능한 집단과 결혼이 금지된 집단으로 분류하는 체계들을 말한다."[14]

이러한 기본 구조들은 하나의 친족과 인척을 나누는 역할을 한다. 이렇게 하여 사회는 부부가 될 수 있는 집단과 부부가 될 수 없는 집단의 양자로 나뉘는 것이다. "근친결혼의 금지는 어머니나 누이 또는 딸과의 결혼을 금하는 규범이라기보다는, 오히려 어머니나 누이 또는 딸을 타인에게 제공하도록 강요하는 규범이다."[15]

---

13) *Ibid.*, p.556.
14) *Ibid.*, 초판 서문, p.IX.

이처럼 레비-스트로스는 혈통과 부계 혈족 관계라는 관점에서 탈피하여 남녀의 결합이 사회가 규제하는 거래의 일종이며, 따라서 사회적·문화적 현상임을 보여주었다. 그는 가족이 없는 사회는 없지만, 사회가 먼저 존재하지 않았다면 가족 역시 존재하지 않았을 것으로 보았다. 사회가 존재하기 위해서는 두 성의 결합과 아이의 탄생을 통해 가족 구성원 사이에 생물학적 연계가 수립되는 것만으로는 충분하지 않다. 그런 연계가 사회 조직 내의 한 부분에서 이완되거나 해체될 위험을 방지할 수단이 있어야 한다. 사회는 가족이 방어와 의무라는 인위적인 결합망 속에 들어 있을 때만 그것이 영속할 수 있도록 허용한다. 낯선 사람이나 적으로부터 자신을 보호할 수 있는 가장 단순하고 확실한 방법은 결혼을 통해 그들을 동지로 바꾸는 것이다. 결혼에 대한 이러한 태도가 아직 서구 사회의 귀족과 왕족 가문이나, 우리 사회의 재벌과 정치인 자식 간의 정략결혼 등에 생생하게 남아 있는 것은 결코 역설적이지 않다. 그에 따르면 근친결혼의 금지는 이제 전적으로 부정적인 것이기는커녕, 사회를 형성하는 데 긍정적인 역할을 하는 것으로 여겨지게 되었다.

근친결혼의 금지를 근간으로 하여 이루어지는 배우자 교환이라는 현상으로부터 자연주의와 결별하면서 이제 사회적인 것이 탄생하게 되었으며, "근친결혼의 금지는 혈통이라는 자연적 현상으로부터 결혼이라는 사회적 현상으로 나아가는 통로 단계의 구실을 하였다."[16]

---

15) *Ibid.*, p.552.
16) *Ibid.*, p.14.

다시 말해 금기란 자연과 문화가 만나는 곳에서 발생한다. "어떤 점에서 이 같은 〔근친상간〕 금기는 자연에 속한다. 왜냐하면 그것은 문화의 일반적 조건이기 때문이다. 따라서 그것의 형식적 특성인 보편성이 자연에서 이끌어낸 것이라 해도 놀랄 이유는 없다. 그러나 다른 의미에서 볼 때, 즉 원래 상관없던 어떤 현상에 자신의 규칙을 강요하고 적용하려 한다는 의미에서 볼 때, 그것은 이미 문화다." 인류학자에 따르면, 근친상간 금지와 족외혼은 사람들 사이의 관계를 이루는 데 본질적인 것이다. 그 관계가 없었다면 인간은 생물학적 기관 분화를 넘어, 사회적 기관 분화로 발돋움할 수 없었을 것이다.[17] 가족은 사회가 존재하기 위해 존재하는 것이며, 세대를 거듭하면서 같은 형태로 재생산되는 것이다.

이처럼 결혼의 '수평적'인 요소를 신봉하는 사람들은 가족의 수평적인 측면을 강조하고 있다. 다시 말해 이들은 가족이 다른 두 가족의 결합에서 비롯한다는 사실을 강조한다. 그 결합은 두 가족의 분리라고도 할 수 있는데, 한 가족을 형성하기 위해서는 각각의 두 가족이 가족 구성원 중 한 사람을 내놓아야만 하는 것이다. 생물학적 의미를 지닌 가정을 해체시키는 이와 같은 항구적인 이동은 가족의 구성 요소를 서로 떼어놓고, 상호 결합에서 비롯되는 교차망, 즉 새로운 가족을 형성하기 위하여 다른 요소를 결합시킨다. 이러한 가족의 이중적 성격은 생물학적인 필요성에 근거하는 동시에 사회질서에 의해서도 제한을 받는다. 왜냐하

---

17) Francois Jacob, *La Souris, la Mouche et l'homme*, 1977(이정희 옮김, 『파리, 생쥐, 그리고 인간』, 궁리, 1999, p.160).

면 만일 생물학적인 각각의 가족이 폐쇄적인 세계를 형성하여 그 자체 내에서만 재생산된다면 사회는 존속할 수 없기 때문이다. 가족은 항상 자연과 문화 사이에서 타협을 하고 있는 것이다.[18]

히브리 성서의 근친결혼 금기의 딜레마

레비-스트로스의 이러한 견해 또는 이해가 히브리 성서에서 말하고 있는 근친상간 또는 근친결혼의 금지에 그대로 적용될 수 있을까? 나는 이를 직접적으로 대입하기는 어렵다고 생각한다. 왜냐하면 히브리 성서에서 말하는 근친성교의 금지가 외형적으로는 단순히 근친 간의 수평적인 성적 경계——누가 누구와 성적 관계를 가질 수 있느냐(또는 없느냐)[19]——를 규정하고 있는 것처럼 보이지만, 현실적으로는 하나의 수직적인 사회적 경계——어떻게 대(代)를 이음으로 사회 구조와 질서를 유지하느냐——를 의미하고 있기 때문이다. 그런 점에서 이스라엘 역사의

---

18) Claude Levi-Strauss, "Préface," *Historie de la Famille*, de Andre Burguiere, Armand Colin, 1986(정철웅 옮김, 『가족의 역사』 1, 이학사, 2001).

19) 레비-스트로스는 근친결혼을 '기본 친족구조'(elementary kinship structure)와 '복잡 친족구조'(complex kinship structure)로 나누어 설명하고 있는데, 전자는 특정한 친족 범주——예를 들어 고종(이종) 사촌(cross-cousin)——의 사람과 결혼이 가능한 구조를 말하며, 후자는 특정한 자와는 결혼할 수 없는 구조를 말한다. 전자는 후자에 비해 배우자 선택의 폭이 제한된다. '누구와 결혼할 수 없는가'의 문제는 결국 '누구와 결혼할 수 있는가'로부터 출발하기 때문에 결국 '친족의 범주'의 문제와 관련된다.

위인들의 가계는 대체로 혼탁했으며, 그것은 곧 이스라엘 사회가 '근친결혼은 안 된다'는 규범과 '반드시 대(代)를 이어야 한다'는 의무가 항상 마찰을 일으켜 긴장 관계를 유지하던 사회였다는 증거가 된다. 따라서 친족/결혼의 수평적·사회적 구조뿐만 아니라, 결혼/성의 수직적·자연적 기능이 아울러 조화롭게 연구되지 않으면 안 된다.

결혼의 '수직적'인 요소를 강조하는 사람들은 한 남자와 여자, 그리고 그들의 자녀로 형성된 가족이라는 집합체를 사회의 기본 요소로 파악하고 있으며, 따라서 가족이라는 절대 원리는 생물학적이며 심리적인 근거 위에 서 있다. 이들이 보기에는 부모자식 관계의 연속성이 가계를 형성하며, 그 결합은 혈통의 순수성 유지를 항상 염두에 두며, 가족의 실재성은 무엇보다도 시간의 연속성과 연결되어 있다.[20] 성서에 나오는 족내혼의 기초는 보호주의와 고립주의, 즉 혈통과 민족과 신앙의 순수성 유지에 필수적인 요소였다.

남자가 부모를 떠나 그 아내와 연합하여 한 몸을 이룬다(창세기 2:24)는 가족에 대한 성서의 기억[21]은 분리와 결합이라는 체계를 통한 다른 가족과의 수평적 결합을 의미하며, 동시에 한 세대에서 다음 세대로 넘어가는 시간상의 수직적인 연속성을 띠고 있다. 마찬가지로 결혼이 거래며 교환이라는 의미에서 결혼 지참금 제도를 두었으면서도 대를 잇기 위한 시형제 결혼의 관습이 시행

---

20) *Ibid.*, 서문.

21) Leo G. Perdue, Joseph Blenkinshopp, John J. Collins, Carol Meyers, *Families in Ancient Israel*, Louisville: Westminster John Knox Press, 1997 참조.

된 것으로 보아, 성서에서의 결혼이 수평적 구조와 수직적 구조를 동시에 가지고 있음을 엿볼 수 있다. 여기에는 항시 근친상간 금지 및 족외혼과 족내혼 사이의 대 잇기라는 긴장과 대립의 구조가 동시에 존재한다.

설화에 나타난 근친상간[22]

히브리 성서에서 근친 설화와 그 파문은, 경우에 따라서 구별이 쉽지 않으나, 생물학적 혈족상간(血族相姦)과 사회적 근친결혼으로 구별된다. 일반적으로 말해서 서구 사회에서 '근친성교'는 사회적으로 불평등한 관계, 즉 연령이나 성차별이 존재하는 계급 사회나 계층 사회에서 흔히 발생한다. 통계적으로 신분이 높은 나이 든 남성과 상대적으로 신분이 낮은 젊은 여성 간에 자주 일어나는데, 이 경우는 지배자의 성적 착취나 괴롭힘에 해당되기 때문에 법규에 따라 처리된다.

여기서 취급하려는 고대 이스라엘 사회에서의 근친상간은 주로 혈족 간의 성관계 또는 결혼 관계에서 야기된 경우다. 텍스트에 등장하는 파문은 주로 결혼하지 않은 혈족 간의 성관계에서 비롯된다. 쌍방의 동의에 의해 이루어진 경우와 일방적인 경우 또는 사기에 의한 경우 등이 해당된다.

---

22) 이 글은 주로 A. Brenner, "On Incest," *A Feminist Companion to Exodus to Deuteronomy*, A. Brenner, ed., Sheffield: Sheffield Academic Press, 1994, pp.113~38와 S. D. Kunin, *The Logic of Incest: A Structuralist Analysis of Hebrew Mythology*, JSOTSup, 185: Sheffield: Sheffield Academic Press, 1995을 참조하였다.

남매 간의 근친성교는 아내-누이 설화에서 등장하고(창세기 12:10~13:2; 20장; 26:1, 6~12), 암논과 다말 이야기에서도 드러난다(사무엘하 13:1~22). 사랑의 노래에 나오는 "나의 누이, 나의 신부"(아가 4:9, 10, 12; 5:1, 2; 8:1, 2)는 바로 그런 관계를 보여준다. 딸과 아버지 간의 근친성교는 롯의 딸들에게서 찾아볼 수 있다(창세기 19:30~38). 이 이야기는 다말-유다 관계(창세기 38장)와 룻-보아스 관계(룻기)에서보다 승화되기나 쇠퇴한 동기를 반영한다. 아들과 어머니 간의 근친성교는 아버지 다윗에 대한 압살롬의 반역 설화에서 반영된다(사무엘하 15:16; 16:21~23; 20:3). 아들과 아버지 근친 간의 동성애는 술 취한 노아와 그의 아들의 이야기에 드러난다(창세기 9:20~27).

이 모든 설화는 대부분 강자에게 종속된 이야기다. 특이한 것은 몇몇 이야기에서는 여성(롯의 딸들, 다말, 룻)이 남성보다 더 적극적인 주체로 등장하는 것이다. 이는 대체로 남성이 근친상간의 주체로, 여성이 객체로 묘사되는 것과 대비된다. 사기에 의한 근친상간의 경우 남성(아브라함, 이삭)과 여성(롯의 딸들, 다말, 룻)이 모두 관련된다. 성폭력 행위는 주로 남성(암논, 압살롬, 아마도 노아의 아들들)과 관련된다. 간단히 말해 근친상간 파문 설화는 이야기의 상황, 성의 역할과 기능, 동기, 용어, 사회적 관심에 따라 구별된다. 이야기는 대부분 남성의 목소리—"나의 누이, 나의 신부"(아가 4:9 등)—나 여성의 목소리—"네가 내 어머니의 젖을 함께 빨던 나의 오라버니라면"(아가 8:1, 2)—로 서술되지만, 종종 암송자나 주석가의 목소리가 그 사이에 끼여들기도 한다.

남매 간의 근친상간

1. 아내-누이 설화(창세기 12:10~13:2)를 보자. 팔레스타인 땅에 기근이 들어 이집트로 이주해 내려간 아브람이 이집트 가까이 도착했을 때, 예쁜 여인 사래를 아내라 하면 이집트 사람들이 자기를 죽이려 할 것을 우려해 '나의 누이'라 하라고 꾸민다. 사래의 아름다움을 보고 반한 이집트 대신들이 사래를 파라오의 궁으로 취하여 들이였는데, 파라오는 그녀와 성관계를 천천히 가진 것으로 보인다. 문법상 '취하다'(15b절)라는 동사는 남성이 주체가 되고, 여성이 객체가 되는 경우, 주로 '결혼'을 의미한다. 본문에서는 '(사래가) 취하여 들여지다'라는 수동형으로 표현하는 것으로 보아서도 분명 두 사람의 성관계가 부정되기 어렵다.

문제는 독자들이 본문을 너무 성급하게 뻔뻔스러운 거짓말로 읽는다는 것이다. 텍스트는 사래가 아브람의 누이라고 말한 적이 없다. 다시 말해 사래가 아브람의 아내이지 친족이라는 증거가 없다(창세기 11:29).[23] 따라서 아브람의 적극적인 태도는 지나치게 견책할 일이 아니다. 외견상 아브람이 요청하고, 사래가 복종한 것처럼 보인다(Gen. Rab. 41:2; 52:4) 하더라도, 오히려 사래의 침묵이 비난받을 일이 아닌가?[24]

---

23) 전통적으로 사래는 아브람의 형제 하란의 딸 밀가(창세기 11:27~29)와 동일인으로 여겨진다. 그렇게 읽으면, 사래는 아브람의 조카딸(질녀)이 되는 셈이다.(t. b. Meg. 11:1; 14:1; Seder Olam Rab. 2; Gen. Rab. 46:1; Yalkul Shimoni 62; Ant. 1,6,5; 1,12,2).

24) F. van Dijk-Hemmes, "Sarai's Exile," *A Feminist Companion to Genesis*, A. Brenner, ed., Sheffield: Sheffield Academic Press, 1993, pp.222~234.

아마도 이 이야기의 주제는 적대적인 외국 땅에서 살아남기 위해 필요한 경우 거짓말을 해서라도 불가피하게 취할 수밖에 없는 이스라엘의 '역사적 운명'을 암시하는지도 모른다. 하나님의 지원과 보호를 받는 약한 아브람과 경쟁 관계에 놓인 강력한 이집트의 왕은 이러한 이스라엘 민족의 운명을 그리는 데 가장 적절한 인물 설정일 수 있다.

그러나 여전히 독자는 딜레마에 빠지게 된다. 처음부터 친족 관계가 아닌 아브람과 사래가 짜고 한 완전한 거짓말로 해석하는 것과 사실상 근친성교하여 결혼한 관계인데 누이라 속이는 것 중 어느 것이 맞는지 판단하기가 매우 어렵다. 텍스트에서 사래는 침묵을 지킬 뿐이다.

2. 창세기 20장에서 도덕적인 편집자는 앞의 이야기(창세기 12:10~13:2) 중 몇몇 난해하고 도덕적인 부분을 삭제하거나 수정한다. 창세기 20장에서는 사라(사래가 사라로 바뀜)를 누이라 한 말의 책임이 아브라함(아브람이 아브라함으로 바뀜)에게 놓인다(20:2, 5). 앞 이야기에서 애매하던 사라의 태도도 분명히 드러난다. 분명한 것은 처음부터 전적으로 아브라함이 아비멜렉을 속이려 하였으며, 최소한 사라는 적극적 또는 소극적 동조자였다는 사실이다(20:5). 꿈에 아비멜렉은 사라가 '남의 아내'임을 알게 되었고, 결국 '가까이 하지 않았다'. 아비멜렉의 추궁에 따라 아브라함은 사라가 '나의 이복누이이며 아내'[25)]라는 사실을

---

25) 히브리어 본문에서는 "אֲחֹתִי בַת אָבִי הִוא אַךְ לֹא בַת אִמִּי וַתְּהִי לִי לְאִשָּׁה"라고 말함으로써, 사라가 아브라함의 부계쪽 누이가 아니라 모계에서 낳은 누이, 즉 이복(異腹) 누이임을 구체적으로 밝히고 있다.

분명히 밝힌다(20:12). 따라서 아브라함은 자신의 생명을 방어하기 위하여 절반의 거짓말을 한 셈이다.

문제는 고대 근동에서 부인을 누이라 부르는 관습이 있었으며, 특히 이집트에서는 부인을 누이라 부르기도 했고, 게다가 형제와 자매 간의 근친결혼은 흔한 관습이었다. 이집트 최고의 신화 이시스(Isis)와 오시리스(Osiris)의 이야기에서 이시스와 오시리스는 남매 간이자 동시에 부부였음은 잘 알려진 사실이다.[26] 고대 이스라엘 사회에서도 부계혈통을 잇는 누이와의 성관계나 결혼이 근친상간으로 여겨지지 않았다. 이 사실은 암논과 다말의 이야기에서 확증된다. 암논은 이복 누이동생 다말과의 결혼을 정식으로 요청하여, 다윗으로부터 허락을 얻으라는 충고를 받는다(사무엘하 13:13).

간단히 말해 아브라함을 도덕적으로 비난한다면, 그 원인은 근친 간의 성교에 있다기보다는 자신의 생명을 구하기 위해 거짓말을 했다는 데 있다. 아브라함은 근친상간의 금기를 넘어서 정당화되고 있는 당시의 관습을 십분 이용하고 있다고 여겨진다.

그러나 율법은 "아버지의 딸이든지 어머니의 딸이든지 그들의 하체를 범하지 말라"고 규정하고 있다(레위기 18:9; 20:17; 신명기 27:22). 에스겔 22장 10, 11절에서도 아버지와 성관계하는 딸과, 며느리와 성관계하는 시아버지와, 아버지의 딸과 성관계하는 자들 모두를 근친상간으로 비난하고 있다.

3. 흥미로운 발전은 세번째 이야기인 이삭과 리브가의 관계에

---

26) Bob Brier, *The Murder of Tutankhamen*, New York: Berkley Books, 1999, p.23.

서 전개된다(창세기 26장). 창세기 26장은 창세기 12:10~20의 이야기를 도덕적으로 해석한 것이라 할 수 있다.[27] 이 이야기에서도 역시 여성(리브가)은 근친상간의 소극적인 객체로 등장하며, 남성(이삭)이 이야기의 주체이다. 이삭 역시 자신의 방어를 목적으로 그랄 왕 아비멜렉에게 거짓말을 하였으나, 우연하게도 이들이 부부 관계임이 밝혀진다. 이삭과 리브가의 "껴안은"(애무하다) 모습이 발견된 것이다. 아비멜렉은 즉각 그들의 관계를 근친상간으로 규정하고, 부모가 같은 남매 간의 이해할 수 없는 성 관계를 눈치챈다. 그리고 그는 이삭에게 "네 아내와 동침할 뻔했다"고 항의하였다(26:10). 다시 말해 남의 아내와의 성관계, 즉 간통의 금기를 범할 뻔한 위험을 지적한 것이다(20:11).

여기서 우리는 앞의 두 아내-누이 이야기가 마지막 남매의 족내혼 이야기보다 훨씬 더 방어적임을 알 수 있다. 이 이야기들에서는 남편이 주도권을 가지고 있으며, 아내는 침묵하거나 수동적으로 응한다. 이는 전형적인 가부장적 사회를 반영한다. 여성의 덕목은 항상 순응하는 것이다. 이삭과 리브가 이야기에서 만약 이삭이 리브가를 사랑한다면, 리브가는 그의 누이일 수 없다. 간단히 말해 이야기에서 반영하는 것은 생존을 위한 상황에서 사회적 원칙만큼 결정적으로 중요한 것은 없다는 사실이다. 그런 점에서 창세기 26장의 저자를 포함하여 주석가들이 이 이야기에서 불편함을 느끼는 것은 당연하다.

세 이야기를 통해 우리가 알 수 있는 것은 족장 시대에는 율법

---

27) Michael Fishbane, *Biblical Interpretation in Ancient Israel*, Oxford: Clarendon Press, 1989, p.12.

의 금지 조항에도 불구하고 친족결혼이 허락되었다는 것, 외국인들은 근친상간이 아니라 간통을 저지를 뻔했다는 것을 중시했다는 것, 그리고 생명을 부지하기 위해 저지른 거짓말은 어느 정도 받아들일 만했다는 것 등이다. 이 점이 텍스트에 나오는 족장들의 모습과 오늘의 해석자들 사이에서 어느 정도 타협의 실마리를 찾을 수 있는 접점인 것이다.

4. 한편, 암논과 다말의 이야기는 매우 흥미롭다. 다윗의 아들 압살롬에게는 다말이라는 아리따운 누이동생이 있었다. 그들은 다윗이 그술 왕 달매의 딸 마아가에게서 낳은 자식들이었다(사무엘하 3:3). 그런데 다윗이 다른 부인 아히노암으로부터 낳은 맏아들 암논(사무엘하 3:2)이 다말에게 반해 상사병에 걸릴 지경이었다. 암논의 친구 요나답은 계략을 꾸미며, 아픈 척하고 누워 있는 암논에게 음식을 들고 방에 들어온 다말을 강간하도록 하였다. 강간을 한 후 암논이 다말을 미워하게 되자, 그날부터 다말의 친오빠 압살롬이 복수의 마음을 품게 되고, 2년 후 이복형 암논을 살해한다.

본문에서 암논이 다말을 강제로 추행하려 하자, 다말은 암논에게 이르기를 "왜 나를 강간하려 하느냐? 왕에게 요청하면 나를 네게 주기를 거절하지 못할 것이 아니냐?"(사무엘하 13:13)고 하였다. 우리는 여기서 이집트 왕조에서 허락되었던 남매 간의 결혼이 고대 이스라엘에서도 허락되었는지는 알 수 없다. 분명히 그러한 결혼은 율법에 의해 부정되었다(레위기 18:9; 20:17; 신명기 27:22; Ant. 7.8.1). 다말은 자신을 겁탈하려는 암논의 추악한 행동에 저항한다(사무엘하 13:12, 13).

본문이 강조하려는 것은 근친성교나 강간이라기보다는 다윗왕의 이복동생들 간의 정치적 암투인 듯 보인다. 특히 왕권 세습의 권한을 가진 맏아들 암논과 권력에 대한 욕망이 강한 압살롬 간의 정치적 힘 겨루기가 그 핵심이다. 여기서 '강간'은 정치적 힘과 관련하여 등장하는 일반적 사례일 뿐이다. 힘 있는 자(강간 하는 자)가 힘 없는 자(강간당한 자)를 억압하고 통제하려는 기제는 언제나 권력 세계에서 힘의 표상이었다. 암논의 다말 강간 후, 압살롬이 다말에게 "그는 네 오라버니니라"(사무엘하 13:20) 고 타이르며 즉각적인 보복은 하지 않았으며, 2년이 지나서야 결정적인 기회를 포착하여 암논을 제거하고, 그로부터 다시 4년이 지나 급기야 아버지 다윗 왕에게 반기를 들어 쿠데타를 일으키고 권력을 장악하는 일련의 과정이 이 사실을 뒷받침한다.

자식과 부모의 근친성교

성서의 설화 가운데 자녀와 부모 간에 이루어지는 세대 간 근친성교에서는 모두 자녀가 주도적인 역할을 한다. 이는 우리가 알고 있는 현대사회의 근친상간 사건에서 주로 (양)부모가 주도적인 것에 비해 매우 이색적이다. 딸이 아버지와 주도적으로 갖는 성관계는 아들(자손)을 얻을 목적으로 이루어졌으며, 아들이 아버지의 '아내'(또는 아버지)와 갖는 주도적인 근친성교는 권력의 상승 효과와 왕위 계승, 또는 성적 만족을 목적으로 행해졌다.

여기서 프로이트가 제기하는 아담과 하와의 관계는 제외하기로 한다. 왜냐하면 하와가 아담으로부터 나왔기 때문에 최초의 성관계를 '아버지와 딸'의 관계로 규정하려는 그의 입장에는 문제의 여지가 있기 때문이다. 딸과 아버지의 근친성교의 대표적인 사례는 롯과 그의 딸들(창세기 19:29~38), 다말과 유다(창세기

38장), 그리고 룻과 보아스(룻기)의 이야기에서 찾을 수 있다.

1. 창세기 19장에서 하나님의 징벌로 멸망한 소돔 성을 빠져 나온 롯의 이야기에서 그의 두 딸은 술에 취해 의식하지 못하는 아버지와 교대로 성관계를 가진다. 그들이 성적 유희나 경쟁 관계 때문이 아니라 종족을 번식하기 위해 그렇게 행하였다(32b절) 하더라도, 그것은 도저히 도덕적으로 용납될 수 없는 행위로 여겨진다. 창세기 연구가들은 고대 근동의 신화에서 남신과 여신들 사이에서 흔히 교접(交接)이 이루어졌으며, 왕족 또는 상류 사회 안에서도 흔한 일이었다는 사실을 지적하면서, 성서의 설화도 이러한 환경으로부터 완전히 자유로울 수 없음을 강조하였다.[28] 따라서 이 이야기에서 말하고자 하는 핵심은 근친 성교에 있다기보다는 그 시대의 지배적인 이데올로기에 있다고 할 수 있을 것이다.

2. 딸과 아버지의 근친성교의 대표적인 세 이야기는 공통적으로 다윗 왕의 족보와 나란히 서 있는 민족들을 낳았다는 점에서 상호 '연결적'이다. 첫번째 이야기(롯의 딸들 이야기)에서 큰딸이 낳은 아들이 모압이며, 동생이 낳은 아들이 벤암미인데, 각각 모압 족속과 암몬 족속의 조상이 된다. 두번째 이야기(다말과 유다의 이야기)에서는 베레스를 낳아 민족을 이룬다. 또 세번째 이야기(룻과 보아스 이야기)에서는 모압 여인 룻과 베레스 가문의 보아스가 만나 다윗 왕가의 계보를 잇는다. 이 모든 이야기는 딸들이 근친성교를 주도적으로 이끌어간다는 것과 이 행위가 계보

---

28) H. Gunkel, *Genesis*, Göttingen: Vanderhoeck & Ruprecht, 1918. ad. loc.

를 잇기 위해 철저히 계획적으로 이루어진다는 점에서 공통적이다. 여기서 근친성교는 수직적인 혈통 잇기라는 목적을 이루기 위한 하나의 (불가피한) 방편일 뿐이다.

3. 한편, 아들과 아버지의 아내 간의 근친성교 사건은, 율법에 엄격히 금지되어 있음(레위기 18:7, 8; 20:11; 신명기 27:20 cf. 에스겔 22:10)에도 불구하고, 르우벤과 빌하(창세기 35:22, 49:3, 4), 압살롬과 다윗의 첩들[29](사무엘하 15, 16, 20장) 사이에서 일어난다. 심리학적으로 이런 현상은 오이디푸스 콤플렉스와 연관되거나 정신분열적 병리 현상으로 설명되기도 하나, 성서는 아버지의 우월성과 힘을 빼앗으려는 아들의 욕망의 주체적·상징적 행위로 나타난다. 사회심리학적으로 아들과 어머니의 근친상간은 딸과 아버지의 성관계보다 심각하게 취급된다.

압살롬이 아버지 다윗의 첩들과 벌인 근친성교는 자신의 정치적 승리를 기념하기 위한 축제의 행위로 공개적으로 벌어진다. 누이동생 다말이 이복형 암논에 의해 강간당한 사건을 경험한 압살롬은 2년 후 그를 살해함으로 보복을 하고, 다시 4년 만에 부왕에게 반기를 들어 쿠데타를 일으켜, 일시적으로나마 예루살렘 왕

---

29) 고대 이스라엘 사회에서는 일부다처제가 합법적으로 인정되고 있지만, 실제로는 종교적·인구학적·경제적·구조적·이념적인 이유 때문에 제한되고 있다. 성서는 왕이 "아내를 많이 두어 그 마음이 미혹되게 하지 말라"(신명기 17:17)고 하고, 탈무드는 왕의 부인을 열여덟 명으로, 보통 사람의 경우 네 명으로 제한할 필요가 있다고 말하고 있다. 일부일처제는 유일신 하나님과 이스라엘과의 관계라는 이미지 속에 들어 있었으며, 반대로 일부다처제는 다신교와 도덕적 타락의 상징이었다.

궁을 장악한다. 압살롬은 아히도벨의 충고에 따라 다윗이 예루살렘을 피해 광야로 도망하면서 궁에 남겨놓은 후궁 열 명과 성관계를 갖는다(사무엘하 15:16; 16:21~23). 아들의 쿠데타를 진압한 다윗은 돌아와 이들 "후궁 열 명을 붙잡아서 별실에 가두고 감시병을 두었다. 왕이 그들에게 먹을 것만 주고 더 이상 그들과 잠자리를 함께 하지 않았으므로, 그들은 죽을 때까지 갇혀서 생과부로 지냈다"(20:3).

압살롬의 의도는 아버지의 후궁들과 성관계를 맺음으로써 자신의 남성다움을 과시할 뿐 아니라, 부왕의 세도(勢道)를 꺾고 돌이킬 수 없는 단절을 선언하면서 부왕의 정치적 힘과 권위가 자신에게로 완전히 옮겨왔음을 백성들에게 공개적으로 선언하고자 하였던 것이다(16:21). 고대부터 남근(男根)이 힘과 권력을 상징해온 것은 잘 알려진 사실이다. 따라서 남성다움을 과시하는 것은 왕조의 통치를 정당화하기 위한 하나의 상징적 시위로 볼 수 있다. 아버지의 아내를 정복하고 지배함으로써 어머니가 사랑하던 아버지에 대한 반란을 상징화하려는 의도가 이 이야기에서 명백히 드러난다(cf. 레위기 18:7).

압살롬의 최후에 관한 기록에 따르면 그는 전쟁 중 노새를 타고 달리다가 남성성의 또 다른 상징인 긴 머리카락이 큰 상수리나무 가지에 걸려 공중에 매달려 죽었다(18:9~17 cf. 14:26). 또 그는 아들이 없었는데(18:18 cf. 14:27), 이는 분명 부도덕한 행위에 대한 보복으로 보인다.

4. 한편, 르우벤이 "그 서모(庶母) 빌하와 통간"하였다는 매우 짧은 보도(창세기 35:22)는 상세한 배경 설명이 빠져 있어 그 배후가 비밀스럽다. 히브리 본문에는 르우벤이 아버지의 후궁인

'빌하와 동침하였다'고 나온다. 남자가 여자와 '함께 누웠다'는 것은 성관계를 가진 것을 의미한다. 그 동기에 관해서는 언급이 없지만, 압살롬과 마찬가지로 아버지를 내쫓고 자신의 야망을 이룩하기 위해서였을 것으로 짐작된다. 반(反)르우벤(친유다) 논쟁에 따르면 그는 아버지가 서거하기도 전에 매우 황급히 그런 일을 저질렀으며, 결국 후계자 자격을 상실하게 된다(창세기 49:3, 4). 미드라쉬에서도 아버지의 후계자로서의 상속권을 쟁탈하기 위한 행동으로 해석하고 있음이 분명히 드러난다(M. Sot. 1.8; b. Sot. 10a~b, Shab. 55a; yer. Sot. 1.16a, 17b; Lev. Rab. 9; Tanh. for Exodus 1).

요약하면, 성서의 근친성교에 대한 설화들은 고대 근동 사회에서 신과 인간이 대권(大權) 쟁탈을 위해 벌이는 것과 동일한 동기와 모습을 담고 있다. 적어도 성서의 저자들은 고대 근동의 이런 환경을 잘 알고 있었으며, 비록 율법이 이를 엄격히 금하고 있다 하더라도 이스라엘의 역사 속에서 종종 이와 유사한 사건이 벌어지곤 하였다. 그 속에서 한편으로 근친성교를 혐오하면서도 다른 한편으로는 흡인(吸引)하는 이중성이 발견된다. 남성 주도적인 근친성교는 성적으로는 물론 사회적으로도 권위를 인정받는 중요한 동기로 작용했던 것이 분명하다.

5. 아들과 아버지의 근친성교는 노아와 그의 아들들의 이야기(창세기 9:18~27)에서 발견된다. 홍수가 그치고, 노아가 농업을 시작하여 포도나무를 심어 포도주를 만들어 마시다 취하여 천막 안에서 벌거벗은 채로 자고 있었다(21절). '벌거벗다'는 '(생식기를) 드러내다'라는 의미로 사용된다. "다윗이 예루살렘에 법궤를 들여오면서 기뻐 춤추기를 '몸을 드러내는' 줄도 몰랐다"(사무

엘하 6:20)라는 표현에서도 마찬가지다. "함이 아버지의 하체를 보고"(22절), 또 "그들(셈과 야벳)이 그 아버지의 하체를 보지 아니하고"(23절)에서 두 번 나오는 동사 '보다' 역시 아버지의 생식기를 완곡하게 표현하는 '하체'와 관련되어 있다.

술에서 깬 노아는 "작은아들 함이 자기에게 행한 일을 알고서" 그를 저주하기에 이른다(24, 25절). 이는 단순히 자신의 '하체'를 보았다는 것 이상의 어떤 심각한 행위를 암시하는 것이 아닌가 추측할 수 있다.[30] 텍스트에서 사용하는 일련의 용어들에 기초하여 완곡 어법으로 해석하면, 결국 일련의 이야기는 노아의 아들들이 노아와 '근친성교'를 저지른 사실을 의미한다. 랍비 문학에서도 이를 확인할 수 있는데(b. Sanh. 70a; Yalk. Shimeoni for Genesis, 61), 여기서는 이 사건을 두고 가장 혐오스러운 동성 근친상간으로 규정하고 있다.[31] 더구나 아들이 주도적으로 저지른 아버지와의 동성 근친성교를 가장 혐오스러운 행위로 규정하고 있다는 점에서 충격적이다.

동성애, 그 가운데서도 동성 근친성교가 고대사회에서 가장 혐오스럽게 여겨진 것은 동성애가 자녀를 생산할 수 없다는 데 기인한다. 양성 근친성교가 끊어진 대를 잇는 하나의 수단으로서 어느 정도 인정된 제도였다면, 동성 근친성교는 전혀 생산이 불가능하다는 점에서 전적으로 인정받지 못한 비열한 행동인 것이다.

---

30) G. von Rad, *Genesis*, OTL; rev. edn; Philadelphia: Westminster Press, 1972, p.137; M. D. Cassuto, *A Commentary on the Book of Genesis*, Hebrew; Jerusalem: Magnes Press, 1987, pp.102~103.

31) b. Bab. Qam. 381; Bab. Mets. 90a; Sanh. 56a~b, 57b, 64a; Ab. Zar. 2b, 64b; Maimonides, *Mishneh Torah*, *King* 9.

근친상간에 관한 법령과 처벌 규정

근친성교에 대한 특별 율법 규정은 세 군데에서 발견된다. 레위기 18장과 20장, 신명기 27장, 그리고 예언서에서도 한 번(에스겔 22:10, 11) 언급된다. 이 법들이 순수하게 이론적으로 창작된 것인지 아니면 사회적인 실체를 반영하고 있는 것인지에 관해 논란이 남아 있다고는 하지만, 위 본문에 나오는 근친상간에 관한 법이 독립적인 규정이 아니고 본문이 기록될 당시에 중요하게 여기던 다른 여러 성 생활과 관련된 정결법과 더불어 언급된다는 점을 주목할 필요가 있다. 이 규정은 오랫동안 서구 사회의 결혼법에 영향을 끼쳐왔는데, 특히 레위기가 정하는 촌수/친등(親等)을 기준으로 영국 교회가 1603년에 제정한 결혼 법은 적어도 1907년까지 유지되었다.[32]

본문의 형식은 모두 남성들에게 말하는 형식이다. 이것은 근친성교 역시 남성이 주체로, 여성이 객체로 행하던 시대적 태도를 반영한다. 그러나 처벌 규정은 주도적이든 피동적이든 간에 남녀 모두에게 똑같이 적용하고 있어, 제도적인 성차별의 흔적이 보인다. 연령에 관한 언급은 없으나, 언급되는 모든 경우를 엄격히 금지하고 있다.

1. 레위기 18장의 목록은 매우 다양하다. 서론(1~5절)은 이집트나 가나안의 성 풍속을 따르지 말 것을 권고하면서 시작한다.

---

32) Calum. M. Carmichael, *Law, Legend, and Incest in the Bible*: *Leviticus 18~20*, Ithaca, NY/London: Cornell University Press, 1997, pp.1~3.

그리고 총론적으로 골육친척(세대, 혈연, 친척, 인척 관계로 구성된 같은 살을 나눈 친족)과의 성관계[33]를 금지하는 내용을 싣고 (6절), 이어 총 12개의 금지된 범주를 조목조목 명시한다.

1. 어머니(7절)
2. 아버지의 아내(8절. cf. 압살롬과 다윗의 첩, 르우벤과 빌하)
3. 부계나 모계의 딸(9절. cf. 다말과 암논, 창세기의 누이/아내 이야기)
4. 손녀나 외손녀(10절)

---

33) 본문에서는 골육친척과의 '성 접촉'을 금할 때 크라브(קרב, 가까이 하다)라는 단어를 사용하고 있는데, 성관계를 언급하는 법 조항에서는 거의 사용하는 용어가 아니다. 또 '골육친척'(כל שאר בשרו)은—비록 세에르(שאר)가 정결법에서 종종 등장하는 단어이긴 하지만(레위기 18:12, 13; 20:19; 22:2; 민수기 27:11)—본문 외에는 레위기 25장 49절에서만 유일하게 사용되는 용어다. 한편, '너희는'(איש איש)이라는 반복 주어는 레위기 20장에서 몰록(Moloch) 신에게 자식을 바치는 행위에 대하여 언급할 때 사용하는 용어이다. 이는 근친상간을 금하는 이유가 이방 신을 따르는 사람들의 풍속을 거부함으로써 오염되지 말아야 함을 역설하기 위해서라는 것을 반영하는 증거로 해석된다. 이와 관련해서 레위기 18장의 본문 비평과 인류학적 연구 논문으로 Stephen F. Bigger, "The Family Laws of Leviticus 18 in their Setting," *Journal of Biblical Literature* 98/2(1979), pp.187~203 를 참조할 것. 아울러 S. Rattray, "Marriage Rules, Kinship Terms and Family Structure in the Bible," *SBLSP* 26(1987), pp.537~544; Calum M. Carmichael, *Law, Legend, and Incest in the Bible: Leviticus 18~20*, Ithaca, NY London: Cornell University Press, 1997; 왕대일, 「레위기 18장의 가족법 재고」, 『구약논단』 11(2001), pp.27~48을 참조할 것.

5. 아버지가 같은 계모의 딸(11절)

6. 고모(12절 cf. 출애굽기 6:20)[34]

7. 이모(13절)

8. 백모나 숙모(14절)

9. 자부(며느리, 15절 cf. 다말과 유다)

10. 형수나 제수(16절: 레위법과 상반된다, 신명기 25:5~10; 룻기 1장)

11. 여인과 여인의 딸, 또는 여인의 손녀나 외손녀(17절)

12. 처제(18절 cf. 창세기 29:30)[35]

본문에서 규정하고 있는 근친, 즉 4대에 걸친 결혼할 수 없는 관계를 종합하면 오른쪽의 도표로 정리할 수 있다.[36]

---

34) 모세의 아버지 아므람(Amram)은 아버지의 누이, 즉 고모와 결혼하여 아론과 모세를 낳았다(출애굽기 6:20). 이 경우 모세는 근친상간이나 간통으로 태어난 아이를 일컫는 맘쩨르(mamzer)가 된다. 그러나 이는 모세가 십계명을 받기 이전의 일로, 성서와 랍비들은 이 근친결혼을 정당화한다(M. Hagigah II.1). Samuel Tobias Lachs, "Rereading Some Talmudic and Midrashic Passages," *Journal for the Study of Judaism* 30(1999), pp.80~82 참조.

35) 야곱은 두 자매 레아와 라헬과 차례로 결혼한다. 그런데 본문은 이를 전혀 문제삼지 않기 때문에 대부분의 독자들은 난처해진다. 이 역시 시내 산 계약법 이전의 일로, 모세 이전의 관습과 시내 산 이후의 율법 사이의 갈등을 드러내고 있다. *Ibid.* pp.80~82 참조.

36) S. Rattray, "Marriage Rules, Kinship Terms and Family Structure in the Bible," *SBLSP* 26(1987), p.544. 이 계보 그림은 Jacob Milgrom, *Leviticus*, Anchor Bible, 2001, p.1531에 재인용되어 있다. 아울러 알바레지-페레이르, 플로렌스 에이망, 「탁월성에 대한 욕

성서와 탈무드에 나타나는 결혼 금지에 대한 주요 원칙

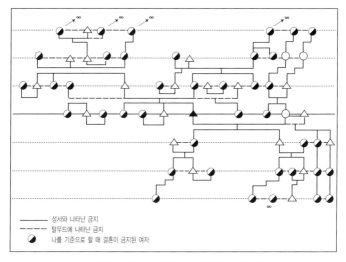

△남성 ○여성 ∟결혼 ⌐형제관계 ▲에고(나)

24~30절은 1~5절에 대한 결론으로, 원주민들의 성 풍속을 따라 자신을 더럽히면 징벌을 받게 될 것을 경고한다. 하지만 구체적인 징벌/처벌 조항에 관한 언급은 전혀 없다. 또 아버지와 딸의 근친상간에 관한 금지 조항이 빠져 있는 것은 매우 이채로운 일이다. 질녀(조카딸)와의 성관계에 대한 금지 조항 역시 빠져 있다.[37)]

<hr />

망: 히브리의 가족 모델과 유대인 가족의 실제」,『가족의 역사』 1, 앙드레 뷔르기에르 외 지음, 정철웅 옮김, 이학사, 2001, p.406에서 인용.
37) T. Meacham, "The Missing Daughter: Leviticus 18 and 20," *Zeitschrift für die alttestamentliche Wissenschaft* 109(1997), pp.254~259. 미첨은 이 조항들이 제외된 까닭이 족장들이나 다윗 왕가에서 여러 번 위배된 바 있기 때문이라고 주장하면서, 레위기

2. 레위기 20장의 목록은 앞의 것과 다소 차이가 있다. 간단한 서론(7, 8절)과 결론(22~24절) 사이에 금지 조항이 열거되기는 마찬가지이나, 그럼에도 불구하고 여성 파트너의 역할이 덜 수동적으로 취급된다. 두 가지 조항의 경우(12절, 자부와 동침하는 경우; 17절, 아버지의 딸이나 어머니의 딸의 경우) 여성이 남성보다 '적극적'인 예가 명시된다. 레위기 18장과는 사용하는 용어도 다소 다르다. 관계자 모두에 대한 징벌/처벌 규정도 각 조항마다 기술되어 있으며, 17절의 조항에서는 처벌이 하나님께 일임(一任)되어 있다. 모두 7개의 금지 조항이 다소 조화롭지 못하게 열거되어 있다.

1. 아버지의 아내(계모, 11절＝레위기 18장의 목록 1, 2번; 신명기 23:1)

2. 자부(12절＝레위기 18장의 목록 9번)

3. 아내와 장모(14절[38]＝레위기 18장의 목록 11번)

4. 아버지의 딸/어머니의 딸(17절＝레위기 18장의 목록 3번)

5. 이모/고모의 딸(19절＝레위기 18장의 목록 6, 7번)

6. 형수나 제수(21절＝레위기 18장의 목록 10번)

18장과 20장은 시내 산에서의 십계명 선포 이전에 살았던 족장들에 대한 변명이자 다윗 가문의 잘못에 대한 논쟁이라고 말했다. 에스겔 22장 1~11절도 같은 맥락에서 논의한다.

38) 대부분의 본문들이 성적인 결합을 말할 때 히브리어 에르바트(עֶרְוַת, uncover the nakedness) 또는 이쉬카브(יִשְׁכַּב, to lie with)를 사용하고 있는 데 반해, 오직 이 본문(14, 17, 21절)에서만 이카흐(יִקַּח, to take, marry)를 사용하고 있다. 우리말 성서에서는 차례로 '하체를 범하다' '동침하다' '취하다'라 구분하여 번역하였다.

3. 신명기 27장 14~26절에 나오는 12개의 '규례'(規例)는 저주 문으로서 백성들이 하나님께 서약하는 형식——"~하는 자는 저주를 받을 것이라" 하면 "아멘" 하는 형식——을 띠고 있다. 내용은 종교(우상숭배), 경제(땅의 경계), 사회(고아와 과부) 등 전반에 걸쳐 언급하고 있고, 근친성교에 관해서는 모두 3개의 금지 조항이 나온다.

1. 계모(20절＝레위기 18장의 목록 1, 2번＝레위기 20장의 목록 1번)
2. 아버지의 딸/어머니의 딸(22절＝레위기 18장의 목록 3번＝레위기 20장의 목록 4번)
3. 장모(23절＝레위기 18장의 목록 11번＝레위기 20장의 목록 3번)

4. 마지막으로 에스겔 22장의 금지 조항은 모두 3개의 범주로 나뉜다.

1. 아버지의 아내(10절)
2. 이웃의 아내 또는 며느리(11절)
3. 아버지의 딸/자매(11절)

이상의 관계를 도표로 정리·비교하면 표 1과 같다.

이 조항들은 각각 다른 배경으로부터 나온 규정들로, 먼저 레위인의 결혼 제도와 관련된 것들(신명기 25:5~10; 룻기 1:11~13; 창세기 38장)과 정결법(니다)과 관련된 (피의) 오염

표 1

레위기 18장	레위기 20장	신명기 27:14~26	에스겔 22장
1. 어머니(7절)	1. 아버지의 아내 (계모, 11절) cf. 신명기 23:1	1. 계모(20절)	
2. 아버지의 아내(8절) cf. 압살롬과 다윗의 첩, 르우벤과 빌하			1. 아버지의 아내 (10절)
3. 부계나 모계의 딸 (9절) cf. 다말과 암논. 창세기 의 누이-아내 이야기	4. 아버지의 딸/어머 니의 딸(17절)	2. 아버지의 딸/어머 니의 딸(22절)	3. 아버지의 딸/자 매(11절)
4. 손녀나 외손녀(10절)			
5. 아버지가 같은 계모 의 딸(11절)			
6. 고모(12절) cf. 출애굽기 6:20	5. 이모/고모(19절)		
7. 이모(13절)			
8. 백모나 숙모(14절)			
9. 자부(며느리, 15절). cf. 다말과 유다)	2. 자부(12절)		2. 이웃의 아내 혹 은 며느리(11절)
10. 형수나 제수(16절); 레위법과 상반됨. cf. 신명기 25:5~ 10; 룻기 1장.	6. 형수나 제수(21절)		
11. 여인과 여인의 딸, 혹은 여인의 손녀 나 외손녀(17절)	3. 아내와 장모(14절)	3. 장모(23절)	
12. 처제(18절) cf. 창세기 29:30			

문제로 크게 나뉜다. 주로 전자의 경우에 해당하는 사건들이 많이 언급된 것으로 미루어볼 때, 대(代)를 잇는 방법으로 이스라엘 주변에서 인정되는 다양한 성 풍속으로부터 개인적 또는 사회적으로 오염되는 것을 적극적으로 방어하고자 하는 의도가 매우

짙다고 할 수 있다.

친족성교의 금기와 사회적 기능

친족 간의 결혼과 성행위 금기에 관한 다양한 이론들——생물학적·사회생물학적·심리학적·사회학적·사회경제학적·인류학적·구조주의적 접근 등——은 차치하더라도, 근본적으로 제기하고자 하는 물음은 도대체 이 금기가 사회 내에서 어떤 기능을 하는가이다. 즉 사회 제도 속에서 근친상간 금지법은 어떤 기능을 담당하며, 어떤 의미가 있는가이다.

레비–스트로스에 따르면 결혼은 호혜성의 원리로 개인과 집단 간의 대립을 해소하는 원칙이며, 근친결혼 금지는 사회 관계의 토대를 이루는 교환가치에서 볼 때 도덕적으로 유죄이기 이전에 사회적으로 불합리함을 경계하는 것이다. 이는 결혼의 사회·경제적 가치를 중시하는 입장이다. 한편, 메리 더글러스는 레위기의 정결법과 관련하여 '거룩함'이란 곧 '완전함'의 동의어로서, 다른 것들과 '구별'된다는 사실을 강조함으로써 '혼동'되는 것을 막으려는 데 정결법의 의도가 있다고 보았다.[39] 이런 관점에서 근친성교에 관한 도덕적인 관점은 이 규범이 가진 다양한 기능 가운데 한 면만을 본 것일 뿐이다.

성서에서 혐오하는 잡혼(雜婚)——가축의 잡혼 금지, 다른 종자 간의 교배 금지, 두 재료의 직조 금지(레위기 19:19), 소와 나귀

---

39) Mary Douglas, *Purity and Danger: An Analysis of Concepts of Pollution and Taboo*, London: Routledge & Kegan, 1966, p.53.

에게 한 멍에를 메어 밭 갈기 금지(신명기 22:10), 통간 금지(레위기 18:20; 20:10), 남녀 의복 교환착용 금지(신명기 22:5),[40) 동성애 금지(레위기 20:13), 수간 금지(레위기 18:23; 20:15, 16; 신명기 27:21) 등——에 관한 언급이 많은 까닭 역시 같은 맥락에서 이해할 수 있을 것이다.[41)

---

40) "여자는 남자의 의복을 입지 말 것이요, 남자는 여자의 의복을 입지 말 것이라"(신명기 22:5)는 조항은 의복 문제를 성 침입과 마찬가지로 취급하고 있다. 남녀 간의 의복 교환은 하나님이 정해준 몸의 카테고리로부터 벗어나 다른 형태로 교환되는 것을 의미하기 때문이다. 잡종과 혼합을 금하고 있는 것과 맥을 같이 하는 셈이다. 랍비 문학에서는 의복 교환착용 금기를 남성의 '여성화'에 대한 방어로 집중하고 있다. 사실상 율법이 남녀 모두에게 해당되는 규정임에도 불구하고, 탈무드에서는 남성이 여성의 의복을 입는 경우만을 집중적으로 논의하는 까닭은 랍비들이 매우 우려하는 것이 남성의 사회적 동일성(social identity)이기 때문이다. 이에 관한 논의는 제4부 제1장에서 자세히 다루게 될 것이다

41) 현대 생명공학 기술의 발전과 더불어 열리고 있는 제2의 창세기——"신이 우리에게 쌀과 밀과 감자를 준 것이 아니다"——는 '생명'의 기본 개념을 뒤바꾸어 놓고 있을 뿐만 아니라——"생물은 신의 창조가 아니면 인간의 발명품이다"——생태계의 변화와 유전자 오염 등의 심각한 생명 안전성——"유전자 조작된 유기체는 번식한다"——에 관한 우려를 낳고 있다. 현재 생명공학에서 종(種)을 독특한 형질을 가진 독립된 실체로 인식하는 것은 이제 시대착오적인 개념이 되었다. 심지어 동물과 식물 유전자의 이종이식(異種移植, xenotransplant)——남극 넙치의 유전자를 토마토에 이식하여 냉해방지 토마토를 생산하는 등——은 물론, 인간과 동물을 혼성한 이조직공생체(異組織共生體)——반은 침팬지이고 반은 인간인 괴물 키메라(chimera)——를 만들 수 있게 되었다. Jeremy Rifkin, *The Biotech Century*, J. P. Tarcher, 1999(전영택 · 전병기 옮김, 『바이오테크 시대』, 민음사, 1999) 참조.

공동체, 특히 원시 공동체의 경우 자신들과 다른 집단과의 외적·내적 영역의 경계가 매우 분명하기를 요구하기 때문에, 경계의 혼동과 혼합을 견디지 못한다. '뒤섞임'은 동일성을 교란하는 것이며, 이는 곧 질서의 파괴를 의미한다. 차이의 체계로 이루어진 질서의 외적 경계는 주로 타민족과의 관계로 연결되며,[42] 내적 경계는 공동체 내의 두 개의 성(gender) 집단 및 계층 간의 차이와 관련된다. 이 모두는 결혼과 연관되며, 그런 의미에서 결혼 제도는 모든 사회질서의 요체다.

이런 의식 구조를 반영하고 있는 성서의 저자들, 특히 제사장 계층에 속한 자들은 주변의 강대국들──가나안, 이집트, 메소포타미아 등──과의 이념적·실천적 경계를 분명히 함으로써, 자신들과 엄격히 구별짓고자 하였다.[43] 그들보다 큰 힘을 가진 이

---

42) 기원전 8세기 예언자 호세아에 따르면, 들당나귀 같이 힘이 세던 에브라임(북이스라엘)이 힘이 다 빠졌는데, 이는 7장 8a에서 이르듯 "에브라임이 열방에 혼잡되었기 때문"이다. 이방인과의 결혼을 강조하고 있는 본문에서 사용하고 있는 '혼잡되다'(יִתְבּוֹלָל)라는 말은 바벨탑 사건 이후 언어가 '혼잡되었다'(בָּלַל)에 사용되는 히브리어(창세기 11:9)와 어원이 같다. 본문은 영어로 "He is rotting away"(썩다, 쇠약해지다, JPS), "mix"(혼합되다, RSV), "confound"(본말을 전도하다), "mingle"(섞다), "confuse"(혼동하다) 등으로 번역되었으나, 우리말 표준새번역에서는 "다른 민족들 속에 섞여 튀기가 되었다"고 의역(意譯)하고 있다.

43) 근친과 직접적인 관련은 없으나 에스라의 종교개혁의 내용 가운데 "땅의 백성"과 "포로로부터 귀향한 공동체" 사이의 결혼 금지는 이런 맥락에서 이해할 수 있는 매우 중요한 본문이라 여겨진다(에스라 9장). 특히 가계의 유산(有産)과 재산 상속이 분산되는 것을 막기 위하여 서로 다른 부족 출신 남녀의 결합을 의도적으로 회피했던 것 같

방 종교의 공격과 침투에 그들은 늘 방어적이었다. 결국 자신들을 타민족과 엄격히 구별하기 위해 쌓은 성벽인 경계는 족내혼, 즉 "유대인은 유대인끼리만 결혼한다" 또는 "유대인은 비유대인과 결혼할 수 없다"는 법을 낳았다. 이 법의 기초는 보호주의와 고립주의, 즉 선민의식으로 발전했다. 그런 의미에서 선민의식은 바로 외적 경계의 체계다.

한편, 외적 경계를 기초로 한 이스라엘 사회에서 내적 경계를 명백히 하기 위해 필요한 규범이 근친결혼의 금지였다. 다시 말해 근친결혼 금지는 족내혼의 내적 경계다. 유대인끼리 결혼한다 해도 유대인 내에서 결혼이 금지된 친족의 경계를 규정할 필요가 있었던 것이다. 이는 공동체 내부의 '순수한' 혈통 질서[44]를 유지하고 대를 이어나가기 위해 반드시 명시해야 할 주제였다. 이스

다. 이런 행위는 곧 "땅의 오염"과 동일한 것으로 취급되었다(에스라 9:11 cf. 레위기 18장; 신명기 7:1~4; 23:3~8). Michael Fishbane, *Biblical Interpretation in Ancient Israel*, Oxford: Clarendon Press, 1989, p.119; Daniel L. Smith-Christopher, "The Mixed Marriage Crisis in Ezra 9~10 and Neheiah 13: A Study of the Sociology of the Post-Exile Judaean Community," *Second Temple Studies 2: Temple Community in the Persian Period*, Tamara C. Eskenazi & Kent H. Richards eds., JSOTSups 175, 1994, pp.243~265 참조.

44) 혈통이 순수하지 않은 출신들에 관한 성서와 탈무드의 용어는 다양하게 분화되어 있다. '개종자'이자 족외혼에서 태어난 아이를 네티님, 개종자를 게림, 해방노예를 하루림, 근친상간이나 간통으로 태어난 아이를 맘쩨림, 결혼이 금지된 사제에게서 태어난 아이들 할라림, 아버지가 누군지 모르는 아이를 쉐투킴, 부모 모두가 누구인지 모르는 아이를 아슈핌 등으로 불러 구별했다. 아울러 사제 계층에게 금지되

라엘 사회가 지닌 결혼 제도와 풍습은 단일 공동체로서의 구조적 순수성을 유지하려는 목적에서 이해되어야 한다. 순수한 혈통 보존과 신앙의 순수성 유지에 필수적인 혈통주의는 바로 내적 경계의 체계다.

외적·내적 영역의 경계로서 선민의식과 혈통주의는 넓은 의미에서 근친결혼 금지라는 보편적 질서와 충돌하게 되고, 따라서 히브리 성서에서 법——근친결혼은 안 된다——과 현실——반드시 대(代)를 이어야 한다——사이의 상호 모순적인 사건이 많이 발견된다. 그럼에도 불구하고 이 체계가 중요하게 취급된 까닭은 그것이 주변 국가들과 차별화함으로써 집단적 자기 동일성을 강화하는 데 매우 적절한 장치이기 때문이다. 만약 이것이 깨지면 내적 사회질서는 물론 외부 경계와의 구별이 훼손되고, 결과적으로 공동체의 자기 생존은 파괴되고 만다. 고대 이스라엘 사회에서 가족법은 사회의 외적 질서(order)와 내적 정결(purity)을 동시에 요구하는 법이었다.

어 있는 결혼 상대로는 사생아나 고자(사람)가 있으며(신명기 23:2, 3), 이혼한 여자가 다른 남자의 부인이 되었다가 다시 전남편과 재혼하는 것도 금지되었다(신명기 24:4). 이는 곧 "땅의 오염"과 관련된 것으로 보았기 때문이다(예레미야 3:1).

3 성(sex)과 성(gender) – 간통, 강간, 동성애, 수간, 창녀[1]

2001년의 세계가 뉴욕 테러로 얼룩진 한 해였다면, 같은 해의 한국은 하리수 담론의 해였다고나 할까? '여자보다 더 아름다운' 하리수가 대중 앞에 당당히 걸어나와 트랜스젠더의 기수로 폭발적인 관심을 모았다. 사이버 공간에서는 "저게 여자냐"는 비아냥과 더불어 "성의 정체성을 찾은 용기 있는 사람"이라는 반응이 엇갈리기도 했다. 서구에서는 이미 오래 전에 성전환 수술을 받은 신부도 있고, 동성애자 성직자도 있다는데, 무엇이 우리를 이처럼 뜨겁게 달아오르게 한 것일까? 지배적인 남자가 종속적인 여자로 바뀌었기 때문인가〔남성들의 수치?〕 아니면 여자보다 더 아름답다는 것이 문제인가〔여성들의 질투?〕 질서 정연하던(?) 우리 사회를 심하게 뒤흔들어놓은 것은 과연 무엇인가?

앞서 논의한 바와 같이 금기는 애매모호한 중간 지대에서 발생한다. 아울러 금기는 하나의 '경계'다. 따라서 동일성이나 체계

---

1) 이 장은 「히브리 성경의 성(Sex)과 성(Gender)」이라는 제목으로 『인문과학논총』 36(2001), pp.99~122에 실었던 글을 수정·보완한 글이다.

와 질서를 교란시키는, 이것과 저것 사이의 혼합은 늘 위험하여 금기가 발생하기에 좋은 여건을 제공한다. 이러한 생각은 일상생활에까지 적용되어, "너는 가축 가운데 서로 다른 종류끼리 교미시켜서는 안 된다. 밭에다가 서로 다른 두 종류의 씨앗을 함께 뿌려서는 안 된다. 서로 다른 두 가지의 재료를 섞어 짠 옷감으로 만든 옷을 입어서는 안 된다"(레위기 19:19)는 금기를 발생시켰다. 모든 종류의 뒤섞임은 순수함의 적이 되기 때문이다.

또한 금기는 '욕망'이 끓어 넘쳐흐르는 곳에서 발생하는데, 음식이나 성(性)과 관련하여 금기가 특히 많이 발생하는 까닭이 바로 이것이다. 욕망이 수위를 넘게 되면 위험하기 때문에 적절한 제어 장치가 필요하며, 결국 터부는 사회질서를 유지할 필요가 있는 곳에서 사회 통제 시스템의 한 형태로 발생하게 된다. 터부는 욕망을 우회시킨다.

이러한 경계와 욕망의 이중 구조의 틀 속에서 발생하는 성(性) 금기로는 간통과 강간, 동성애, 수간, 창녀 등에 관한 금기가 있다. 본격적으로 이 금기들을 논하기 전에 우선 히브리 성서에서 남녀 간의 사랑과 욕망, 성(sex)이 어떻게 표현되고 있으며, 남녀 사이의 성의 사회적 · 기능적 차이가 어떻게 작용하고 있는가를 살펴본 후, 고대 이스라엘 사회가 성의 일탈 행위와 관련해 가졌던 금기에 대한 태도를 살펴보고자 한다.[2]

---

2) 이 글은 A. Brenner, *The Intercourse of Knowledge: On Gendering Desire and 'Sexuality' in the Hebrew Bible*, Leiden: E. J. Brill, 1997; A. Brenner and F. van Dijk-Hemmes, *On Gendering Texts: Female and Male Voices in the Hebrew Bible*, Leiden: E. J. Brill, 1993; Daniel Boyarin, *Carnal Israel: Reading Sex in Talmudic*

남성과 여성 - 차이의 미학

성(性)과 무관하게 사용되는 '아담'은 비록 문법상 남성형으로 사용되지만, 남녀 모두를 포함한 '사람'(인간)을 지칭한다. 그러나 히브리어에서 '남성'——인간(창세기 1:27), 동물(신명기 15:19) 또는 우상 같은 무생물(신명기 4:16) 모두에 해당——은 자카르(וכר)라는 명사로 규정되는데, 이 단어는 '기억하다'라는 동사에서 파생되었다. 성서는 남성을 '기억되어야 할 존재'로 취급한다. 생물학적 기능보다는 사회적 역할이 강조되고 있음을 알 수 있다. 더 일반적으로 사용되는 '남자'를 나타내는 용어인 이쉬(איש)는 주로 사람에게 해당되는데, 사사기 11장 39절의 경우 "이쉬를 알지 못하는" 입다의 딸에 관한 이야기가 나온다.

사람이나 동물의 '여성'은 네케바(נקבה)로 표현되는데, 이는 '뚫고 들어가다' 또는 '구멍을 파다'라는 어원을 가진다. 어근인 나카브(נקב)는 '구멍'(orifice), '공동'(空洞, cavity)을 의미한다. '채워져야 할 구멍'이라는 인상을 강하게 풍기는 이 용어에서 사회적 역할보다는 생물학적 기능이 강조되고 있음을 알 수 있다. 이쇠(אישה)는 일반적으로 쓰이는 '여자'를 뜻한다(창세기 2, 3장).

이처럼 히브리어에서 구별하는 남성과 여성의 차이는 언어적으로 남성은 성(gender)으로서의 남자의 사회적 기능을, 여성은 성(sex)으로서의 여자의 생물학적 기능을 중시하는 것으로 나타난다. 이는 당시 언어의 사회·문화적 특성이 고스란히 반영된

Culture, Berkeley: University of California Press, 1993 등을 주로 참고하였음을 밝혀둔다.

결과로 보인다.

히브리 성서에서 남성과 여성의 생물학적·해부학적 차이는 어떻게 드러나고 있는가? 시각적·정서적 차이는 어떠한가? 언어가 성의 차별과 사회적 규범을 어떻게 영속시키고 있는가? 미의 개념은 무엇이며, 남녀의 육체적·성적 아름다움이 성적 욕망과 사회적·정치적 상황에서 각각 어떻게 그려지고 있는가?

우선적으로 남성의 육체는 남근과 정액 생산 능력에 의해 인정되며, 여성은 처녀성과 월경으로 규정된다. 그러나 특정한 성적 부위는 흔히 드러나지 않는다. 옷으로 감추거나 숨기기 때문이다. "여자는 남자의 의복을 입지 말 것이요, 남자는 여자의 의복을 입지 말 것이라. 이같이 하는 자는 네 하나님 야훼께 가증한 자니라"(신명기 22:5). 이 구절은 남녀 몸의 가시적 차이를 분명히 인정하려는 태도로 해석된다.[3] 가시적(visible) 차이란 사회적(social) 차이를 반영한다. 성(sex)의 생물학적·해부학적 차이는 곧 성(gender)의 사회적 차이와 일치하기 때문이다.[4]

---

3) 최창모, 「남·여 의복 교환착용 금기(신명기 22:5)에 관한 연구」, 『한국중동학회논총』 21~1(2000), pp.251~263.
4) '젠더'는 현대 페미니즘 이론의 기본 인식소일 뿐만 아니라, 인문학 분야에 획기적인 변화를 가져왔다. 1963년 스톡홀름에서 개최된 국제 정신분석학 대회에서 스톨러(Robert Stoller)가 최초로 사용한 '젠더'는 단순히 여자 또는 남자로 구분하는 생물학적 성(sex) 분류를 가리키기보다는, 성별화된 의미를 생산하는 차이의 관계들을 포괄적으로 지칭한다. 원래 젠더의 어원은 '낳다'(generare)라는 라틴어 동사이고, 그 어근 'genere-'는 인종, 종류, 부류를 뜻한다. 또한 불어의 genre, 독일어의 Geschlecht, 스페인어의 genero 등에서와 같이 젠더와 상응하는 각 언어의 단어들은 문법적·문학적 범주들을 가리키기도 한다. 사회문화의 장에서 젠더에 기초한 차이의 범주화, 체계화는 정치적이다.

성서는 한편으로 성적 매력을 지닌 여성의 몸은 드러내고, 다른 한편으로 생식기관에 대한 묘사는 가급적 감추는 경향을 띠고 있다. 예를 들어 '자식'을 시적, 은유적 표현으로 '배(胚)의 열매'라 칭한다. 배(בטן)란 소화기관으로서 '위장'을 뜻하나, 자궁의 완곡한 표현이다. "배(자궁)의 열매"(창세기 30:2), "내가 모태에서 벌거벗은 몸으로 나왔고"(욥기 1:21), "내가 모태의 문을 닫지 않았고"(욥기 3:10), "내 태에서 난 아들"(잠언 31:2) 등의 표현이 자주 등장한다.

한편, 남성의 경우, 여성과 달리 '자궁의 열매'라는 표현은 있을 수 없기 때문에, 배나 자궁 대신 '창자'(מעים)라는 용어를 사용한다(사무엘하 20:10; 에스겔 3:3; 욥기 20:19; 시편 22:15; 40:9; 요나 2:2; 역대기하 21:15; 32:21). 남성의 '배'와 여성의 '배'는 다른 구조와 기능을 가지기 때문이다.

남성미는 특히 정치지도자에게 매우 중요한 덕목이다. 야망과 더불어 육체미—반드시 성적 욕망을 자극하는 것이 아니라 하더라도—는 전통적으로 지도자가 갖추어야 할 매우 중요한 요소로 취급되었다. 남성미를 묘사할 때는 육체적 강건함, 조형적 균형미, 키, 머리카락 등이 언급된다. 여성미에서는 힘보다 "부드럽고 아리따움"이 중요한 덕목으로 드러난다(이사야 47:1). 두말할 필요 없이 육체적 아름다움은 남녀 모두에게 바람직한 요소다.

가부장적 · 남성 중심적 사회에서 젠더는 위계적인 성별성에 기초한 권력 관계를 구성한다. Robert Stoller, *Sex and Gender*, New York : Science House, 1968; 노승희, 「페미니즘 이론의 실천적 지평—젠더와 성 정치」, 한국 영미문학 페미니즘 학회, 『페미니즘: 어제와 오늘』, 민음사, 2000, pp.388~418 참조.

남근(男根)과 음문(陰門)

성서에 반영된 남근 중심적 사회(phallocentric society)에서 특히 남근 보호는 매우 민감한 문제였다. 남근은 단순한 성기(性器)가 아니라, 하나님께서 부과한 과업을 수행하는 도구(instrument)인 셈이다.[5] 특히 주변 국가와의 정치·외교·종교 관계를 빗대서 표현하는 언어가 이를 반영하고 있다. 음경(陰莖)은 이방 신을 섬기는 사회와 이스라엘 공동체 사이의 특별한 관계를 상징한다. "젊었을 때, 곧 이집트 땅에서 음행(淫行) 하던 때를 생각하고, 그 하체(남근)는 나귀 같〔이 강하〕고, 그 정액이 말 같〔이 많〕은"(에스겔 23:20), "그들은 살지고 정욕이 왕성한 숫말 같이 되어서, 각기 이웃의 아내를 탐내어 울부짖는다"(예레미야 5:8). 할례는 남근의 '포피'(包皮)를 벗겨 신에게 바친다는 의미였다. 이것은 바로 계약 공동체 이스라엘과 이방 민족을 구별하는 중요한 수단이다.

여기서 자연스럽게 여성의 자궁은 남근을 떠받치는 그릇(vessel)이 된다. 종종 사람의 할례받은 남근과 하나님의 자궁 사이의 관계가 신학적으로 문제가 되기도 하는데, 특히 예언서에서 그렇다.

남근은 또한 종종 농경 또는 군사적 상황을 반영한다. 전자의 경우 남근은 단순히 '살'(고기)을 의미한다(창세기 17장; 에스겔

---

5) I. N. Rashkow, *The Phallacy of Genesis: A Feminist-Psychoanalytic Approach*, Louisville, KY: Westminster/John Knox Press, 1993.

16:26). 그리고 미쉬나 히브리어에서는 남근을 자인(זין) 또는 이바르(איבר)라 하는데, 이는 명백히 '무기'(武器) 또는 육체의 기관으로서 '가지'(limb)를 칭한다.

남근 숭배의 본질상 남성 생식기에 대한 언급은 매우 신중한 편인데, 제사장의 조건에서 제외되는 사람 중 오직 한 번 나오는 아쉐크(אשך, "불알이 상한 자," 레위기 21:20; 미쉬나 히브리어와 현대 히브리어에서는 베이짜(ביצה), 즉 '알'로 나온다)의 이야기에서 부부가 다투던 중 아내가 남편의 음낭(陰囊)을 잡을 경우 그 손을 찍어 버리라는 법률적 조항에서 나오는 "그 사람의 음낭"(신명기 25:11)이 언급될 뿐이다. 또 볼기(이사야 20:4)와 볼기짝(신명기 25:11), 그리고 남성 성기의 다른 말인 '발(치)'(룻기 3:4, 7, 8, 14), '넓적다리'(창세기 24:2, 9; 32:25, 32; 46:26; 47:29; 출애굽기 1:5; 사사기 8:30) 등이 언급된다.

음경에 대한 노골적인 묘사 가운데 으뜸은 르호보암에 대한 기록에서 나온다. 솔로몬 이후 남북 관계가 복잡할 때, 솔로몬과 르호보암 사이의 정치적 힘과 권력 비교가 성적으로 묘사되면서 "나의 새끼손가락이 내 아버지의 허리보다 굵다"(열왕기상 12:10b; 역대기하 10:10b)는 표현이 사용된다. 비록 히브리어 마탄(מתן)이 일반적으로 '허리' 또는 '엉덩이'를 의미하기는 하지만(출애굽기 28:22), 여기서는 분명 왕의 음경을 의미한다(cf. 예레미야 13:1, 2).

한편, 여성의 생식기를 의미하는 음문(陰門)은 "시온(예루살렘)의 딸들"의 상처에 대해 "음문에 딱지가 생기다"라고 일컫는 대목에서 드러난다(이사야 3:17). 전쟁으로 인한 시온의 황폐함과 그것의 "열림"(이사야 3:26)은 "하체의 드러남"(3:17)과 연관된다. 미쉬나 히브리어에서도 여성 생식기인 '음문'이 관용적으로 "자궁의 집" 또는 "나체의 집"이라고 불린다. 여리고의 창녀 라합(רחב)의 이름이 '(문이) 넓게 열린'이라는 뉘앙스를 풍기는 것은 은유적으로 이와 무관하지 않다. 유다가 며느리 다말과 성관계를 가지는 장면에서 '열다'라는 동사를 사용하는 것(창세기 38:14)과 유다에 대한 야곱의 축복에 나오는 "지팡이가 그 발 사이에서 떠나지 않음"(창세기 49:10)의 '지팡이'는 남자의 생식기를 그리고 있음이 분명하다.

남성미와 여성미

육체적 아름다움은 반드시 성적으로만 묘사되지는 않으며, 정치적·사회적 의미로도 사용되어 완성미와 건강미를 상징한다. 여성의 아름다움이 다소 사적인 성적 행동과 관련된다면, 남성미는 종종 정치적 의미로 사용된다.

육체미의 극치는 무엇인가? 미남이나 미녀가 어떻게 묘사되고 있는가? 사라의 무엇이 이집트 왕을 유혹하였으며, 보디발의 아내로 하여금 강렬한 성적 관심을 보이도록 한 요셉의 매력은 무엇이었는가? 단순히 '아름답다' 또는 '아름다워 보였다'는 표현만으로는 부족하지 않은가? 남녀 모두에게 사용되는 형용사 야페(יפה)/야파(יפה)(아름다운)와 토브(טוב)/토바(טובה)(좋은)는 교환적으로 매우 자주 사용된다(사무엘하 11:2; 13:1; 14:27; 욥기 42:15; 아가 1:16; 창세기 26:7; 29:27; 에스더 1:11; 다니엘 1:4; 신명기 21:11; 사무엘상 16:12; 17:42; 25:3; 열왕기상 1:6 등).

대부분의 본문은 '드러난' 육체적 아름다움에 침묵한다. 그저 '아름답다'고 묘사할 뿐, 특정한 육체적 묘사는 없다. 다만 여성의 육체에 대한 아가서의 세부적이며 직유적인 묘사는 예외다. 여성의 눈은 시냇가의 비둘기 같〔이 검〕고(1:15; 4:1; 5:12)〔잔잔한〕호수 같으며(7:4), 코는 레바논 망대 같〔이 우뚝 솟〕고(7:4), 머리카락은 염소 무리 같〔이 검〕으며(4:1; 7:5) 곱슬곱슬 까마귀처럼 검고(5:11), 이는 털 깎인 암양 같〔이 희〕고(4:2; 6:6), 입술은 홍색 실 같〔이 붉〕고(4:3) 촉촉한 백합화와 몰약 같고(5:13), 살빛(뺨)은 석류 같〔이 붉〕고 향기로운 풀 언덕 같다(5:13; 6:7). 목은 다윗의 망대 또는 상아 망대 같〔이 높〕고(4:4; 7:4), 유방은 쌍태(雙胎) 노루 새끼 같다(4:5; 7:4). 이처럼 여성 육체의 아름다움은 색깔, 대칭적인 균형(5:14, 15), 크기, 몸짓, 부드러움, 냄새(4:6) 등 온갖 요소들을 동원하여 복합적으로 묘사된다. 이에 반해 추한 귀부인은 "바산의 〔살진〕 암소"에 비유된다(아모스 4:1 cf. 예레미야 46:20).

젊고 아름다운 다윗 역시 "빛이 붉고, 눈이 빼어나고, 얼굴이 아름답더라"(사무엘상 16:12; 17:42)고 묘사된다. 멸망 이전 예루살렘의 아름다움 역시 윤택한 붉은 색으로 표현된다(애가 4:7). 도시의 붉은색과 흰색, 농촌의 검은색의 조화는 가장 이상적인 색깔로 여겨진 듯 하다. 여성은 각종 자연—야생 동물과 가축, 꽃, 종려나무, 각종 향료, 정원, 포도밭 등—으로 묘사되며, 여성의 몸은 동물(쌍태 노루, 양, 염소, 비둘기), 과일(석류), 음식(꿀, 밀), 음료(우유, 포도주) 및 정원의 일부로 묘사된다. 이에 비해 남성의 몸은 단순히 비둘기나 향료가 있는 정원 정도에 비교된다. 또, 남녀 공히 무기나 요새, 건축물에 비교함으로써 에너지와 역동성을 강조한다.

결론적으로 히브리 성서에서 남성미의 중심은 할례받은 성기와 벗은 몸에, 그리고 여성미의 핵심은 유방(젖)과 자궁(태), 그리고 세부적으로 묘사된 신체 부위에 있다(cf. 창세기 49:25). 여기서 여성성의 상징은 가나안 종교의 '생산'과 무관치 않다. 성서가 말하는 '아름다움'이 존재론적 '주체로서의 아름다움'과 '사건으로서의 아름다움'으로 구별될 수 있다면, 전자는 미에 대한 주체적 태도가, 후자는 능동적인 참여가 각기 강조된다고 할 수 있을 것이다.[6]

성, 출산, 피임 - 이데올로기와 프락시스

인간의 출산과 생식은 "생육하고 번성하라"(창세기 1:28)는 표현과 함께 히브리 성서의 처음에 등장한다. 이는 피조물에 대한 하나님의 축복이요 선물이다. 남성과 여성을 함께 창조한 것을 통해 어떻게 번식하였는지를 짐작할 수는 있겠으나, 번성의 방식으로서 성행위에 대한 언급은 없다. 다만 여기서 말하는 '생육과 번성'이 단순히 생물학적 의미라기보다는 일부일처간의 접촉으로 규제된 출산이라는 사회적 이데올로기를 반영하고 있다고 해석된다. 그런 의미에서 성행위 자체는 생산이라는 보다 고차원적인 목적에 비해 부차적인 것이다. 생산이 목적이 되고 성행위가 수단인

---

6) C. Westermann, "Das Schöne im Altem Testament," *Beiträge zur alttestamentlichen Theologie: Festschrift für Walther Zimmerli zum 70. Geburtstag*, H. Donner, R. Hanhart and R. Smend, eds., Göttingen: Vandenhoeck & Ruprecht, 1977, pp.479~497.

고대사회와는 달리, 현대에 와서는 성행위가 목적이고 생산은 하나의 결과로 여겨지고 있다.

에덴 동산의 아담과 하와 이야기(창세기 2:4b～3장)에서 성과 출산은 서로 연결되어 있다. 여자에 대한 아담의 '애착'——"이는 내 뼈 중의 뼈요, 살 중의 살이라"(창세기 2:23)——과 남자에 대한 여자의 '욕망'——"너는 남편을 사모하고"(창세기 3:16b)——은 생산을 통해 계보를 이어가기 위한 조건이 된다.

그러나 성과 생산이 상호 연관되어 있다 하더라도, 성행위와 욕망 자체가 부정적이거나 이상적으로 언급되지는 않는다.[7] 경우에 따라서 성적 욕망을 자극하는 각종 향료, 특히 두다임(דודאים)이라 일컬어지는 합환채(창세기 30:14～16; 아가 7:13)가 사용되기도 한다. 그럼에도 불구하고 궁극적으로 성적 욕망은 하나님이 인간에게 주신 번성하라는 축복에 대해 이차적 지위를 가질 뿐이다. 이러한 태도는 생산이 자연적 질서에 속한 것이라기보다는 초월적 질서에 속한 것임을 반영한다.

불임(不姙) 여성

따라서 성서의 남성들은 자녀의 수를 자신의 사회적 지위의 척도로 생각했다(욥기 1, 2장). 그리고 하나님의 축복인 자녀에 관하여 이렇게 노래한다. "우리 아들들은 어릴 때부터 나무처럼 잘 자라고, 우리 딸들은 궁전 모퉁이를 장식한 우아한 돌기둥처럼 자라고, 우리의 곡간에는 온갖 곡식이 가득하며, 우리의 양떼는

---

7) F. Landy, *Paradoxes of Paradise*, Sheffield: Almond Press, 1983.

넓은 들판에서 수천 배, 수만 배나 늘어나며……"(시편 144:12, 13). 누가 행복한 자인가에 관해서도 "자식은 주께서 주신 선물이요, 태 안에 들어 있는 열매는 주님이 주신 보상이다. 젊어서 낳은 자식은 용사의 손에 쥐어 있는 화살과도 같으니"(시편 127:3, 4)라고 이른다. 또, "집 안방에 있는 네 아내는 열매를 많이 맺는 포도나무 같고, 상에 둘러앉은 네 아이들은 올리브 나무의 묘목과도 같다……평생토록 너는 예루살렘이 받은 은총을 보면서 살게 될 것이다. 네 자식의 자식을 보면서 오래오래 살 것이다"(시편 128:3~6)라는 표현도 보인다.

따라서 많은 자녀를 생산해야 하는 여성의 역할은 당연히 중시된다. 불임보다 나쁜 여성의 운명은 없다.[8] 고대 이스라엘에서 불임의 책임은 대부분 여성이 진다. 불임 여성의 경우 사회적 동기로서의 모성적 욕구를 충족시키기 위한 방안을 강구한다. 롯의 딸들은 자신들이 임신하여 계보를 잇지 않을 경우 종족의 대가 끊어질 것을 우려하여 아버지와 동침하기도 하며(창세기 19:30~38), 다말은 죽은 남편의 대를 잇기 위해 시아버지 유다와 동침하기도 한다(창세기 38장). 불임 여성 라헬은 죽기를 각오하며(창세기 30:1), 한나는 아들 얻기를 하나님께 구하였으며(사무엘상 1, 2장), 라헬은 출산 중 사망하기도 한다(창세기 35:16~20). 한마디로 성서의 여성은 자녀 낳기를 욕망한다.

---

8) 히브리 성서에 나타난 여성의 목소리, 특히 불임 여성의 사회적 상황에 관해서는 Trevor Dennis, *Sarah Laughed: Women's Voices in the Old Testament*, London: SPCK, 1994를 참조할 것. 특히 제2장(사라), 제3장(하갈), 제5장(한나)을 참조.

일반적으로 어머니가 되기를 원하는 여성의 욕망이 남자가 아버지 되기를 원하는 욕망보다 더 강하다. 이는 사회적 관습 속에서 살아남기 위한 투쟁의 단면으로 비치며, 딸보다는 아들 얻기를 더 원하는 것으로부터 확증된다.[9] '아들'이 "사람의 씨"(사무엘상 1:11)로 언급되는 것도 철저히 사회적 동기에 기인한 것임을 알 수 있다.

'사람의 씨'는 생산을 위해 '하나님의 씨'가 필요하다. 육신의 부모만으로는 자녀 생산이 부정된다. 여성 혼자서는 임신이 가능하지 않듯이, '사람의 씨'만으로는 생산하기에 부족하다. 따라서 성서는 남성의 성적 역할을 명시적으로 강조하지 않고 생략하는데, 이는 곧 부모는 하나님의 개입 없이 계보를 이을 수 없음을 암시한다(cf. 창세기 4:1b). 히브리 성서에서 자녀 생산의 인간적인 요소를 부정하는 논리적 구조가 자주 등장하는 것은 이 때문이다.[10]

한편, 자녀 생산이 고대 이스라엘 사회에서 매우 중요한 사회적 의무였기 때문에 산아제한의 사례는 매우 드물게 나타난다. 유다가 가나안 여자 수아와 결혼하여 아들 엘과 오난을 낳았다. 그는 엘을 위하여 다말이라는 여자를 며느리로 삼았으나, 엘이 악하여 하나님께서 죽이셨다. 유다는 관습에 따라 오난을 형수

---

9) K. Kraemer, "Jewish Mothers and Daughters in the Greco-Roman World," *The Jewish Family in Antiquity*, S. J. D. Cohen ed., Atlanta: Scholars Press, 1993, pp.88~112.

10) S. D. Kunin, *The Logic of Incest: A Structuralist Analysis of Hebrew Mythology*, JSOTSup, 185; Sheffield: Sheffield Academic Press, 1995 참조.

다말에게 들여보내 아들을 얻게 하려 하였으나, 오난은 다말에게서 난 '씨'가 자신의 상속자가 될 수 없다는 것을 알고 땅에 사정(射精)함으로써 임신을 조절하였다(창세기 38:8~10). 이는 오늘날 성교중절(性交中絶)이나 수음(手淫)을 일컫는 오난이즘(onanism)의 유래가 되었고, 나중에 유대교와 기독교에서 이 이야기를 산아제한의 성서적 근거로 제시하게 되었다.[11]

그러나―비록 여성의 목소리가 상당 부분 제외되거나 거부되었다 하더라도―여성의 피임에 관해서는 언급조차 없는 것으로 보아 당시에는 여성의 산아제한과 임신 예방, 또는 낙태에 관해 잘 알지 못했던 것으로 보인다. 오히려 '유산'(流産)이나 '잉태치 못함'은 하나님의 저주에 해당되는 것이었다(출애굽기 23:26). 만약 성서의 저자들이 산아제한에 관한 지식을 가지고 있었다면, 이에 관한 법령과 규제 등이 뒤따랐을 것이 분명하다.[12]

---

11) D. N. Feldman, *Birth Control in Jewish Law*, New York: New York University Press, 1968; *Marital Relations, Birth Control, and Abortion in Jewish Law*, New York: Schochen Books, 1974.

12) 상대적으로 고대 근동의 주변 국가들은 산아제한, 임신중절 및 낙태에 관한 지식이 상당했던 것으로 알려져 있다. L. Manniche, *Sexual Life in Ancient Egypt*, London and New York: KPI, 1987; J. M. Riddle, *Contraception and Abortion from the Ancient World to the Renaissance*, Cambridge, Mass./London: Harvard University Press, 1992; B. F. Musallam, *Sex and Society in Islam: Birth Control before the Nineteenth Century*, London: Cambridge University Press, 1983; Ahmed, Leila, *Women and Gender in Islam: Historical Roots of a Modern Debate*, New Haven/London: Yale University Press, 1992; 전재옥 편, 『무슬림 여성』, 이슬람 연구소, 예영커뮤니케이션, 1997 참조.

서로 다투다가 임산부로 하여금 낙태케 한 경우, 성서는 재판에 따라 벌금을 물릴 것을 규정하고 있다(출애굽기 21:22, 23). 만약 임신 3개월 미만의 미숙아가 출산된 경우, 영아의 손상이 위험을 초래하지 않은 경우면 그 여자의 남편에게 손해 배상을 해야 하며, 위험을 초래할 만큼 손상이 큰 경우에는 동태 복수법(talion)의 원칙에 따라 처벌된다. 여기서 산모와 영아는 모두 남편의 재산으로 취급된다.

성의 일탈 ─ 간통, 강간, 동성애, 수간, 창녀

이처럼 '차이'는 신이 창조한 세계 내에서 가장 기본적인 질서의 조건이다. 세상의 만물은 서로 간의 차이로부터 자기 정체성을 확인할 수 있으며, 인간 역시 처음부터 성적 차이를 지니고 만들어졌다. 또, 어느 시점에서부터 '위계'는 하나의 '자연적' 질서의 수단으로 등장하였으며, 남녀 간의 위계 역시 '원초적'인 것이 되었다.

문제는 기존 사회 또는 공동체에서 이런 차이의 체계로 이루어진 질서와 위계가 흐트러지거나 왜곡되는 일이 벌어지는 경우이다. 적어도 우리가 논의하려는 주제들──간통, 강간, 동성애, 수간, 창녀 등──은 바로 그런 관점에서 논의될 것이며, 왜 그런 행위들이 엄격히 규제되고 처벌되었는지에 초점을 맞추게 될 것이다.

물론 성 윤리나 규범은 시대에 따라 다르다. 어떤 시대에는 성 일탈로 규정된 경우가 다른 시대에는 전혀 문제되지 않는 경우를 얼마든지 찾아볼 수 있다. 따라서 우리가 논의하려는 방식은 우주적이며 보편적이며 도덕적이며 윤리적인 규범을 완성하려는 데 있지 않으며, 전적으로 공리주의적인 방식이 될 것이다. 다시 말해 위의 주제에 대해 성서는 어떻게 말하고 있으며, 그렇게 규정하고 있는 사회적 배경과 동기는 무엇인가를 밝히는 데 주안을 둘 것이다.

간통

"너는 이웃의 아내와 통간하여 정액을 쏟아서는 안 된다"(레위기 18:20). 여기서 '간통'이라는 용어는 사용되지 않지만, 이는 분명 "누구든지 남의 아내와 간음하는 자, 곧 그 이웃의 아내와 간음하면, 간음한 두 남녀는 함께 사형에 처해야 한다"(레위기 20:10)라는 본문과 같은 법 조항이라는 점에서 간통에 대한 금지 조항임이 분명하다. 더 명료한 법은 십계명에 나온다. "간음하지 말라."(출애굽기 20:14; 신명기 5:18)[13]

간통의 주체가 남성일 경우, 그가 미혼인가 기혼인가는 중요치 않다. 다만 간통을 당한 여성이 유부녀인 경우 "통간한 남자와 여자를 둘 다 죽여 이스라엘 중에 악의 뿌리를 뽑아라"(신명기 22:22)고 명하고 있으며, 약혼한 처녀[14]인 경우 '성 안에서' 통간

---

13) 히브리 성서에서 나아프(נאף)와 그 파생어가 모두 31회 사용되는데, 그 가운데 10회는 예언서(예레미야 3:8; 에스겔 16:32, 38; 23:37[2회], 45[2회]; 호세아 3:1; 4:13, 14), 2회는 율법서(레위기 20:11), 그리고 1회는 성문서(잠언 30:20)에 각각 나오는데, 모두 문법적으로 주어가 여성형이다.

14) '처녀'로 번역된 히브리어 베툴라(בתולה)는 사실 '결혼 적령기의 소녀'를 뜻한다. 고대 근동어에는 우리가 사용하는 의미의 '처녀'

이 이루어진 경우에는 성문 밖으로 끌어다놓고 둘다 돌로 쳐죽여야 하며, 들에서 강간한 경우 강간한 남자만 처형한다(신명기 22:23~27). 여성이 '소리쳐' 자신을 방어할 수 있는 곳인가 아닌가에 따라 책임의 소재가 달라질 수 있기 때문이다.

에스키모인들의 경우, 손님에게 아내를 빌려주는 습관이 융숭한 손님 대접의 일환인 것은 잘 알려져 있는 사실이나, 기원전 18세기의 함무라비 법에서는 간통한 자는 사형에 처하도록 규정하고 있으며, 중기 아시리아 법이나 그리스-로마법에서도 간통당한 아내를 벌하거나 용서할 수 있는 권한을 남편에게 부여한다. 이러한 남편의 법적 권한의 흔적은 성서에서도 발견할 수 있다. "남의 아내와 간음하는 자는……그의 남편이 질투에 불타서 원수를 갚는 날에 조금도 동정하지 않을 것이며, 어떤 보상도 거들떠보려고 하지 않을 것이며, 아무리 많은 위자료를 가져다주어도 받으려 하지 않을 것이다"(잠언 6:32~35).

여성이 처녀이면, "남자가 정혼하지 아니한 처녀를 꾀어 동침하였으면, 그는 반드시 신부의 몸값(聘幣)을 내고 그 여자를 아내로 맞아들여야 한다. 만일 그 아버지가 자기 딸을 그에게 주기를 거절하면, 그는 처녀를 신부로 데려올 때에 내는 값에 해당하는 금액을 치러야 한다"(출애굽기 22:16, 17). 신명기에서는 그 경우 "남자는 처녀의 아버지에게 은 오십 세겔을 주도록" 명시하고 있다(신명기 22:28, 29). 여성의 신분이 노예인 경우 역시 몸

(virgo intacta)라는 단어가 없다. Gordon J. Wenham, "Betulah: A Girl of Marriageable Age," *Vetus Testamentum* 22(1972), pp.326~348 참조.

값을 〔그 주인에게〕 치르도록 하고 있으나, 만약 치르지 못하면 그 노예는 여전히 노예의 신분을 벗어날 수 없으며, 사형만은 면한다(레위기 19:20).

여기서 우리가 알 수 있는 것은 고대사회에서 간통을 법적으로 판단할 때, 여성에 대한 남자의 성폭력으로 인식하기보다는 여자를 소유하고 있는 다른 남성의 권리를 강제로 취했다는 사회·경제적 개념에 기초하고 있다는 사실이다. 따라서 그 책임에 대한 보상은 여자의 소유주, 즉 남편에게 치러야 한다. 이러한 점에서 여성에 대한 성폭력으로 인식하는 현대적인 개념과 거리가 멀다.[15]

유다와 다말의 이야기(창세기 38장)에서 유다는 며느리 다말이 행음하여 임신하였으므로, 내어 불사르도록 명한다(24절). 여기서 다말은 간통죄로 정죄(定罪)된 것이 분명하나, 오히려 징벌을 받지 않았다. 그러나 사라 이야기의 경우, 바로는 사라와 간통함으로써 큰 재앙을 받고 사라는 남편에게로 돌아오지만, 그녀의 동의 여부는 언급이 없다(창세기 12:17). 르우벤은 빌하와의 동침에 대하여 비난받음으로 그치고(창세기 49:3, 4), 유혹받은 요셉은 주인 보디발의 아내에게 "금한 것은 당신뿐이니, 당신은 그의 아내라"고 거절한다(창세기 39:8, 9). 요셉의 거절이 징벌을 두려워했기 때문이라는 언급은 없으나, 어쨌든 성희롱으로 모함

---

15) Harold C. Washington, "Violence and the Construction of Gender in the Hebrew Bible: A New Historicist Approach," *Biblical Interpretation* 5(1997), pp.324~363; C. MacKinnon, "Feminism, Marxism, Method, and the State: Toward Feminist Jurisprudence," *Signs* 8(1983), pp.635~658.

을 당해 그는 감옥에 갇힌다(17~20절). 다윗은 부하의 아내 밧세바와 간통함으로써 비난과 함께 재난을 당하나, 밧세바에 대한 징벌은 없다(사무엘하 11, 12장).

율법서나 예언서에서 간통은 치명적인 위반이다. 왜냐하면 이는 남편에 대한 아내의 계약 위반이기 때문이다. 여성이 유도하는 간통은 '이스라엘의 배교(背敎)'와도 같은 수식적 표현으로(호세아 2:5 cf. 예레미야 13:26, 27; 에스겔 16:37~39) '창녀'와 마찬가지다.[16] 소유권이나 부권에 대한 관심을 넘어 결혼한 부인의 성적 배타성 요구는 가정의 결속을 파괴하는 행위에 대한 우려라는 점에서, 부인의 부정한 성행위는 단순히 가정의 주인에 대한 법적 문제라기보다는 공적 관심의 문제인 것이다. 이것이 그렇게 중요한 까닭은 질서를 유지하기 위해 보호해야 할 사회적 경계를 파괴할 위험이 매우 높기 때문이다.

강간

현대의 법적 개념의 '강간'은 성서 용어에서 발견되지 않는다. '강간'이란 상대방의 동의 없이 강압적으로 이루어지는 성행위로서 파렴치한 범죄에 속한다. 다시 말해 사회의 법 제도로 처리해야 할 문제이다. 개념적으로 신체상 선택의 자율권 침해에 해당되기 때문이다. 이에 더해 폭력과 강제의 정도에 따라 성희롱과 언어 폭력, 무력 사용 등 다양한 폭력 사건이 부과된다.

그런 의미에서 성서에서는 '강간'이라는 전문 용어를 사용하지 않을 뿐만 아니라, 그와 관련된 개념적인 규범도 없다. 단지 완곡

---

16) p.214의 주 28)을 참조할 것.

히 표현해서 동성애적 강간을 말할 때 "~와 성관계를 갖다"라는 의미의 동사 야다(ידע)를 주로 사용하거나(창세기 19:5; 사사기 19:22), 폭력적인 행위를 위해 하자크(חזק)와 아나(ענה) 같은 동사를 사용한다. 또, 성적 관계를 위해 육체적 폭력을 사용하는 것에는 쇠카브(שכב)를 사용한다(창세기 34:2; 출애굽기 22:15, 16; 신명기 22:23~29; 사사기 19:24 cf. 25절; 사무엘하 13:11, 12, 14). 다만 디나의 경우 '강간을 당한' 것인지, 또 출애굽기 22장과 신명기 22장의 기술에서 강간으로 규정할 만한 것이 있는지에 관해서는 폭넓은 논의가 우선해야 할 것이다.

사사기 19장에 나오는 이야기—에브라임 지파의 한 레위인이 베냐민 지파의 기브아에 머물다 그곳의 청년들에게 동성 강간을 당하는 이야기—에서 강제 성행위는 새로운 낯선 자에게 '힘'을 과시하려는 행동으로 해석된다.[17] 남성의 다른 남성에 대한 육체적 공격은 대상을 여성처럼 취급함으로써 굴욕적으로 만들고, 부끄럽게 하며, 속한 사회 내에서 노예나 약자로 취급하려는 상징적인 행동인 것이다.[18] 결국 이 사건이 에브라임 지파와 베냐민 지파 사이의 정치적 힘 겨루기의 일종으로서, 이스라엘의 모든 지파가 연합하여 이에 복수하는 국면으로 확대되는 것(사사기 20장)은 바로 이 일을 정치적 사건으로 해석했기 때문이다.

---

17) K. Stone, "Gender and Homosexuality in Judges 19: Subject-Honor, Object-Shame?," *Journal for the Study of the Old Testament* 67(1995), pp.87~107.

18) M. L. Satlow, "'They Abused Him Like a Woman': Homo-eroticism, Gender Blurring, and the Rabbis in Late Antiquity," *Journal for the History of Sexuality* 5.1(1994), pp.1~25.

결론적으로 고대 이스라엘 사회에서 '강간'은 대부분 남성 중심의 가부장적 사회에서 성적 행위를 통해 남성의 사회적 위계와 지위를 강화하는 수단으로 사용되었다. 그러므로 '강간'은 하나의 독립적인 카테고리가 아니다. 강간당한 여성이 즉시 '강간'한 남성의 가족법, 즉 '아버지의 집'의 지배 하에 속하게 되는 것은 이 때문이다. "어떤 남자가 약혼하지 않은 처녀에게 욕을 보이다가 두 사람이 다 붙잡혔을 때에는, 그 남자는 그 처녀의 아버지에게 은 오십 세겔을 지불하여라. 그리고 그 여자에게 욕을 보인 대가로 그 여자는 그의 아내가 되고, 그는 평생 동안 그 여자와 이혼할 수 없다"(신명기 22:28, 29). 성폭력은 곧 힘(권력)의 욕망과 통한다.

동성애(남성)

성서나 랍비 문학, 고대 근동 지역에서는 '간통'이나 '강간'과 마찬가지로 '동성애'에 대해서도 오늘날과 같은 개념을 가지고 있지 않았다. 이성애와 동성애 사이에 분명한 이원론적 구분이 사실상 없었던 것이다.[19] 그럼에도 불구하고 동성애에 관한 증언들이 자주 등장한다.

이집트 신화에서 세트(Seth) 신은 자신의 남동생 호루스(Horus)와 육체적 관계를 맺었으며, 히타이트인들은 자기 아들—다른 남자가 아닌—과의 동성애를 하나의 큰 범죄로 규정

---

19) Daniel Boyarin, "Are There Any Jews in 'The History of Sexuality'?," *Journal of the History of Sexuality* 5.3(1995), pp.333~355.

하고 있으나 이들에게 동성애는 이성애와 마찬가지로 금제(禁制)가 아닌 하나의 법규(法規)의 주제였다.

히브리 성서에는 남성 '동성애'에 대한 두 개의 정결법(레위기 18:22; 20:13)과 동성애 '강간'에 대한 두 개의 이야기(창세기 19장; 사사기 19장),[20] 그리고 '동성애적' 행위로 규정할 만한 두 개의 이야기(사사기 3장[21]; 창세기 9장)가 각각 등장한다. 신약에서도 동성애에 관한 몇 차례 언급이 나온다(로마서 1:27; 고린도전서 6:9; 갈라디아서 5:19; 디모데전서 1:10).

구약의 이야기들 속에는 관련된 여러 질문들이 논의된다. 누가 연루되었는가? 어떤 동기로 그런 성행위가 일어났는가? 남성 상대의 법적 지위는 무엇인가? 궁극적으로 동성애의 책임은 누구에게 묻게 되는가? 동성애에 대한 혐오를 드러내는 성서의 몇몇 사건은 어떻게 설명될 수 있는가?

전통적으로 성서에서 동성애를 금하는 이유는, 다른 규범의 위반과 마찬가지로, 그것이 '가증한' 일이며 '더러운' 것이기 때문이다. 그런 행위는 우상 숭배와 같은 것으로서 개인은 물론 땅까지 더럽히는 행위이며, 결국 더럽혀진 땅에 사는 백성들까지 멸망시킬 것이라는 설명이다. 그러나 왜 그것이 더러운 일인지에

---

20) K. Stone, "Gender and Homosexuality in Judges 19: Subject-Honor, Object-Shame?," *Journal for the Study of the Old Testament* 67(1995), pp.87~107 참조.

21) A. Brenner, "Who's Afraid of Feminist Criticism? Who's Afraid of Biblical Humour? The Case of the Obtuse Foreign Ruler in the Hebrew Bible," *Journal for the Study of the Old Testament* 63(1994), pp.38~55.

관해서는 설명해주고 있지 않다.

전통적인 입장과는 달리 최근 몇몇 여성학자들은 성서의 레위법이 동성애적 행위에 대해 수간(獸姦)을 취급하는 것만큼 혐오스럽게 생각하고 있지 않음에 대체로 동의한다. "너는, 여자와 교합함 같이, 남자와 교합하지 말라"(레위기 18:22; 20:13)에서 '([문법적으로] 남자가) 여자와 교합함 같이'(מִשְׁכְּבֵי אִשָּׁה)는 남자가 남자와 성교할 때, 여자와 할 때처럼 '수용적/수동적'인 자세로 하지 말 것을 설명하고 있다. 이에 비해 '(여자가) 남자와 동침하여'(מִשְׁכַּב זָכָר; cf. 민수기 31:17, 18, 35; 사사기 21:11, 12)는 항상 남성이 여성의 질(膣)에 삽입하는 자세를 의미한다.[22]

따라서 문제는 남성끼리 성행위를 할 때—이 경우 주로 항문 성교의 형태를 띠게 된다—누가 '능동적/삽입적'(active/insertive)이고 누가 '수동적/수용적'(passive/receptive)이냐 하는 것이다. 레위기 18장 22절에서 말하는 것은 '수용적'인 [체위를 가진] 자(남성단수)에 관한 규정인 데 비해, 레위기 20장 13절은 두 사람 모두(복수)를 지칭하는 쪽으로 발전한다(cf. 창세기 49:4). 여기서 중요한 것은 한 남성이 다른 한 남성을 여성처럼 취급/사용한다는 것이다. 이는 분명 남녀 간의 사회적 '차이'를 부정하는 것이며, 그 '경계'를 넘어가는 것이기 때문에 그런 [자세의] 행위는 엄격히 금지되는 것이다.

---

22) S. Olyan, "'And with a Male You Shall Not Lie the Lying Down of a Woman': On the Meaning and Significance of Leviticus 18:22 and 20:13," *Journal of the History of Sexuality* 5.2(1994), pp.179~206.

남성 간의 동성애에서 한 남자는 결국 '여성'이 되어야 하기 때문에 '수용적'인 쪽은 '옷을 바꿔 입는 것'이 되며, 동시에 성전환이 발생한 셈이다. 고전적인 성관계의 자세는 남자는 삽입하고, 여자는 수용하는 것이다. 따라서 동성애의 경우 성이 '혼합' 또는 '왜곡'되어 경계가 허물어지게 된다. 결국 성서는 하나님이 정해주신 남녀 간의 성 경계를 무너뜨리는 행위를 방지하고자 한다.[23] 이는 차이의 사라짐이요, 차이의 체계로 이루어진 질서의 파괴, 즉 동일성의 교란을 의미하기 때문이다. 성서에서 동성애에 대한 규정이 '남녀 의복 교환착용 금지' 조항과 함께 나오는 까닭도 바로 여기에 있다.

또한 양성애와는 달리 동성애의 궁극적인 혼돈은 '생산'이 없다는 것이다. 남근(男根)과 하나님의 '씨'——히브리어의 제라(זרע)는 씨이자 곧 정액을 가리킨다——의 관계는 분명하다. 남근 없이는 하나님의 씨도 없다. 따라서 이는 곧 씨의 낭비/오용이며, 받아들일 수 없는 것이 된다(cf. 창세기 38:8~10).[24] 성서에서 씨의 낭비와 연관지어서 자위 행위가 법률로 금지된 바는 없으나——

23) M. Douglas, *Purity and Danger*, London: Routledge & Kegan 1966, pp.41~57; T. M. Thurston, "Leviticus 18:22 and the Prohibition of Homosexual Acts," *Homophobia and the Judaeo-Christian Traditions*, M. L. Stemmeler and J. M. Clark eds., Dallas: Monument Press, 1990, pp.7~23.

24) H. Eilberg-Schwartz, *The Savage in Judaism*, Bloomington: Indiana University Press, 1990, p.183; D. Biale, *Eros and the Jews*, New York: Basic Books, 1992, p.29; D. N. Fewell and D. M. Gunn, *Gender, Power & Promise: The Subject of the Bible's First Story*, Nashville: Abingdon Press, 1993, p.108.

그러나 랍비들은 자위 행위를 비난했다(b. Nid. 13a, b)——남자가 사정(射精, שכבת זרע, "정액/씨를 배출하다")한 경우 월경하는 여자와 마찬가지로 부정하게 취급된 것(레위기 15:16~18; Temple Scroll 45:7~10 cf. 레위기 19:20; 22:4; 민수기 5:13)과는 구별된다.

소돔 남자(창세기 19장)와 기브아 남자(사사기 19장)의 이야기가 말하고자 하는 핵심은 동성애라기보다는, 나그네에 대한 환대법 또는 약자 보호법을 무시한 폭력적인 남자들의 사회적인 지배욕이다(cf. 이사야 1:10; 3:9; 예레미야 23:14; 에스겔 16:49; 마태복음 10:12~15; 누가복음 10:12). 그들은 친절과 같은 사회적 가치보다 지배욕을 채우기 위해 강압적인 성적 행위를 자행한 것이다. 노아와 그의 아들들의 이야기(창세기 9장) 역시 같은 맥락에서 이해할 수 있다. 또 사사 에훗과 모압 왕 에글론의 이야기(사사기 3장)는 에훗의 용맹스러운 남성다움과 에글론의 우둔하고 여성스러움을 동성애적 행위——드러나지는 않지만 에훗이 삽입적이며, 에글론이 수용적인 자세——로 이해하고 있음이 분명히 드러난다. 여기서 에훗은 영웅적으로 묘사되고 있는 반면, 이방의 여성스런 왕은 비웃음거리가 된다.

동성애에 대한 토론의 중심은 수동적이고 수용적인 여성과 능동적이고 삽입적인 남성의 이해에 있다. 성서는 여성의 성적 욕망(sexual desire)을 부인하지는 않지만, 여성의 독립적인 성정체성(sexuality)을 인정하지 않고 오직 이차적인 지위만을 고려할 뿐이다. 멋진 남근을 가진 남성만이 성을 장악할 수 있으며, 결국 생산 없는 성행위는 하나님이 주신 남근을 잘못 사용하는 것이 된다. 동물과의 성행위가 금지되는 것도 같은 맥락에서 이해될 수 있을 것이다.

동성애(여성)

여성 간의 동성애에 관한 서술은 히브리 성서에서뿐만 아니라 고대 근동의 어떤 텍스트에서도 전혀 발견되지 않는다. 그 이유에 관해서도 알려진 바 없다. 다만 처녀성 상실, 간통, 수간에 참여하는 여성 등에 관한 예들이 제시될 뿐이다. 아마도 고대 이스라엘 사회에서 여성에게는 사실상 독자적인 성적 책임이 부과되지 않았기 때문이 아닌가 생각된다. 남성 주도적인 사회에서 수동적인 여성의 동성애는 사실상 덜 보편적이었을 뿐 아니라, 사회적으로 고려의 대상조차 되지 못한 것으로 보인다. 남성 주도적인 성범죄 행위에서 수동적인 여성의 성적 책임은 간과된 점으로 보아서도 잘 알 수 있다.

어떤 학자는 극단적으로 랍비 문학에서 여성의 동성애에 대해서 알고 있었을 가능성을 배제하기도 한다(Tos. Sot. 5.7; b. Sanh. 69b; Yeb. 76a; Shab. 65; yer. Gitt. 8.10, 49c). 그러나 예루살렘 탈무드의 문구(Gitt. 8.10.49c)를 분석해보면, 여성의 동성애에 대한 현자들(sages)의 태도를 엿볼 수 있는데, 남성 동성애자들과는 달리 여성 동성애자들에 대해서는 전혀 범죄로 인정하지 않을 뿐만 아니라, 비난조차 하지 않고 있음을 발견할 수 있다. 다만 여성 간의 결혼과 남자처럼 행동하여 성의 경계를 문

---

25) M. Satlow, "'They Abused Him Like a Woman': Homoeroticism, Gender Blurring, and the Rabbis in Late Antiquity," *Journal of the History of Sexuality* 5.1(1994), pp.1~25.

란케 하는 여성에 대하여 비난하는 흔적은 남아 있다.[25]

두말할 필요도 없이 여성의 동성애는 남성의 그것과 마찬가지로 생산이 불가능하다는 점에서 부정적일 수밖에 없다. 더구나 여성의 자녀 생산 능력과 의무가 고대사회에서 무엇보다도 중요한 역할이었다는 점에서 여성의 동성애는 애초부터 '진정한' 성 관계로 고려되지 못했을 것이다.

수간(獸姦)

히브리 성서에는 남성의 동성애와 인간(남녀)과 동물(가축) 간의 성행위를 연결시키는 내용이 나온다.

> 너는 어떤 종류의 짐승과도 교접(交接)하여 자기를 더럽히지 말며, 여자가 된 자는 짐승 앞에 서서 그것과 교접하지 말라. 이는 성문란(性紊亂) 행위니라(레위기 18:23).

레위기 20장에서도 남자와 여자 모두 수간하는 자는 사형에 처하도록 규정하고 있다(15, 16절). 신명기 27장의 저주문 가운데도 수간 금지에 대한 서약이 나온다(21절). 이 금기는 아버지의 아내와의 근친상간(20절)과 자매와의 근친상간(21, 22절) 금지 조항 사이에 나온다.

'가축'과의 생물학적 성관계에 관해서는 언급이 없지만, 이론적으로 같은 성 간의 수간을 배제하지는 않는다. 고대 이스라엘 사회가 유목 문화적 성격을 지니고 있었다는 점에서 주변 국가들과 마찬가지로 소, 양, 돼지 및 개 등과의 성적 접촉은 흔히 있었던 것으로 추측된다.

다른 여러 일탈의 경우와 마찬가지로 수간의 금지는, 먼저 창조의 '자연적' 질서를 깨뜨린다는 점에서 이해할 수 있다. 같은 종(種)의 반대 성(性)과만 성관계를 맺는 것. 그래서 종과 성 간의 경계와 차이를 유지해나가는 것을 창조의 질서를 유지하는 차원에서 매우 중요한 일로 받아들인 것이다. 반대로 다른 종과의 교접은 잡혼(雜婚)이며 잡종(雜種)을 낳는 것이고,[26] 그것은 차이를 소멸시키는 것이므로 대단히 위험한 일로 규정된 것이다. '사람의 딸'과 '신의 아들'과의 결혼이 네피림이라는 거인(巨人)을 낳은 이야기(창세기 6:1~4)가 범주적 질서를 이탈한 변태적 행동인 것과 마찬가지다.

남성과 동물의 성관계는 동성 간의 성관계와 마찬가지로 생산이 불가능하기 때문에 '씨'의 낭비이다. 이 모든 일탈적인 성관계는 결국 "땅을 더럽히는" 일로 "그 땅은 거민들을 토해내게 되었다"는 것이다(레위기 18:24~28). 여성과 동물의 성관계에서 특이할 만한 것은 동물과 여자 사이의 지위 문제이다. 즉 여자가 "짐승 앞에 서서 교접하지 말라"(레위기 18:23)는 규정과 "여자가 짐승에게 가까이 하여 그것과 교합하거든"(레위기 20:16)이라

---

26) 성서에 잡혼——가축의 잡혼 금지, 다른 종자 간의 교배 금지, 두 재료의 직조 금지 등(레위기 19:19); 소와 나귀에게 한 멍에를 메어 밭을 갈기 금지(신명기 22:10); 통간 금지(레위기 18:20; 20:10); 남녀 의복 교환착용 금지(신명기 22:5); 동성애 금지(레위기 20:13); 수간 금지(레위기 18:23; 20:15, 16; 신명기 27:21) 등——에 관한 혐오스러운 언급이 많은 까닭 역시 같은 맥락에서 이해할 수 있을 것이다. 최창모, 「남·여 의복 교환착용 금기(신명기 22:5)에 관한 연구」, 『한국 중동학회 논총』 21-1(2000), pp.251~263 참조.

고 표현 가운데, '서다'와 '가까이 하다'는 동사는 모두 성관계에서 여성의 체위(體位)와 관련된다. 다시 말해 동성애 관계에서처럼, 여기서 여자가 동물과 성교할 때, 마치 동물들이 서로 교접하는 것처럼, '서서'(לרבעה, 실상 '짝짓다'로 번역하는 것이 옳다) 교합하는 자세를 문제 삼고 있는데, 이븐 에즈라(H. Ibn Ezra)가 레리베아(לרבעה)를 아르바아(ארבעה, '넷')와 동음이의어로 본 것과 통하며, 이는 동물의 네 다리를 연상시킨다. 이는 고대 이스라엘 사회가 규정하는 본래적인 여성의 수동적/수용적 자세에 위배된다. 이것은 "밭에 두 종자를 섞어 뿌리는 것"과 "두 재료로 직조한 옷을 입는 것"과 마찬가지로(레위기 19:19) 질서의 경계를 넘어서는 일이다.

창녀

히브리어 동사 자나(זנה)는 '매음하다' '(몸을) 팔다'라는 의미로 사용되며, 이 동사의 여성 명사형 조나(זונה)는 '창녀' 즉 '매춘부'를 말하는데, 주로 직업적인 창녀를 말한다. 그 외에도 나아프(נאף)와 동의어로 '난잡하게 되다' '사통(私通)하다' 등의 의미로도 쓰인다.[27] 동사 자나는 히브리 성서에 모두 60회 나오는데, 그 중 21회는 매음 행위의 주체가 여성이다. 나머지는 남성이나 '땅'이 주어로 나오는데, 대부분 "야훼로부터 돌아서서 다른 신을 섬기는" 배교 행위를 상징적으로 묘사하는 데

---

27) P. Bird, "'To Play the Harlot': An Inquiry into an Old Testament Metaphor," *Gender and Difference in Ancient Israel*, P. L. Day ed., Minneapolis: Fortress, 1989, pp.75~94.

사용된다. 에스겔에서는 이와 관련하여 상징적인 표현이 20회나 나온다.

또, 고대 근동의 제의(祭儀)에 나오는 이른바 '거룩한' 창녀 케데샤(קדשה)와도 관련이 있다. 히브리어 여성 명사 케데샤는 다말과 유다 이야기(창세기 38:21, 22)와 호세아(4:14)에서 나온다. 남성형 카데쉬(קדש)는 '남자 창기/미동(美童)'으로 번역된다(신명기 23:18; 열왕기상 14:24; 15:12; 22:47; 열왕기하 23:7). 이 단어(남성과 여성 모두)는 아카드어 카디스투(kadistū)와 어의론적으로 연관되는데, '따로 분리된 여자'라는 뜻으로, 곧 '제의 창녀'(cultic prostitutes)를 지칭하는 것으로 해석된다. 다시 말해 고대 근동의 종교는 풍요다산을 매우 중요한 주제로 여겼는데, 이것은 신과 인간이 교접함으로써 주어진다고 생각해, 신전에서 신에게 예배할 때 남성 사제가 여성 사제, 이른바 '거룩한' 창녀와 성관계를 맺는 관습이 있었다.

창녀를 지칭하는 또다른 남성어의 경우 제의 관료를 칭하는데, 성서에 그가 남자 창기 또는 남자 제의 창기라는 증거는 없다.[28]

---

28) 신명기 23:18~19에서 케데샤(קדשה)는 아마도 이방 신전의 제의 창녀를, 카데쉬(קדש)는 남창/미동(美童)을 각각 지칭하며, 아울러 이어 나오는 조나(זונה, 창기)는 창녀를, 켈레브(כלב, 개)는 남창을 각각 칭하는 것으로 여겨진다. 여기서 '개'는 더러운 성전에서 일하는 '종'(남성)을 의미한다. 따라서 '개의 소득'은 거룩한 성전의 금고에 들어올 수 없다. M. I. Gruber, "The qades in the Book of Kings and in Other Sources," *Tarbiz* 52(1983), pp.167~176(in Hebrew); Elaine Adler Goodfriend, "Prostitution," *Anchor Bible Dictionary* 5(1992), pp.505~509; Karel van der Toorn, "Cultic Prostitution," *Anchor Bible Dictionary* 5(1992), pp.510~513 참조.

그럼에도 불구하고 성서 곳곳에서 이 용어가 가나안 종교의 영향을 받은 타락한 이스라엘의 제의 전통에 대한 비판을 목적으로 사용되고 있으므로, 은유적이든 사실적이든 간에 개념상 관련성은 충분히 높다.

성서 안에는 '창녀'라 불리는 여성에 대한 사전적인 규정이 있었던 것 같지 않다. 여인이 남편이 먼 길을 떠나 없을 때 소년을 꾀어 함께 쾌락에 빠지는 것을 '음녀(淫女)의 길'에 비교하고 있으며(잠언 7장), 첩으로 맞아들인 아내가 〔창녀처럼〕 행음(行淫)을 하고' 남편을 떠나 그 아버지의 집으로 돌아갔으며(사사기 19:2), 다말이 유다에게 한 것처럼 어떤 여인이 적극적으로 남자를 유혹하면 이를 '창녀'로 여겼다(cf. 예레미야 3:3). 또한 만일 여자가 이세벨처럼 (남자의) 지도력에 막강한 영향력을 행사하면 이를 '매춘부'나 '마녀'로 여겼으며(열왕기하 9:22), 아버지 집에서 자란 여자가 처녀성을 잃은 경우, 돌로 쳐죽이도록 명하고 있는데, 이는 곧 "아버지 집에서 창녀의 행동을 하였기 때문"이며(신명기 22:21 cf. 창세기 34:31), 〔행음으로 잉태하여〕 한 아이를 낳은 두 명의 창녀 계집의 상반되는 증언을 솔로몬이 지혜롭게 재판하여 진위를 가렸으며(열왕기상 3:16~28 cf. 창세기 38:24~26), 방자하여 권세를 부리면 이는 곧 행음이다(에스겔 16:30).

요약하면 이 용어의 대부분이 예언서에서 은유적으로 사용되는데, 이 경우에는 주로 '매음 행위'가 이스라엘의 종교적 배교 행위와 연관된다(이사야 23:15~18). 그외에도 상인들의 상행위(商行爲)에 비유되어 자주 언급되는데(이사야 23:8; 호세아 12:8; 스가랴 14:21; 잠언 31:24; 욥기 40:30), 이는 상인들이 사람들을 속이는 태도에 빗대어 하는 말로 '약속'이나 '계약'을 밥 먹듯 위반하는 것을 말한다(cf. 이사야 1:21; 에스겔 23장). 창녀 와 마술사를 동일시하는 까닭이 여기에 있다(나훔 3:4). 특히 여 성이 주체가 되는 '매음 행위'는 '창녀'를 칭하는 데 비해, 주어 가 남성인 경우에는 주로 불법적인 종교 행위와 연관된다.

이스라엘 사회에서 창녀의 지위나 사회적 인식은 분명 주변적 이며 보잘것없었다. 사회적으로 고립되고 업신여김을 받았으며 (cf. 창세기 34:31; 열왕기상 22:38; 예레미야 3:3), 얼굴을 가리는 옷차림을 했고(창세기 38:15 cf. 호세아 2:4; 잠언 7:10; 시편 73:6), 창녀가 번 돈, 즉 에트난은 성전에 헌금으로 드릴 수 없었 다(신명기 23:18; 이사야 23:17, 18; 에스겔 16:31, 34, 41; 호세 아 9:1; 미가 1:7). 이러한 인식은 그들에 관한 이야기들——다말 (창세기 38장), 라합(여호수아 2장)——을 통해 엿볼 수 있다. 창녀 에게서 낳은 아들 입다가 본처에게서 낳은 아들들에게 쫓겨난 후 사회적으로 영웅 취급을 받기도 하지만(사사기 11:1~3), 이 이 야기에서 창녀가 중심적인 역할을 한다 하더라도 창녀는 역시 창 녀로서 이스라엘 사회의 어두운 그림자였다. 또한 제사장은 "창 녀나 부정한 여인을 취할 수 없다"(레위기 21:7, 14)고 규정함으 로써 특정한 소외 계층들——이혼당한 여인, 과부 등——과 똑같이 취급되었다. 물론 그들도 결혼할 수는 있었다. 호세아의 아내가 우리가 논의하는 창녀였는지는 논의의 여지가 남아 있으나(호세 아 1~3장), 창녀와 결혼하라는 명령이 당시의 도덕적 관습에 비 추어 충격적인 것이었다 하더라도 가능하기는 했다는 것을 반영 하고 있다.

창녀가 낳은 자식의 아버지에 관해서는 거의 침묵으로 일관하고 있는데, 논리적으로 부계 사회에서 부계 혈통에 대해 알지 못하는 한 자식들은 사회에서 존중받을 수 없다. 또 이스라엘 사회에서 여성의 지위나 역할은 매우 수동적이며 차별적인 것이어서, 여성이 조금이라도 능동적으로 행동하면 즉각 '창녀나 매춘부처럼' 취급되었다. 이러한 사회적 인식이 당시의 보편적인 윤리 규정에도 영향을 미쳤을 것이나, 그보다는 종교적으로 주변 종교의 영향으로부터 '거룩한' 자신들의 공동체와 구성원을 보호하고 차별화함으로써 공동체의 자의식을 더욱 강화하려는 의도가 더 크게 작용했을 것으로 보인다. 제의적인 '거룩한' 창녀와 직업적인 창녀를 개념적으로 구별하지 않는 태도에서도 그 증거를 찾을 수 있을 것이다.

시대의 거울로서의 성문화

과연 성에 대한 히브리 성서의 언술과 담화는 이데올로기를 초월하는가? 과연 성서는 인류에게 시대를 넘어 통용되는 성에 대한 종교적·도덕적 기준을 제시하고 있는가? 아니면 결국 성서 역시 그 시대의 역사적 상황에 지배받고 있는가? 역사적으로 해묵은 '여성에 대한 남성의 지배' 이데올로기는 없는가?

대체로 성서의 성(gender) 이미지는, 비록 남녀 간의 '차이'를 중립적으로 취급하려는 의지가 엿보인다 하더라도, 여성을 부정적으로 그리고 있는 것이 분명하다. 중요한 몇몇 예언서—호세아 1~3장, 예레미야 2~5장, 에스겔 16, 23장, 그리고 이사야 47장 등—에는 매우 노골적이며 외설적인 표현이 등장하는데, 텍스트의 메시지는 문법적으로 1인칭 남성 단수의 목소리가 전한다. 결국 이들 텍스트는 처음부터 남성의 입장에 서서 출발한다. 따라서 그 메시지 역시 중립적일 수 없다.

호세아서[29]는 처음부터 "너는 가서 음란한 여자를 취하여 음란한 자식들을 낳아라"(1:2)라는 하나님의 명령으로 시작한다. 호세아의 아내는 본래 창녀였던 것으로 보이며, 결혼 후에도 정상적인 결혼 생활에 만족하지 못하고 여러 남자들과 간통했으며, 수차례 가출하기도 한다. 그러나 착한 남편은 값비싼 대가를 지불하면서까지 그녀를 찾아 다시 데려오기를 반복한다. 물론 여기서 등장하는 '창녀'는 타락한 이스라엘을 상징하는 것이 분명하나, 남성은 너그럽고 여성의 이미지는 철저히 부정적으로 그려진다.

예레미야[30]와 에스겔[31]에서는 훨씬 더 외설적이다. "너는 광야에 익숙한 야생 암나귀가 암내만 나면 헐떡이는 그 짐승 같다. 그 짐승이 발정하면 누가 그것을 가라앉힐 수 있겠느냐?"(2:24) "나를 배신한 아들들아, 돌아오너라. 내가 너희의 남편임이니라"

---

29) D. T. Setel, "Prophets and Pornography: Female Sexual Imagery in Hosea," *Feminist Interpretations of the Bible*, L. T. Russel, ed., Philadelphia: Westminster Press, 1985, pp.86~95; F. van Dijk-Hemmes, "The Imagination of Power and the Power of Imagination: An Intertextual Analysis of Two Biblical Love Songs—The Song of Songs and Hosea 2," *JSOT* 44(1989), pp.75~88.

30) A. Brenner, "On Jeremiah and the Poetics of (Prophetic?) Pornography," *On Gendering Texts: Female and Male Voices in the Hebrew Bible*, Brenner and van Dijk-Hemmes, Leiden: E. J. Brill, 1993, pp.177~193.

31) F. van Dijk-Hemmes, "The Metaphorization of Woman in Prophetic Speech: An Analysis of Ezekiel 23," *Ibid*, pp.167~176.

(3:14). 또한 에스겔 역시 "너는……지나가는 모든 남자에게 네 두 다리를 벌려, 음행을 많이 하였고, 하체가 큰 네 이웃 나라 이집트 남자들과도 음행을 하였다. 너는 수도 없이 아주 음란하게 음행을 하여, 내 분노를 격동시켰다"(16:25, 26), "그는 음행을 더하여, 이집트 땅에서 음란하게 살던 자신의 젊은 시절을 늘 회상하였다. 그는 하체가 나귀 같[이 강하]고, 그 정액이 말 같[이 많]은 이집트 사내들과 연애를 하였다"(23:19, 20)고 말한다. 이사야에서도 또한 "치마를 걷어올려 다리를 드러내고 강을 건너라. 네 살(알몸)이 드러나고 네 부끄러운 곳까지 드러내 보여라"(47:2, 3)라는 외설적인 표현이 등장한다.

애가(哀歌)에서 여성은 '과부' '딸' '처녀' '임산부' '강간당한' 등의 수식어로 불리고 있다. 여성의 역할이 매우 부정적이며, 마치 예루살렘은 '더러운' 여자와 같이 그려지며, 그 멸망 역시 여자의 죄로 인한 것인 듯 묘사되고 있다. 남자는 전적으로 무고(無告)하다. 여성은 운명적으로 피할 수 없는 더러움이다. 이런 여성 혐오적 태도(misogyny)는 거의 성폭력에 가깝다. 성폭력은 에로스(eros)의 타락이며, 비틀림이기 때문이다.[32]

엄밀히 말해 위 본문들은 철저히 남성 중심적이며, 남성 중심

---

32) C. Itzin, ed., *Pornography: Woman, Violence, and Civil Liberties*, Oxford: Oxford University Press, 1993; S. Guber and J. Hoff, eds., *For Adult Eyes Only: The Dilemma of Violent Pornography*, Bloomington: Indiana University Press, 1989; N. M. Malamuth and E. Donnerstein, *Pornography and Sexual Aggression*, Orlando: Academic Press, 1984; Choi Chang-mo, "Is the Lady a Tramp?" *Konkuk Bulletin* 33 (Aug. 1999), p.28.

적 사회의 정치적·종교적 이데올로기를 '익명적으로' 또 '은폐적으로' 선전하고 있다. 성서의 이런 반(反)여성적 은유나 이미지는 그 시대가 공동으로 사용하는 암호와 같아서, 특정 집단의 생각이 다른 사람들의 인식 세계에 몰래 침투하여 그들의 생각의 틀을 고정시키고 마침내 지배해버린다. 달리 말하자면, 질서란 곧 차이의 체계로 이루어진 것이기 때문에 '차이의 소멸'이 곧 '질서의 소멸'이 되어 폭력과 무질서를 가져오기도 하지만, '차이의 질서'를 강조하는 사회에서 그것은 종종 지배 계급의 이데올로기로 작용하여 '차별'을 정당화하고 지배를 영속화하는 수단으로 사용되기도 한다.

문법적으로 말해 텍스트는 성으로부터 자유롭다(gender-free). 그러나 넓은 의미에서 텍스트는 문화적 산물이며 일종의 문화적 상품이기 때문에 개념이나 인식이 성으로부터 중립적일(gender-neutral) 수 없다. 모든 인간은 그가 살던 시대의 문화적 틀 내지는 공동체 내에 정해진 사회적 역할의 범주에 어느 정도 지배받게 마련이다. 성서의 성에 대한 태도 역시, 적어도 남녀차별을 조장한다거나 여성 혐오적 태도를 공개적으로 선동하지는 않는다 해도, 최소한의 남녀차별이 항존(恒存)하던 그 시대 공간의 문화적·종교적 상황을 반영하고 있으며, 텍스트의 성(性)이 결코 가치 중립적이지 않음을 보여준다.

나아가 그 어떤 저자나 독자도 성으로부터 중립적이지 않다. 그가 속한 시대의 문화와 이념이 작용하기 때문이다. 이는 히브리 성서의 저자나 독자들에게도 마찬가지다. 성서의 저자들은 대부분이 남성이며, 남성에 관한 이야기가 대부분이기 때문에 여성의 목소리는 매우 작아 세밀히 귀를 기울이지 않으면 듣기 어려울 뿐만 아니라, 그나마 단지 눈치를 통해 살펴볼 수 있을 따름이다. 오랫동안 성서의 독자 역시 남성이었으며, 성서를 여성의 눈으로 읽기 시작한 것은 아주 최근의 일이다.

"이데올로기는 생각과 믿음의 복합체이다. 그것은 어떤 생각과 관계된 믿음의 복합체이고, 어떤 믿음으로부터 자양분을 섭취하는 생각의 복합체인 것이다."[33] 이데올로기는 한 문화의 세계관이며, 그것의 기능은 한 사회의 묵시적인 약호(略號) 구실을 한다. 따라서 이데올로기는 그것이 익명적이며 은폐적임에도 불구하고, 필경 당파적이며 항상 집단적이다. 또한 그것은 합리적 성격을 띠지만, 권력을 정당화하고 권력에 봉사하는 생각이다. 특히 성(性)과 관련한 이데올로기가 그렇다. 성서의 성 담론 역시 예외는 아니다.

---

33) J. Ellul, "Le role mediateur de l'ideologie," *Demythisation et Ideologie*, dir. E. Castelli, Aubier, 1973, p.338; 재인용, Olivier Reboul, *Langage et Ideologie*(홍재성, 권오룡 옮김, 『언어와 이데올로기』, 역사비평사, 1994, p.20).

제4부
개인 금기들

뉴질랜드의 마오리족은 왼편에 부적과
장신구를 지님으로써 자신들을 동일시하고 보호한다.
또 왼손잡이에게 돈을 맡기는 것은 안전치 못하며,
왼손잡이 딸을 가지는 것을 불운으로 여겼으며,
왼손잡이를 배우자로 맞아들인다는 것은
신분이 낮은 사람과 결혼한다는 것을 의미했다.

I 남녀 의복 교환착용 금기[1]

인간은 언제부터 그리고 왜 옷을 입기 시작했을까? 또 어떤 옷을 입었을까? 여전히 남녀노소 모두가 나체로 살아가는 부족들이 존재하고 그래서 인류는 본래 나체로 살았음을 추측하기도 하지만, 히브리 성서는 아담과 하와가 에덴 동산에서 선악을 알게 하는 나무의 열매를 따먹은 후 "눈이 밝아져 자기들의 몸이 벗은 줄을 알고 무화과나무 잎을 엮어 치마를 하였다"(창세기 3:7)고 말하고 있다. 그리고 보면 인류 최초의 의상은 치마였으며, 이는 남녀 공용이었다. 형태나 기능에서 남자 옷과 여자 옷의 구별이 따로 없었다는 것으로 알 수 있다.

그런데 히브리 성서에서는 "여자는 남자의 의복을 입지 말 것이요, 남자는 여자의 의복을 입지 말 것이라"(신명기 22:5)고 명령하고 있다. 기본적으로 남자 옷과 여자 옷의 구별이 전제되어 있다. 그렇다면 본문에서 언급하고 있는 남녀 의복 교환착용의 금지는 언제, 왜 발생하게 된 것일까? 의상 도착(transvestism)

---

1) 본 장은 「남·여 의복 교환착용 금기(신명기 22:5)에 관한 연구」라는 제목으로 『한국 중동학회 논총』 21-1(2000), pp.251~263에 실었던 글을 수정·보완한 글이다.

적인 변태 행위에 대한 고발인가?

본 장에서는 남녀 의복 교환착용 금기의 구조와 그 의미를 찾으려 한다. 이 연구를 위해 우선 의상의 기원과 고대사회에서 의복의 기능과 착용 목적, 의상과 성(性)의 관계를 살펴보아야 할 것이다. 우리는 이 과정에서 의복이란 생물학적 필요에 의해 고안된 것일 뿐만 아니라, 정치·사회적 기능을 가진 매우 중요한 상징적 도구였음을 알게 될 것이다.

이러한 논쟁을 바탕으로 왜 고대 이스라엘 사회에서는 남녀 의복 교환착용을 금지하였을까. 과연 고대사회에서 남녀 의복의 구별이 처음부터 뚜렷했는가, 현대사회의 젊은이들이 즐겨 입는 커플 룩(couple look)이나 유니섹스(unisex) 같은 의복은 왜 급속도로 유행하는 것이며, 또 그것은 무엇을 의미하는가 등의 문제를 함께 고찰해보기로 하자.

의상의 기원

인류가 언제부터 복식을 착용하게 되었는지에 대해서는 여러 분야의 학자들이 오랫동안 연구해왔으나, 다른 유물들과는 달리 복식은 오래 보존되지 못하고, 세월이 지나면 대부분 자연 소멸되기 때문에 복식의 기원에 관한 설명은 아직도 분명하지 않은 상태이다.

의상사(衣裳史)에서 시대를 구분할 때, 일반적으로 나체 시대와 복식 시대로 나눈다. 나체 시대는 대개 인류 역사가 시작되기 200만 년 전으로 거슬러 올라가며, 유인원의 체모(體毛)가 환경에 적응할 수 있도록 발달되어 특별한 의상의 필요성을 못 느끼던 시대를 뜻한다. 복식 시대의 출발은 약 10만 년 전에서 50만 년 전 사이에 인류가 추운 북방 지역으로 이동하면서 생존의 한 방식으로 나타난 것으로 추측된다. 빙하 속에서 발견된, 약 1만 년~4만 년 전 사이인 후기 구석기 시대의 것으로 추정되는 복식의 실물 재료, 그리고 의복을 만들기 위해 사용했던 각종 도구와 바늘 등을 통해 복식 시대의 시작을 어느 정도 추측해볼 수 있다. 이때 만들어진 바늘은 주로 동물의 뼈와 상아를 이용한 것으로, 매우 정교하여 어느 정도 몸에 맞는 의복이 제작되었음을 시사한다.

의상의 기능과 목적

의복의 기능과 목적에 관한 이론들 가운데 다음의 몇 가지를 먼저 간략히 소개하고자 한다.

신체 보호설(기후 적응설)

가장 전통적인 주장으로는 의복이 새로운 기후에 적응하고 신체를 외부로부터 방어하고 보호해야 할 필요에서 비롯되었다는 견해다. 인간은 다른 동물에 비해 신체적 힘이 약할 뿐 아니라, 피부도 약하고 털도 없어 자연적인 신체 보호 수단을 갖고 있지 못하기 때문에 안전하게 생존하기 위해서는 스스로 보호 수단을 찾아낼 수밖에 없었는데, 그것이 옷이었다는 설명이다.

심리적 보호설

신체를 보호하려는 동기 이외에 두려움에서 벗어나 심리적 안정감이나 만족을 얻으려는 욕구도 원시인들로 하여금 복식을 착용하게 하는 중요한 동기로 작용하였다. 원시인들은 사냥에서 얻은 동물의 가죽, 뿔, 이빨 등으로 신체를 장식함으로써 자신의 용맹, 힘, 우월성 등을 과시하였다. 사냥만이 유일한 생존 수단이었던 당시의 사회에서는 사냥 능력이 개인의 사회적 지위를 결정하는 중요한 요인이었으며, 사냥에서 얻은 포획물의 과시는 지위의 상징적 표현 방식으로 사용되었다. 이것을 복식의 트로피즘(trophysm)이라 부른다.

이러한 표현 방식은 그것들이 동물의 힘을 자신에게 옮겨다주어 악귀를 쫓는 부적의 효과를 가진다는 미신적 기대 때문이기도 했다. 이것을 복식의 토테미즘(totemism)이라 하며, 이러한 미신적 효과의 기대는 신체 장식의 가장 근본적인 동기를 이룬다. 이와 유사한 심리적 이유에서 상대방에게 위압감을 주기 위해 복식이 사용되기도 하였는데, 이것을 복식의 테러리즘(terrorism)이라 한다. 일종의 공격적인 보호색이라 할 수 있다. 이는 외부 환경으로부터 자신을 보호함으로써 심리적 안정을 얻으려는 욕구, 즉 두려움에서 벗어나고자 하는 욕망에서 비롯되었다는 것이다.

신체 장식설

인류가 복식을 착용하게 된 동기를 연구하는 학자들은 인간의 자기 도취증, 즉 자신의 신체를 아름답고 매력 있게 장식하고, 그렇게 함으로써 기쁨을 얻고자 하는 욕망을 복식 착용의 가장 강하고 근본적인 동기로 보고 있다. 지구상의 수많은 종족 중 의복이 없는 민족은 있어도 신체 장식이 없는 종족은 없으며, 신체 장식은 복식보다 더 긴 역사를 가지고 있다. 또한 인류는 다양한 방법으로 신체적 고통을 감수하면서까지 신체를 장식해왔다.

몇몇 학자들은 복합적인 요인으로써만 의상의 기원을 설명할 수 있다고 주장한다. 즉 의상은 자연과학적인 인체보호와 사회심리적인 장식관념의 복합적인 원인에서 그 기원을 찾을 수 있다는 것이다. 인체보호는 인간이 생활을 영위하기 위해 신체를 보호하기 위한 것이고, 장식관념의 유인은 집단생활 중 상대방을 의식한 데서 오는 것이라는 주장이다. 상대방을 의식하면서 의복을 착용하는 유형은 성차별 의식, 계급 의식, 사교 의식, 적대 의식 등 주로 대인관계에서 비롯하는 것과 원시 신앙적인 데서 비롯하는 토템적인 것 등이 있다.

정숙설과 비(非)정숙설

수치 관념설 또는 정숙설은 아담과 하와가 선악을 알게 하는 나무의 과일을 따먹음으로써 수치를 느끼고 인체의 치부(恥部)를 가리기 시작한 것이 옷을 입게 된 동기라고 주장한다. 이 이론은 가장 널리 알려진 학설이며, 가장 보편적으로 받아들여진 것이기도 하다. 그러나 사람에 따라 또는 민족이나 연령층에 따라 수치를 느끼는 부위가 다르다는 인류학자 코날드의 법칙──"모든 사람은 자기 몸에서 특히 수치심을 느끼는 부분의 어떤 법칙이 있기 마련이다"──에 의해 반박된다.

비(非)정숙설은 정숙설과 정반대되는 학설로 이 학설에 따르면, 의상은 오히려 처음에 몸의 어느 부분에 대한 관심을 끌기 위하여 그 부분을 가리기 시작한 데서 비롯되었다고 보는 학설이다. 비정숙설을 주장하는 이들은 사람들이 노출된 부분보다 가려진 부분에 대해 더 호기심을 가지고 상상을 하게 마련이므로 이성에게 성적 자극을 주며 유혹하게 된다고 말한다. 그러나 이 학

설에 반론을 제기하는 사람들은 원시인들이 벌거벗고 다녔던 시대에 신체의 일부를 가리면 더 유혹적이라는 것을 깨닫고, 그 때문에 몸의 중요한 부분을 가렸을 것이라고 보기는 어렵다고 주장한다.

고대의 남녀 공용 복식

고대사회에서 이른바 '남성의 옷'과 '여성의 옷'의 구별이 과연 명확했을까? 만약 구별이 있었다면 언제부터이며, 왜 그런 구별이 필요했는가? 고대 복식에서 남녀 옷의 명확한 구별이 있었는지는 매우 의심스러운데, 좀 더 면밀히 조사해보면 남녀 옷의 구별이 거의 없었으며 남녀 공용의 옷이 대부분이었다는 사실을 알 수 있다.

팔레스타인 반(半) 유목민족의 복식을 보여주는 가장 오래 된 자료는 이집트 중왕조시대(B.C. 1890)의 베니 하산(Beni Hasan)에 있는 쿠누 호텝 3세(Kunu-hotep III)의 무덤 벽화에서 발견된다.

위 벽화는 37명의 아시아 세공인들이 눈 화장품(stibium)을 가지고 입사(Ibsha)라는 이름을 가진 사람의 인도를 받으며 이집트로 교역하러 가는 그림인데, 여기서 간단한 요의(pagne)[2] 만을 허리에 두른 남자들과 단색 요의를 입고 있는 소년, 그리고 백색 바탕의 적색 띠를 두른 옷을 입고 수금을 연주하는 음악가와 낫 모양의 칼과 활, 오리부리 모양의 도끼와 창으로 무장한 궁수를 발견할 수 있다. 이들의 복장은 허리 밑으로 치마처럼 두른 의복과 한쪽 어깨에 걸쳐 무릎까지 내린 치마 형태로 구별된다. 여성의 의복과 같은 이러한 복장은 세티 1세(Seti I, B.C. 1314~1292)의 무덤 벽화에 그려진 4명의 리비아인 남자들과 람세스 3세(Ramses III, B.C. 1195~1164)의 무덤 벽화에 그려진 리비아인과 히타이트인 포로들에게서도 보인다.[3]

왼쪽의 그림을 언뜻 보면 남녀 복장이 구별되는 것처럼 보이지만—남자의 경우 천으로 짠 킬트(kilt)를 입고 샌들을 신었으며, 여자의 경우 채색 수가 놓인 튜닉(tunic)을 걸치고 역시 신발을 신었다—실상 남성의 복장과 여성의 복장 사이에는 거의 차이가 없다. 여자들 역시 음악가와 궁수와 같이 혼솔(홈질한 옷의 솔기, basting) 없는 통으로 된 옷을 입고 있다. 목에 어깨띠처럼 걸친 형식과 신발이 다소 차이가 있어 보이나, 이는 남녀의 복식 차이라기보다는 단순한 의복의 기능적 차이일 뿐, 큰 의미가 없다. 오히려 남녀의 두드러진 차이는 수염과 머리 스타일, 머리띠에서 찾아볼 수 있다. 고대사회에서 남녀의 구별은 결코 복식이 아니라 장식품에서 비롯된 것이었다.

만약 출애굽이 역사적 사실이었다면 히브리인들은 분명 이집

---

2) 영어로 loin cloth라고 하며 허리에 두르는 옷(腰衣)을 말함.
3) Cairo Museum, 람세스 3세 무덤의 리비아 포로 벽화.

트에 살았고, 또 이집트의 옷을 입었을 것이다. 이집트 노예들은 요의를 입었고, 짧은 백색의 천을 허리에 둘렀는데, 이는 남녀 공용이었다. 요의가 쉔티(shenti)⁴⁾나 킬트(kilt)⁵⁾로 발전하고 나서도 역시 모두 남녀 공용이었다. 이와 다른 형태의 옷으로는 덮개 치마(sheath skirt)가 있는데, 이것은 어깨끈이 달린 긴 스커트로 주로 여자가 많이 입었지만 남자도 입었다. 여자가 입은 모습에서는 이 옷이 꼭 끼게 묘사되어 있으나, 실제로는 품이 넓어 남자의 것처럼 넉넉했다. 가장 흔히 볼 수 있는 튜닉──그리스어로 키톤(kiton), 라틴어로는 투니카(tunica)라 불린다(cf. 사무엘하 15:32)──은 동방에서 수입된 것으로 역시 남녀 공용이었다.

또한 베니 하산 벽화의 여성과 궁수, 음악가가 입었던 옷과 같은 형태로 귀족들이 입던 칼라시리스(kalasiris)와 하이크(haik)가 있는데(위의 그림), 이는 옷의 형태는 비슷하나 입는 방법에

---

4) 요의의 일종.

5) 요의의 일종으로 신왕조(New Kingdom Dynasty) 이후 널리 유행했다. 옷에 주름을 잡았으며, 길이는 무릎에서 발목까지 다양했다.

따라 남녀가 구분되는 옷이다. 가슴을 드러낸 채로 허리부터 발목까지 길게 늘어뜨려 입는 칼라시리스는 여성의 옷이며, 멜빵을 목에 걸친 채 허리부터 무릎까지 입는 하이크는 주로 남성의 옷이다. 그러나 형태상으로 남녀의 복장이 확연히 구별되었다고 볼 수는 없다.

옆의 그림에는 히브리어로 심라(simla)──그리스어로 히마티온(himation, cf. 출애굽기 22:25; 열왕기상 11:29; 신명기 22:5; 마태복음 5:40)──라는 넓은 천의 옷이 나온다. 이 옷은 남녀 공용이었으며, 기원전 2000년 전부터 바빌로니아 왕의 딸이 사용하였던 것으로 슈즈(Suze)에서 발굴되었다. 텔 베이트 미르심(Tell beit mirsim) 여신의 튜닉에는 나선형의 뱀 모양 장식이 발견되기도 하였다.[6]

멤피스에 있는 헤르엠헵(Her-em-heb, 기원전 19세기 후반) 양각에서도 여자의 옷이 다른 형태를 이루고 있는 것처럼 보이나 자세히 보면 남자의 심라와 같은 옷을 거의 수평으로 감아 입은 것임을 알 수 있다. 기원전 12세기경 므깃도(Megiddo)에서 낙타를

---

6) E. Boyston Pike, *Dictionnare des Religions*, paris: P.U.F, 1954, p.35.

모는 여인의 모습이 새겨진 상아(象牙)가 발견되었는데, 그녀의 옷은 메일(meil)로서 기원전 858~824년 이스라엘의 예후(Jehuh) 왕의 수행원들이 머리에 뒤집어 쓴 옷과 동일한 형태다. 이런 사실들로 미루어 볼 때, 그것이 적어도 그 시대에 일반적으로 착용했던 복장이었음을 알 수 있다. 이외에도 그레테나 그리스, 에트루리아 등의 서양 고대 복식에서도 남녀 옷의 구별은 명확히 나타나지 않았다. 요컨대, 고대사회의 옷은 남녀 구별이 없는 형태의 옷이었고, 그 당시의 사람들도 그것을 잘 알고 있었다.

한편 페르시아인들은 산악 지대에서 말을 타고 사냥을 했기 때문에 주로 동물 가죽으로 몸에 잘 맞는 옷을 꿰매어 입었을 것으로 추정되고 있다. 페르시아가 메데(기원전 1,000~550년)를 정복했을 때, 메데인의 국민복인 캔디스(candys)를 관복(官服)으로 채택하였는데, 캔디스란 소매가 있는 의복이란 뜻으로 상류층에서 입었던 가운 형식의 의복이었다. 옷의 길이가 길고, 품이 넓은 로브 형식의 옷으로서, 관두의(貫頭衣) 형태이고, 실루엣은 어깨에서 도련으로 갈수록 넓어지며, 소매도 어깨에서 손목으로 갈수록 넓어지는 모양이다. 그리고 겨드랑이 밑으로 주름을 모아 띠로 고정시켜 입었는데, 군인의 캔디스도 볼 수 있다.

왕의 캔디스는 소매와 도련에 선을 두른 것이었으며, 자색, 황색, 진홍색이 사용되었다. 사제는 흰색이나 황색, 대사제는 자색 띠를 매고 자색 케이프를 덧입고 시린드리칼햇을 썼다. 직물은 무늬 있는 직물, 수놓은 직물, 비단, 모직물, 면직물이 쓰였다. 왕은 삼중 관이나 미트로를 쓰거나 터번을 둘렀으며, 흰색 펠트 천으로 된 토크를 쓰기도 하였다. 부조에서 왕의 수행원이 돔형의 펠트 모자를 쓰고 있는 것을 볼 수 있으며, 터번은 현재까지도 중동에서 사용되고 있으며, 미트로는 현재 아르메니아 사제의 두식(斗飾)에 그 자취가 남아 있다.

페르시아인들은 무릎 길이의 튜닉과 함께 아래로 갈수록 통이 좁아지는 발목 길이의 바지를 입었다. 이는 복식사상 처음으로 등장한 바지이다. 코트는 현재의 코트와 비슷하다. 앞터짐의 단이 턱시도 칼라처럼 보이고, 소매를 입체적으로 붙인 봉제된 복식 또한 복식사상 처음으로 나타났다.

의상의 상징성

비록 남녀 의복 스타일의 구별이 뚜렷하지 않았다 하더라도, 의상과 성의 관계는 매우 중요한 위치를 차지한다. 성적 매력이 장식적인 동기에서 제일 중요하다고 믿는 대다수의 학자들은 의상이 주로 성적 매력을 부각시키려는 욕구와 성기에 대한 관심을 끌려는 욕구에서 시작되었다고 설명한다. 이들은 원시인들의 의상과 장식들(의상 이전에 장식으로서 나타났던 문신, 채색들)이 모두 성기에서 가까운 부위에 집중되었으며, 이것이 결혼이나 사춘기 등의 성적 성장과 관계 있음을 근거로 든다.

의상의 역사에서 성적 매력이 과거 수백 년 동안 중요한 역할을 담당했음을 볼 때, 옷을 입는 목적이 입는 사람의 성적 매력을 더해주고, 이성의 성적 관심을 자극하며, 동성 사이의 경쟁에서 부러움을 일으키는 데 있음을 부인하기 어렵다. 의상 자체가 성기를 상징하는 것조차 있다.

복식의 토테미즘은 장식을 통해 치장하는 테러리즘과 유사하다. 또 의상의 장식적 기능 중 다른 하나는 의상을 착용함으로써

사람을 구별하고 확인할 수 있게 하는 것이다. 이러한 의상의 상
징성[7]은 착용자의 신분, 직업, 종교, 소속 등을 나타내준다. 따
라서 착용자의 의상은 사회 안에서 그가 어떠한 경제적·사회적
계층에 위치하는가를 알 수 있게 한다.

　의상이 신분을 상징한다는 것은 매우 미묘한 의미를 가지는데,
사회학자이며 경제학자였던 베블렌의 과시적 소비이론에 따르
면, 사람들은 주로 다른 사람에게 자신의 지위를 나타내기 위해

---

7) 리치는 '상징'(symbols)과 '기호'(signs)를 구별하면서, 상징은 유사
　성을, 기호는 인접 관계를 지칭한다고 보았다. 메시지가 해독되기 위해
　서는 기호와 상징이 옮겨다주는 의미와 조화를 이루어야 한다. 의미는
　은유적 코드가 환유적인 코드로 변형되면서 발생한다. E. Leach,
　Culture and Communication: The Logic by which Symbols are
　Connected, Cambridge: Cambridge University Press, 1976. 한편,
　상징의 도구적 가치에 관심을 둔 코헨은 상징은 의미의 복잡성을 애매
　모호하게(ambiguously) 하고, 정서를 일깨우며, 인간들로 하여금 행
　동을 하게 하는 사물, 행위, 관계 또는 언어적 구성이라고 제안했다. 기
　호는 정서를 교란할 필요가 없지만, 상징은 정서를 동요시킨다. 상징은
　특정집단에 의해 전달되는 이념이나 세계관 내에서 집단을 만든다. 상
　징적 형태(symbolic forms)와 상징적 기능(symbolic functions)은 구
　별된다. A. Cohen, *Two-dimensional Man*, London: Routledge &
　Kegan, 1974. 터너는 기호가 단일함을 만드는 경향이 있는 반면, 상징
　은 다양함――여러 의미들을 가진다고 지적했다. 이러한 의미들은 상황
　에 따라 다르게 해석되고 조작되며, 전후 관계에 의존하는 경향을 띤
　다. 상징은 사회 행동을 일으킨다. V. Turner, *The Forest of Symbols*,
　Ithaca: Cornell University Press, 1967. 스퍼버는 상징의 해석은 의미
　가 없다고 주장하면서 상징적 이해는 단지 어휘와 사물의 기억일 뿐이
　며, 단어나 사물의 개념적 표현에 관한 것으로 문화적 이해는 암묵적·
　맹목적 이해라고 말한다. D. Sperber, *Rethinking Symbolism*,
　Cambridge: Cambridge University Press, 1975.

의상을 선택하며, 유행하는 의상을 입는 것은 의식적으로 자신의 재산을 과시하는 것일 뿐 아니라, 자신이 육체노동을 할 필요가 없는 여유 있는 계층이라는 것을 드러내고자 함이다. 이러한 상징적인 의상의 예로 코르셋, 길고 넓은 가운, 보행이 어려울 만큼 좁은 스커트, 보석, 모피 등이 있다. 베블렌의 이론대로 의식적이고 과시적인 의복에 대한 낭비는 오늘날에도 여전하다.

특정 형태의 의상을 착용함으로써 어떤 집단으로부터 인정을 받고 소속감을 느끼는 것 또한 의상의 기능과 목적을 보여주는 한 예가 될 수 있다. 옷 장식의 일부인 추장의 깃털이나 군인의 계급장이 여기에 속한다. 1964년 한 연구에 따르면 의상착용을 결정하는 동기의 50퍼센트는 또래집단의 승인이었다. 오늘날에는 민주주의의 정착으로 시각적으로 구분되는 계급이나 신분의 차이는 줄어들고 있는 반면, 매스컴과 대량생산에 의해 조성되는 또래집단의 의식을 반영하는 옷의 기능은 점차 두드러지고 있다.[8] 이러한 의상의 다양한 상징성은 히브리 성서에서도 예외가 아니다.

의상의 사회적 의미

고대 수메르의 도시 마리(Mari)에서는 도장 대신 옷의 술 장식을 눌러 찍은 계약 유물이 출토되었다.[9] 이는 옷이 계약 성립을 위한 법적 효력을 가졌음을 말해준다. 그들에게 옷은 법적 권리

---

8) 신상옥, 『서양 복식사』, 수학사, 1996, pp.36~39.
9) Edgar Haulotte, *Symbolique de vetenent*, Paris: Aubier, 1966, p.76~77.

를 의미하는 것이다. 즉 옷을 서로 바꾸어 입는다는 것은 권리를 바꾼다는 것이다. 특히 룻기에서는 '옷을 덮는다'는 것이 상징적인 의미에서 '재산[권]을 나누는 것'을 의미한다.

결국 '남자가 입었던 옷을 여자가 입는다는 것'은 남자의 재산을 여자가 나누어 갖는 것을 의미하며, 남자의 옷을 취하는 것은 남자의 재산권을 획득하는 것을 의미한다. 이것은 지위 상승에 대한 재고까지 가능하게 해준다. 반대로 남자가 여자의 옷을 입는 것 역시 적어도 남성이 여성의 지위를 가지게 되는 것을 의미할 수 있는 것이다.[10]

또 옷은 신분을 구분하는 중요한 수단이기도 하였다. 어떤 사람의 옷을 다른 옷으로 갈아 입히면 그 사람의 신분 변화를 가져오는 의미로 받아들였다. 예를 들어 전쟁포로를 아내로 삼고자할 때 포로의 의복을 벗기고 주인의 옷을 입히면 주인의 아내가 된다(신명기 21:10~14). 타국인의 신분에서 자국인의 신분이 되고, 포로에서 자유인이 되는 것이다. 반대로 옷을 빼앗기면 그 사람은 그 옷을 가진 자의 노예나 포로가 된다. 포로나 노예들은 짧은 튜닉을 입었는데, 포로가 되면 포로의 옷소매와 옷 아래 부분을 잘라 주인이 가지게 된다(이사야 20:4; 아모스 2:16). 하눈 왕이 다윗의 사절단의 권한을 빼앗을 때 위와 같은 일을 행하였다

---

10) 히타이트족은 살해된 왕의 피를 들에 뿌리고 여자들은 그 고기를 먹는 풍습이 있었다. 모권사회가 부권사회로 발전함에 따라 왕은 여왕의 권력을 이어받고 자신을 죽게 하지 않기 위해 여성의 옷을 입고 인공 유방을 부착하였다. 희생물은 다른 임의의 집정자로 대치되다가 동물로 완전히 대치되었다. 에른스트 피셔, 『예술이란 무엇인가?』, 돌베개, 1976, pp.51~53 참조.

(사무엘하 10:4). 쫓겨다니던 다윗이 잠자는 사울 왕의 겉옷자락을 베어온 사건(사무엘상 24:4~6)은 상징적으로 사울 왕권의 소실을 의미한다. 예언자들은 멸시받아 버림받은 민족의 수치를 옷을 벗은 여인으로 표현한다(이사야 47:2).[11]

한편, 옷은 소유자의 권리와 명예를 의미한다. 왕이 어떤 사람에게 영광을 줄 때는 자신의 옷을 벗어 그에게 입혀준다(에스더 6:6~11). 또, 새신랑 집으로 가는 약혼한 여자는 남편이 될 사람의 옷을 입고 간다. 그리고 남자가 자신의 옷으로 여자를 덮는 것은 그 여자에게 자신의 재산과 복을 나눈다는 의미를 가진다(룻기 3장 cf. 에스겔 16:8). 시간이 지남에 따라 의복은 다양한 장신구들과 더불어 남녀·신분·계급 간의 차별을 강화하는 쪽으로 점차 발전한다.

재단술과 직조, 재봉술이 특히 발전한 중세 이후에야 비로소 남녀 의복이 확실하게 구별되기 시작하는데,[12] 이는 여성에 대한 남성의 억압기제가 작용한 결과라 할 수 있다. 여성의 지위가 열등하고, 생활 반경이 주로 가정에 국한되어 있던 시대나 문화권에서는 활동을 방해하고 제한하는 의복이 많았다는 사실이 이를

---

11) 그러나 그리스 사상에서는 벗는 것을 아름다움의 표현으로 생각한다.

12) 강혜원, 『의상 사회 심리학』, 교문사 1995; 마릴린 혼 외 지음, 이화연 등 옮김, 『의복: 제2의 피부』, 까치, 1993 참조.

13) 강혜원, 앞의 책, p.306. 사실상 우리의 전통한복의 경우도 여기에 속한다고 볼 수 있다. 여성의 저고리는 앞가슴을 강하게 동여맴으로써 여성성을 억압하고, 폭 넓은 치마 역시 여성의 몸의 곡선을 감추게 함으로써 여성성의 드러냄을 억압하였다. 활동성이 제약되는 것은 물론 말할 것도 없다.

뒷받침한다.[13] 중세 이후 여자들의 옷의 윤곽은 부드러운 곡선이 되고, 그 의복 스타일은 비교적 고정적이 되었다. 에로틱한 드레스와 페티코트 등은 성별을 뚜렷이 구별해준다.

여성의 자유와 지위가 신장된 시대나 대부분의 사회 문제에 대해 남녀가 동일한 접근 방식을 채택하고 있는 나라의 경우, 의복 디자인에 대한 흥미 자체가 전통적인 성 역할 양식의 변화를 반영해준다. 여성의 모드는 훨씬 빠르게 움직이며, 활동적인 여성 의복이 남성 의복의 특징을 모방하는 경향을 띠고, 성별에 따른 의복의 차이나 분화는 없어지면서 양성이 함께 입을 수 있는 남녀 공용 의복이나 커플 룩, 또는 남성적 이미지를 드러내는 스타일(mannish style)의 옷이 유행하고 있다. 이것은 여성의 지위 향상과 남녀 간의 차별이 약화되어가는 현대사회의 특징을 반영하는 현상으로 해석된다.

결과적으로 의상의 변천 구조는 고대사회의 남녀 공용 의복에서 출발하여, 중세에 이르러 남녀 구별이 시작되고, 현대에 다시 남녀 옷 구별의 차이가 무너지는 형태를 보인다. 남녀 평등이 보장되지 않는 사회에서는 남녀 의복의 스타일 차이가 뚜렷했으며, 차별이 해소된 사회에서는 남녀 의복의 스타일이 서로 닮아갔다고 볼 수 있다. 이처럼 의복의 변천은 각 시대의 가치관을 반영한다.

남녀 의복 교환착용 금기

먼저 본문의 구조와 사용되는 단어의 의미를 살펴보자. 한글 개역 성서는 본문을 "여자는 남자의 의복을 입지 말 것이요, 남자는 여자의 의복을 입지 말 것이라. 이같이 하는 자는 네 하나님

야훼께 가증한 자니라"(신명기 22:5)라고 번역하고 있다. 표준새
번역 역시 비슷한 번역을 하고 있다. 그런데 이는 히브리 성서의
본문과 약간 차이가 있다.

히브리어 본문의 첫 문장을 문자 그대로 직역하면 "남자의 물
건은 여자에게 〔두어서는〕 안 된다"(A man's keli may not be
on a woman, JPS)가 된다. 모호하지만 이 문장의 주어는 '남성
의 물건'이다. 한글 성서에서 말하고 있는 '여자'라는 주어는 도
치다.

주의해야 할 것은 본문에서 남자의 물건(כְּלִי)이 정확히 무엇을
의미하는가이다. 모든 단어에서 명사가 남성과 여성으로 엄격히
구별되는 히브리어의 특성을 고려할 때, 본문에서는 문맥상 '의
복'(garment, apparel, 신명기 22:5; 레위기 13:49)의 개념으로
사용되었지만,[14] 다른 본문들에서는 금속으로 만든 어떤 '물건'
(objects, 사무엘상 6:8, 15; 21:6; 창세기 31:37)이나 '장식품'
(adornments, 이사야 61:10; 창세기 24:53; 출애굽기 3:22; 에스
겔 16:17), 사냥할 때 사용하는 일종의 '무기'(weapons, 창세기
27:3; 사사기 18:11, 16, 17; 사무엘상 20:40; 21:9; 역대기하 23:7;
이사야 54:16, 17; 예레미야 22:7),[15] 각종 악기 종류(instruments,

---

14) JPS 역시 본문을 'man's apparel'이라 번역하고 있는데, 그 까닭은 먼
   저, 그 다음 문장과 일치시키려는 이유 때문이며, 랍비 히브리어에서
   클리(כְּלִי)의 복수형이 '의복'으로 사용되기 때문임을 밝히고 있다.
   Jeffrey H. Tigay, *Deuteronomy*, The JPS Torah Commentary, JPS,
   1996, p.200 참조.

15) 옹켈로스(Targum Onkelos)와 랍비 야콥(R. Eliezer b. Jacob)은
   '도구'나 '무기'로 이해하고 있다. cf. Sifrei 226; Naz. 59a.

아모스 6:5; 역대기상 15:16; 16:42; 역대기하 5:13; 7:6; 23:13; 34:12), 노동할 때 사용하는 '기구'(implements, 열왕기상 6:7)나 '도구'(equipments, 사무엘하 24:22; 열왕기상 19:21), '용기' 또는 '그릇'(vessels, 창세기 43:11; 사무엘상 9:7; 신명기 23:24) 등의 다양한 의미로 사용되었다.

그 중에서도 주목할 만한 것은 민수기 31장 20절에서 클리 (כְּלִי)가 의복이나 짐승의 가죽, 사람의 피부와 연관된 개념으로 사용되는 것인데, 미디안과의 전쟁 후 전리품으로 얻은 물건과 여자들을 다 살려둔 것〔으로 말미암아 비롯된 오염〕과 관련하여, 어떻게 정결례(淨潔禮)를 행할 것인가를 언급하면서 사용된다. 다시 말해 하나님 앞에서 구별되는 거룩한 이스라엘 법규의 일부라는 맥락에서 신명기 22장 5절의 내용과 관련이 있어 보인다.

이 관점에서 볼 때, 신명기 22장 5절에 사용된 '남자의 물건' (כְּלִי גֶּבֶר)은 남성성의 상징물로서 그것이 의복이든, 무기이든, 장식품이든, 도구나 그릇이든 간에 여성성의 그것과 섞일 수 없다는 의미로 받아들일 수 있을 것이다. 무엇이 남성성의 상징이며, 무엇이 여성성의 상징인가는 어디까지나 그 시대, 그 지역의 사회적 환경에서 이해해야 함은 두말할 필요가 없다.

본문에서 사용된 용어를 기초로 좀더 구체적으로 해석하면, 남자 또는 여자의 살에 닿은 옷의 안쪽 부분과 관련되어 있다고 볼 수 있다. 따라서 이 금기 규정의 내용은 남성의 옷과 여성의 옷의 스타일에 대하여 말하는 것이 아니라, 옷의 남성성과 여성성의 차이와 구별에 관하여 말하는 것으로 해석된다.

옷의 접촉과 전이(轉移)

남녀 의복 교환착용 금기 규정은 고대사회의 성(gender) 이해에 관한 증거로 취급할 수 있다. 특히 의복 규정을 통한 성의 억압기제를 생각하게 한다. 만약 고대사회에서 의복의 남녀 구분이 뚜렷이 존재하지 않았다면, 옷의 구별을 전제로 한 이 금기가 의미하고자 한 것이 무엇일까?

옷이라는 것은 남성 또는 여성의 살에 닿은 물체를 의미한다. 여기서 살에 닿았다는 것은 동질성을 상징한다. 불교의 옷깃만 스쳐도 인연이라는 긍정적 의식과 이방인과 옷깃만 닿아도 꺼림칙하게 여기는 정통파 유대인의 부정적 의식은 모두 접촉의 상징적 관계를 드러낸다. 즉 남성의 살에 닿은 옷은 남성성을 지니게 되고, 여성의 살에 닿은 옷은 여성성을 지니게 되는 것이다.[16] 따라서 남자가 여자의 옷을 입으면 남성성이 훼손되고, 여자가 남자의 옷을 입으면 여성성이 훼손되며, 이는 각각의 고유한 본질에 훼손을 입히는 것으로서 '차이'의 소멸을 가져오게 된다고 생각했던 것이다.

피셔(Ernst Fischer)는 "고대인들은 동물의 가죽을 둘러쓴 인

---

16) 기원후 2세기의 시리아 데아(Dea)에서는 아스타르 여신에게 제사할 때, 남자 제사장에게 여자의 옷을 입혀 변장시킨다는 기록이 발견되었다. 그러나 그것이 어떤 의미인지는 밝혀지지 않았다. 아스타르는 구약에 등장하는 가나안의 여신으로 폭풍과 비옥의 신 바알의 섹스 파트너이며, 성경에 등장하는 아스다롯은 이 이름의 복수형이다. Gerhard von Rad, *Deuteronomy*, Old Testament Library, London: SCM Press, 1979, p.141 참조.

간과 그 형상을 별개의 것으로 보지 않고, 동물 그 자체로 보았다"고 말한다.[17] 이처럼 그들에게 '접촉'이라는 것은 둘이 하나가 될 수 있는 동일화의 통로인 것이다. 접촉을 통한 전이(轉移)는 그것의 주체와 객체가 중요한 것이 아니라, 둘이 서로 만나는 것 자체가 중요하다. 피셔에 따르면, "원시인은 유사성과 모방의 무한한 중요성에 압도되어, 모든 유사한 사물은 동일하기 때문에 이를 통한 자연에 대한 지배력을 무한히 할 수 있다고 생각했다".[18] 즉 실물과의 동일화가 엄청나게 강력한 마력을 발휘한다는 것이다. 동물의 가죽을 둘러쓴 인간은 더 이상 인간이 아닌 동물 그 자체이다. 마찬가지로 여자의 옷을 입은 남자는 여자이지 더 이상 남자가 아니다.

"남자가 입었던 옷을 여자가 입지 말 것이며, 여자가 입었던 옷을 남자가 입지 말라"는 금기의 목적이 옷을 입어서 밖으로 보이는 남녀의 구분에 대한 것으로 보기는 어렵다. 고대사회에서 남녀 구별이 옷보다는 장신구나 화장에 의해 이루어졌다는 사실로 미루어볼 때, 사실상 구별조차 되지 않은 남녀 의복의 스타일은 결코 중요한 것이 아니었다. 표면적으로 보여주는 의상의 스타일이나 그 효과보다 옷이 지니는 정치 · 사회적인 상징적 기능에 더 주목해야 할 것이다.

---

17) "마법적인 이유 때문에 가능한 한 최대한의 유사성—실로 형상과 모델을 동일화시킬 수 있는 정도까지—을 획득하는 것이 중요하였다. 이러한 동일화는 우선 '동물의 가죽'을 사용함으로써 가능하였다." 에른스트 피셔, 『예술이란 무엇인가?』 p.167 참조.

18) *Ibid*., p.49.

2 왜 오른손잡이는 왼손잡이보다 우월하게 평가되는가

우리나라의 한 컴퓨터 통신에는 '왼손사랑모임'이라는 왼손잡이들의 동호회가 있는데, 이곳의 자유 게시판에는 '오리지널 왼손잡이'라는 제목의 글이 있다.

내가 초등학교 2학년 때 말이지 담임 선생님이 아주 깐깐한 여자였는데 왼손잡이는 '병신'이라고 했다. 그래서 날 항상 구박했다. 내 옆에 앉아 있는 애를 시켜 날 감시하게 만들고, 내가 왼손으로 쓰면 당장 일러바치도록 했다. 그러니 수업 시간에 공부가 되었으랴. 필기는커녕 한 자 한 자 그림을 그리고 있었지. 결국은 우리 집까지 와서 들들 볶았다.

문화인류학

문화인류학은 불과 120여 년의 짧은 역사를 가졌다. 한편으로 정치적인 편향도 강했고, 승자(勝者)들의 식민지학이라는 비난도 컸으나 다른 한편으로는 전통적인 역사학이나 사회학, 경제학이 접근할 수 없는 영역을 다룰 수 있고, 또 다양한 학문에 새로운 혈맥(血脈)을 통하게 하는 매력적인 학문 체계를 가지고 있다. 종래 이념 지향적 역사 해석이 강조되던 시기에 문화인류학은 실증주의라는 이유로 천대받아야 했으나, 현재의 문화인류학은 인간 삶의 형태와 질을 개선해나갈 구체적 방법을 확대하는가 하면, 사료(史料)에 고착화된 역사학적 방법론에 새로운 충격을 던져주는 일이 점차 잦아지고 있다.

문화란 수수께끼와 같다. 아직도 원시적 삶의 방식을 가지고 불만 없이 살아가는 민족이나 사람들이 있는가 하면, 뭔가를 발명하고 발견하지 않으면 안달이 나는 사람들도 있는 이상 우리는 문화라는 수수께끼에서 벗어날 수 없다. 풀리지 않는 수수께끼 같은 문화가 이제 문화인류학의 방법론을 통해 한 꺼풀씩 벗겨지고 있다.

오른손의 문화

오늘날까지 성서뿐만 아니라 전세계에 걸쳐 존재하는 기이하고 비밀스럽기까지 한 문화 현상 가운데 하나인 오른손/왼손의 이항대립(二項對立) 관계도 문화인류학이 큰 관심을 가지고 연구할 만한 주제가 된다. 인간의 양손보다 더 완벽하게 닮은 짝이 또 있을까? 그런데 이것보다 더 불평등하게 취급되는 것이 또 있을까? 오른손은 명예롭고 고상하게 불리는 특권을 가지고 있는 반면, 왼손은 보조적이며 스스로는 아무것도 할 수 없고 단지 남을 떠받치는 기능만을 가진다. 오른손은 귀족의 손이며, 왼손은 평민의 손이다.

한 몸에 달려 환상적인 상부상조의 기능을 완벽히 수행해나가는 양손이 어떻게 이러한 엄청난 차별을 받게 되었는가? 차이가 발생한 까닭은 무엇인가? 어떻게 오른손은 고상한 지위를 얻게 되었으며, 왼손은 예속적인 지위로 전락했는가? 단지 원시 사고에서부터 유래한, 그러나 아직까지 극복하지 못한 이원론적 사고의 유산(遺産)인가? 어떻게 양손이 '양극(兩極)'(polarity) 또는 '대항/대립'으로서 상징적인 등급을 명백히 드러내게 되었는가? 플라톤이 말한 대로 과연 "손의 사용에서 우리는 부모의 어리석음 때문에 불구가 되고 있고, 원래 사람의 손발은 자연에 의해 균형을 잡고 있었는데, 나중에 나쁜 습관으로 인해 차이가 발생하는 것"인가?

이 주제에 관한 연구의 선구자는 에르츠(Robert Hertz)이다. 그는 1915년 33살의 나이에 아깝게 살해될 때까지 3편의 논문을 발표하였는데, 그 중의 한 편이 불후의 작품이 된 오른손/왼손에 관한 연구였다. 뒤르켐과 모스(Marcel Mauss) 등과 함께 활동한 그는 에번스-프리처드(E. E. Evans-Pritchard)의 평가대로 "뒤르켐과 맞먹을 만한 사람"[1]이었으며, 이미 "대가 중의 대가"[2]로 평가된 마지막 젊은 학자였다.

에르츠가 마오리족과 기타 자료를 토대로 정리하여 프랑스어

---

1) E. E. Evans-Pritchard, "Introduction to Robert Hertz," *Death and the Right Hand*, London : Cohen & West, 1960, p.24.

2) Rodney Needham, "Introduction," *Right & Left : Essays on Dual Symbolic Classification*, Rodney Needham ed., Chicago : The University of Chicago Press, 1973, P.xi. 이 책은 에르츠의 뒤를 이어 이 주제에 관해 연구한 사람들의 논문집이며, 에르츠의 논문 "La Prééminence de la main droite : étude sur la polarité religieuse," *Revue philosophique* 68(1909), pp.553~580을 니덤이 영어로 번역하여 다시 수록하였다.

로 발표한 논문 「오른손의 탁월성―종교적 양극성 연구」(1909)는 당시에는 크게 주목받지 못하다가 그의 뒤를 이어 여러 지역에서 오른손/왼손 주제를 연구한 사람들에 의해 그 가치를 인정받게 되었다. 특히 에르츠의 생각이 옥스퍼드 대학에서 활동한 에번스-프리처드에 의해 이중상징 등급체계(system of dual symbolic classification)로 발전되면서 그의 지위는 더욱 공고해졌다.

에르츠의 뒤를 이어 약 50여 년 동안 이룩한 오른손/왼손 금기와 상징에 관한 연구 성과는 1973년 니덤(Rodney Needham)이 편집한 『오른손과 왼손―이중상징 등급에 관한 에세이』로 빛을 보게 되었는데, 여기에는 에르츠의 1909년 논문이 영어로 번역되어 수록되었을 뿐만 아니라, 아프리카, 중국, 그리스, 칠레, 아랍 지역, 탄자니아, 우간다, 남인도 등의 오른손/왼손 관습에 관한 여러 학자들의 폭넓은 연구가 총 망라되어 있다.

오른손/왼손의 이항대립 상징

우선 인간의 마음속에 자리잡고 있는 생각들을 과연 어디까지 등급화할 수 있는가에 대한 방법론적인 이의가 제기될 수 있으나, 니덤의 이 책에서 다루고 있는 여러 지역의 다양한 문화 속에서 발견되는 오른손/왼손의 상징적 특성을 간략히 정리하면 표 1과 같다.

왼손 차별은 세계 공통이라 해도 무방할 정도로 각종 문화권에서 빈번하게 드러난다. 일본에서는 결혼 후 여자가 왼손잡이인 것이 드러나면 남자가 쫓아낼 수 있는 권리를 가졌다. 중국에서

표 1

오른손	왼손
남자/부계 강한 손/딱딱함(solid)	여자/모계 약한 손/유동적(fluid)
선(good)	악(bad)
깨끗함(clean) 거룩함(holy)/깨끗함(pure) 밥 먹는 손 인사하고 선물 주는 손 『소학』(小學)은 밥 먹고 글쓸 때와 어른에게 물건을 올릴 때 오른손을 써야 한다고 가르 쳤다	더러움(unclean) 불경스러움(profane)/불결함(impure) 왼손으로 밥 먹는 것 금지 월경 중인 여성이 왼손으로 부엌기구를 못 만짐 왼손으로 물건을 타인에게 건네주는 것은 나 쁜 태도 사람을 죽인 남자는 왼손으로 마셔야 한다
행운(good luck) 좋은 징조(good omens) 오른쪽 눈꺼풀을 씰룩거리면 가족이 돌아온다 새 우는 소리를 길 오른쪽으로부터 들으면 행운이 온다.(*반대도 있음)	불운(bad luck) 나쁜 징조(bad omens) 왼쪽 눈꺼풀을 씰룩거리면 가족이 죽거나 슬픔을 당한다 새 우는 소리를 길 왼쪽으로부터 들으면 불운이 온다
행운(fortune) 여행 중 길 오른쪽에서 검은 당나귀가 울면 행운 우선권(preferred) 첫째(First) 쌍둥이를 낳으면 장자를 오른쪽 손에 안는다 다처의 경우 본처가 오른쪽 자리에 앉는다 보다 중요한 자가 황제의 오른쪽 자리에 앉는다	불운(misfortune) 왼손전사는 전투에 참가 하지 못한다 하등(inferior) 둘째(Second)
색: 흰 색 방위: 오른쪽-동쪽 땅과 산	어두운 색 빨간 색 왼쪽-서쪽 바다와 해변
질서(order) 규칙적(regular)	무질서(disorder) 통제불가(uncontrollable)
위(above)	아래(below)
하늘(heaven and sky)	땅(earth)
오르막(upwards)	내리막(downwards)
앞(in front)	뒤(behind)
오래 된 것(old)	새 것(new)
지상적(worldly)	영적(spiritual)
해(sun)	달(moon)
낮	밤
풍부함(fullness)	배고픔(hunger)
땅(land)	바다(ocean)
제사장(priest)	평민(layman)
선배(senior)	후배(junior)

는 왼손으로 명함을 내밀면 그 협상은 결렬된 것으로 받아들여졌다. 인도, 네팔과 일부 중동 지방에서 오른손은 밥 먹는 손, 왼손은 용변 후에 밑을 닦는 손이다. 따라서 왼손은 지저분해도 좋지만 오른손은 항상 깨끗이 유지해야 한다. 남아프리카의 카피르족은 자식이 왼손잡이면 그를 뜨거운 사막으로 데리고 나가 구덩이를 파고 아이의 왼손을 모래 속에 파묻는다. 그들은 그렇게 함으로써 왼손잡이를 고칠 수 있다고 믿었다.

서아프리카 야산티족은 선물을 왼손으로 주면 받지 않는다. 오랫동안 독촉하던 빚이라도 왼손으로 주면 받기를 거부한다. 왼손은 불길한 손으로 생각하기 때문이다. 로마의 예언가들은 새가 왼쪽에서 날아오면 불길한 징조로 보았고, 오른쪽에서 날아오면 길한 징조로 보았다. 아프리카인들은 만약 아픈 친구를 병 문안하러 가는 도중에 길 왼편에서 몽구스를 보게 되면 아픈 친구가 죽을 것이라고 믿었다. 뉴질랜드의 마오리족은 왼편에 부적과 장신구를 지님으로써 자신들을 동일시하고 보호한다. 또 왼손잡이에게 돈을 맡기는 것은 안전치 못하며, 왼손잡이 딸을 가지는 것을 불운으로 여겼으며, 왼손잡이를 배우자로 맞아들인다는 것은 신분이 낮은 사람과 결혼한다는 것을 의미했다.

부족에 따라서는 정반대의 경우도 있어——우리나라에서는 좌의정이 우의정보다, 좌청룡이 우백호보다 우선시되고 있다——문화마다 반드시 일치하지는 않는다. 그러나 종종 인류학자들이 저질러온 것처럼 에르츠가 자신의 주장을 위해 상반되는 자료들을 의도적으로 무시했다는 비판이 있음에도 불구하고, 어느 민족이든지 간에 이처럼 오른손과 왼손의 상징적 의미는 완전히 양극 또는 이항대립적으로 드러난다.

성서의 오른손/왼손

성서의 경우에도 예외가 아니다. 적어도 개역 한글판 성서에서 '오른손'이 67회(표준새번역에서는 68회), '왼손'이 6회(표준새번역에서는 18회) 각각 검색되는데, (물론 '오른편'〔10회[3]; 표준새번역 '오른쪽' 100회〕과 '왼편'〔7회[4]; 표준새번역 '왼쪽' 42회〕을 포함하면 훨씬 많아진다) 비록 구체성이 결여되어 있기는 하지만 단어가 상징하는 바 그 의미는 다른 민족들이나 문화권에

---

3) "문은 전 오른편에 있는데 나사모양 사닥다리로 말미암아 하층에서 중층에 오르고 중층에서 제3층에 오르게 하였더라"(열왕기상 6:8); "그가 오른편으로 돌이키시나 뵈올 수 없구나"(욥기 23:9); "대적으로 그 오른편에 서게 하소서"(시편 109:6); "누구든지 네 오른편 뺨을 치거든 왼편도 돌려 대며"(마태복음 5:39); "양은 그 오른편에 염소는 왼편에 두리라"(마태복음 25:33); "임금이 그 오른편에 있는 자들에게 이르시되 내 아버지께 복 받을 자들이여 나아와 창세로부터 너희를 위하여 예비된 나라를 상속하라"(마태복음 25:34); "쳐 그 오른편 귀를 떨어뜨린지라"(누가복음 22:50); "종을 쳐서 오른편 귀를 베어버리니 그 종의 이름은 말고라"(요한복음 18:10); "그물을 배 오른편에 던지라 그리하면 얻으리라 하신대 이에 던졌더니 고기가 많아 그물을 들 수 없더라"(요한복음 21:6); "하늘에서 자기의 오른편에 앉히사"(에베소서 1:20).

4) "곧 성문 왼편에 있었더라"(열왕기하 23:8); "그가 왼편에서 일하시나 내가 만날 수 없고"(욥기 23:9); "우매자의 마음은 왼편에 있느니라"(전도서 10:2); "뺨을 치거든 왼편도 돌려 대며"(마태복음 5:39); "염소는 왼편에 두리라"(마태복음 25:33); "또 왼편에 있는 자들에게 이르시되 저주를 받은 자들아 나를 떠나 마귀와 그 사자들을 위하여 예비된 영원한 불에 들어가라"(마태복음 25:41); "바라보고 이를 왼편에 두고 수리아로 행선하여 두로에서 상륙하니 거기서 배가 짐을 풀려 함이러라"(사도행전 21:3).

서 말하고 있는 것과 매우 흡사하다. 이를 몇 항목으로 분류하면 표 2와 같다.

표 2의 성서 구절 대부분은 오른손을 긍정적으로, 왼손을 부정적으로 보고 있다(예수의 최후의 심판 설교에서 오른쪽의 양은 복을, 왼쪽의 염소는 저주를 상징하고 있다[마태복음 25:31~46]). 하나같이 오른손은 우월하고 거룩하며 강한 힘을 상징한다. (예수는 "만일 네 오른눈이 너로 실족케 하거든 빼내버리라……또한 만일 네 오른손이 너로 실족케 하거든 찍어내버려라"[마태복음 5:29, 30]고 하여, 우월하다고 뽐내는 오른손의 잘못을 제거하라고 강조하였다. 예수는 왼손잡이였을까?). 아울러 제의적인 목적으로도 오른손이 사용되며, 자비와 사랑을 나타나는 데에도 오른손이 우선된다. 왕은 인장 반지를 오른손에 끼며, 보좌에 계신 어린 양 역시 오른손에 생명 책을 들고 있다.

언어에서의 차별

언어 속에서도 오른손/왼손의 차별은 드러난다. 대부분의 언어에서 오른쪽, 왼쪽이라는 단어 자체가 사회가 오른손잡이에게 치우쳤다는 사실을 증명해주고 있다. 예를 들어, 영어에서 right(오른쪽)는 오른손을 사용하는 것이 '옳다'(right)라고 암시하고 있고, left(왼쪽)는 왼손을 자주 사용하지 않기 때문에 대부분의 왼손이 '무시된다'(is left out)는 뜻을 암시하고 있다. 뒤에서는 욕을 해대면서 앞에서만 입에 발린 칭찬을 하는 것을 영어 표현으로 'left-handed compliment'라고 한다. 그외에도 '왼손잡이 아내'(left-hand marriage)는 '부정한' 또는 '비공식적인

표 2

	오른손	왼손
제의적	(출애굽기 29:20) 너는 그 숫양을 잡고 그 피를 취하여 아론의 오른 귓부리와 그 아들들의 오른 귓부리에 바르고 그 오른손 엄지와 오른발 엄지에 바르고 그 피를 단 주위에 뿌리고 (레위기 7:32) 너희는 또 너희 화목제의 희생제물의 오른쪽 앞다리를, 들어올리는 제물로 제사장에게 줄지니라.	(창세기 48:13) 우수로는 에브라임을 이스라엘의 좌수를 향하게 하고 좌수로는 므낫세를 이스라엘의 우수를 향하게 하고 이끌어 그에게 가까이 나아가매 (창세기 48:14) 이스라엘이 우수를 펴서 차자 에브라임의 머리에 얹고 좌수를 펴서 므낫세의 머리에 얹으니 므낫세는 장자라도 팔을 엇맞겨 얹었더라 (창세기 48:17) 요셉이 그 아비가 우수를 에브라임의 머리에 얹은 것을 보고 기뻐 아니하여 아비의 손을 들어 에브라임의 머리에서 므낫세의 머리로 옮기고자 하여 (창세기 48:18) 그 아비에게 이르되 아버지여 그리 마옵소서 이는 장자니 우수를 그 머리에 얹으소서
힘/권능	왕(하나님)의 권능: (출애굽기 15:6) 야훼여 주의 오른손이 권능으로 영광을 나타내시니이다 야훼여 주의 오른손이 원수를 부수시니이다 (출애굽기 15:12; 시편 45:4; 74:11; 77:10; 89:13; 89:25; 89:42; 118:15, 16) 율법: (신명기 33:2) 일렀으되 야훼께서……그 오른손에는 불 같은 율법이 있도다 성전: (시편 78:54) 저희를 그 성소의 지경 곧 그의 오른손이 취하신 산으로 인도하시고 (시편 137:5) 예루살렘아 내가 너를 잊을진대 내 오른손이 그 재주를 잊을지로다 구원: (시편 98:1) 새 노래로 야훼께 찬송하라 대저 기이한 일을 행하사 그 오른손과 거룩한 팔로 자기를 위하여 구원을 베푸셨도다 (욥기 40:14; 시편 17:7; 18:35; 20:6; 60:5; 63:8; 73:23; 108:6; 138:7) 정의: (시편 48:10) 하나님이여 주의 이름과 같이 찬송도 땅 끝까지 미쳤으며 주의 오른손에는 정의가 충만하였나이다 힘: (사사기 5:26) 손으로 장막 말뚝을 잡으며 오른손에 장인의 방망이를 들고 그 방망이로 시스라를 쳐서 머리를 뚫되 곧 살쩍을 꿰뚫었도다	왼손잡이: 사사 에훗 (사사기 3:15) 이스라엘 자손이 야훼께 부르짖으매 야훼께서 그들을 위하여 한 구원자를 세우셨으니 그는 곧 베냐민 사람 게라의 아들 왼손잡이 에훗이라 이스라엘 자손이 그를 의탁하여 모압 왕 에글론에게 공물을 바칠 때에 (사사기 3:16) 에훗이 양날이 선 한 큐빗 되는 단검을 만들어 그의 오른쪽 다리 옷 속에 그것을 찼더라 (사사기 3:21) 에훗이 왼손으로 우편 다리에서 칼을 빼어 왕의 몸을 찌르매 왼손잡이 군대 (사사기 20:16) 이 모든 백성 중에서 택한 칠백 명은 다 왼손잡이라 물매로 돌을 던지면 호리도 틀림이 없는 자더라 cf. (사사기 16:29) 집을 버틴 두 가운데 기둥을 하나는 왼손으로, 하나는 오른손으로 의지하여 cf. (사사기 7:20) 세 대가 나팔을 불며 항아리를 부수고 좌수에 횃불을 들고 우수에 나팔을 들어 불며 외쳐 가로되 야훼와 기드온의 칼이여 하고
사랑/자비	(아가 2:6) 그가 왼손으로 내 머리에 베게하고 오른손으로 나를 안는구나 (마태복음 6:3) 너는 구제할 때에 오른손의 하는 것을 왼손이 모르게 하여	(아가 2:6) 그가 왼손으로 내 머리에 베게하고 오른손으로 나를 안는구나 (마태복음 6:3) 너는 구제할 때에 오른손의 하는 것을 왼손이 모르게 하여
반지 끼는 손	(예레미야 22:24) 나 야훼가 말하노라 나의 삶으로 맹세하노니 유다 왕 여호야김의 아들 너 고니야가 나의 오른손의 인장 반지라 할지라도 내가 빼어	
활 쏘는 손	(에스겔 39:3) 네 활을 쳐서 네 왼손에서 떨어뜨리고 네 살을 네 오른손에서 떨어뜨리리니	(에스겔 39:3) 네 활을 쳐서 네 왼손에서 떨어뜨리고 네 살을 네 오른손에서 떨어뜨리리니
묵시적	(요한계시록 1:16) 그 오른손에 일곱 별이 있고 그 입에서 좌우에 날선 검이 나오고 그 얼굴은 해가 힘있게 비취는 것 같더라 (요한계시록 5:7) 어린 양이 나아와서 보좌에 앉으신 이의 오른손에서 책을 취하시니라	
바다와 땅	(요한계시록 10:2) 그의 손에는 작은 책이 펴 있고 오른쪽 발은 바다를, 왼쪽 발은 땅을 밟고서	(요한계시록 10:2) 그의 손에는 작은 책이 펴 있고 오른쪽 발은 바다를, 왼쪽 발은 땅을 밟고서

결혼'을 뜻하며, '왼손잡이 아들'(left-hand son)은 '후레자식'을 의미한다. 또한 '왼손잡이 서약'(left-hand oath)은 이미 지킬 의사가 없는 서약이며, '친구에게 왼손을 내밀다'(to offer one's left in friendship)는 표현은 배신 행위를 뜻한다.

히브리어로 오른쪽은 야민(ימין) 또는 야미나(ימינה) 인데, 이는 '얌'(ים, 바다)과 통하며, 동쪽으로 향해 있는 사람에게 오른쪽은 동시에 남쪽을 의미한다. 아카드어 immu, 우가릿어 ymn, 아랍어 yamin, 에티오피아어 yaman 등도 모두 '얌'과 같은 어원을 갖는다. 오른쪽이 방향이나 상황의 옳음을 의미하는 반면, 왼쪽의 스몰(שמאל) 또는 스몰라(שמאלה)는 명사 '샴'(שם)으로부터 파생된 말인데 '불운' 또는 '불길한'이라는 뜻을 갖는다. 아랍어 sha'ma가 같은 어원을 갖고 있다. 한편, 왼손잡이를 뜻하는 sinister의 어원은 라틴어의 '불길한' '사악한' 등의 의미를 지닌 단어에서 유래했다. 반면 '손재주/솜씨가 있는' '재치 있는/영리한'이라는 뜻을 지닌 dexterous와 dextrous라는 단어는 오른쪽을 나타내는 라틴어에서 유래했다.

유럽의 언어에서도 왼손, 왼쪽의 이미지는 매우 부정적이다. 프랑스어로 왼쪽을 나타내는 단어는 gauche인데 역시 '서투른' '어색한' '꼴사나운'을 뜻하고, 반대로 오른쪽을 나타내는 droit는 '곧음' '정직' '정의'를 뜻한다. 독일어에서 왼쪽을 나타내는 link의 파생어 'linkisch'는 '어색한' '거북한'이라는 의미를 가지며, 오른쪽을 나타내는 recht는 영어와 마찬가지로 '정의' '정당함'을 나타낸다. 이탈리아어로 왼손은 stanca 또는 manca인데 '피곤하다' 또는 '결함이 있다'라는 뜻이다. 에스파냐어로 왼손은 zurdo인데 a zurdo라고 쓰면 '잘못되었다'는 의미가 된다.

그외 왼쪽을 가리키는 이탈리아어의 mancini(비뚤어진), 포르투 갈어의 canhoto(해로운)도 모두 부정적인 의미를 가지며, 러시 아어의 levja는 욕설에 해당하고, noleve는 '어떤 일을 비열한 방법을 써서 하는 것'에 해당한다.

중국어에서도 좌족(左足/左族)은 서자혈통을 가리키는 등 나쁜 뜻에 주로 사용되었다. 우리말에서도 오른손은 올바른 손이란 뜻이고, 왼손은 그 반대다. 더 나아가 오른손을 아예 '옳은 손' 즉 '바른손'이라 하고, 왼손을 '외악손'이라 부르기까지 했다. 또 좌승이라 하여 보통과는 반대로 왼쪽으로 꼰 새끼줄은 불운이나 요괴 또는 마귀를 격퇴하기 위해 장례식 때 사용한다. 이처럼 왼손을 천시하는 어원은 거의 모든 언어권에서 공통적으로 나타난다.

오른손 중심의 사회[5]

이와 같이 오른손 우월성은 세계 대부분의 나라에서 공통적으로 나타나는 문화 현상이다. 우리는 수없이 많은 문화 현상들 속에서 왼손잡이가 오른손잡이 사회로부터 늘 '재수 없는 존재'로 기피되고, 심지어 집단에서 배척되거나 죽임을 당하기까지 했음을 발견할 수 있다. 어떻게 오른손의 우월(왼손의 기피)이 시작된 것일까? 오늘날에는 오히려 "왼손잡이 신드롬"이 일면서 왼

---

5) 왼손잡이에 대한 각 분야에서의 사회적인 편견과 실제에 관해서는 M. K. Holder, *Left-Handers in Society*, Indiana University Press, 1996 를 참조할 것. 기타 왼손잡이와 관련된 인터넷 사이트로는, 1991년 조직된 한국 왼손잡이 협회(The Left-Hander's Association of Korea)의 사이트 http://www.lefthand.or.kr 등이 있다.

손잡이가 각광을 받고 있다는 점에서,[6] 과거에는 왜 그리고 어떻게 오른손이 상대적으로 우월하다는 상징성을 얻게 되었는지를 물어야 할 것이다.

일차적으로 오른손잡이와 왼손잡이는 어떻게 구분하며, 그 비율은 어떻게 분포되는가? 왼손잡이란 "모든 손 활동을 왼손으로 하는 사람은 물론, 글쓰기와 밥먹기는 오른손으로 하되, 나머지 대부분의 손 사용을 왼손으로 하는 경우"까지 포함한다. 새 국어 대사전(1995)에서는 왼손잡이란 단순히 "왼손을 오른손보다 낫게 쓰는 사람"이라고 정의하고 있다.

오른손잡이와 왼손잡이의 비율은 평균 10대 1로 나타난다. 이 비율은 유사 이래 크게 변하지 않고 유지되고 있다는 것이 정설이다. 그래서 인류학자들은 10대 1의 이 비율을 '인류사의 작은 수수께끼'라고 부른다(이 점에서 이 주제는 근본적으로 남녀차별과 그 성격을 달리하고 있다. 오히려 성적 소수자 문제와 그 맥을 같이한다고 볼 수 있다). 한국에서 왼손잡이의 비율은 전체 인구의 5퍼센트 전후로 추정되고 있다.

인류 사회가 언제부터 오른손 중심의 사회였는지는 확실하지

---

6) Stanley Coren, *The Left-Hander Syndrome : The Causes and Consequences of Left-Handedness*, Vintage Books, 1993 참조. 코렌은 "왼손잡이들은 모든 면에서 우위를 점하려고 하고 냉정하게 일을 처리하는 성향이 있어 어찌 보면 정치인에게 어울리는 성격"이라고 분석했다. 한국 창의력 연구소 이기우 소장은 "왼손잡이가 대체로 인간의 창조성에 큰 영향을 주는 우뇌의 관장을 받고 있다는 점이 널리 알려지면서 학부모와 교사들이 왼손잡이에 대한 억압을 완화하고 있는 것 같다. 여기에 한국의 높은 교육열과 고등교육을 받은 신세대 학부모들의 자유주의적 교육관이 왼손잡이의 증가 요인이 되고 있을 것"이라고 보았다.

않다. 인류 최고(最古)의 문명 중 하나인 고대 이집트 사회는 오른손잡이 사회였다. 전설적인 파라오 람세스 2세가 왼손잡이였다고 전해지지만, 이집트 전체 사회와 문화는 왼손을 금기시했다. 로마의 카이사르도 왼손잡이였지만, 황제가 된 뒤에는 로마 시민들에게 오른손을 사용하도록 포고령을 내렸다. 그 이전으로 거슬러 올라가면 인류가 오른손 중심의 사회였다는 확정적 증거는 없다. 그러나 캐나다의 심리학자 코렌(Stanley Coren)은 석기시대부터 1950년대까지 약 1만여 개의 예술품을 조사한 결과 왼손잡이의 비율은 예나 지금이나 큰 차이가 없었다고 주장했다. 또 한 가계의 50대에 걸친 왼손잡이 분포를 조사한 결과도 여전히 10대 1의 비율을 크게 벗어나지 않았다고 한다.

지금까지의 연구를 중심으로 기능적 접근, 생물학적 접근 및 자연발생학적 접근을 큰 줄기로 따라가며 왼손잡이 금기의 원인을 서술하고자 한다.

기능적 원인

문화와 예술, 전쟁과 사냥 등 인간 생활에서 가장 중요한 원초적인 생활방식 속에서 오른손잡이가 기능적으로 우선하였다는 사실로부터 출발하자.

왜 인류 최초의 알파벳 문자인 히브리어를 포함하여 대부분의 셈족어들은 글씨를 오른쪽으로부터 왼쪽으로 써 내려갔을까?[7]

---

7) 최창모, 「히브리어 글꼴 변천사」, 『고대 히브리어 연구』, 최창모 · 박미섭 엮음, 건국대학교출판부, 2001, pp. 313~326 참조.

그 이유는 매우 기능적인 데서 찾을 수 있을 것이다. 고고학적으로 메소포타미아와 이집트에서 발견된 최초의 글씨는 기원전 4,000년경으로 거슬러 올라간다. 이들은 주로 단어나 음절을 그림 문자로 표시하였다. 메소포타미아의 수메르인들은 쐐기문자를 발전시켜 부드러운 진흙에 끝이 뾰족한 막대기(stylus)로 파 기록했으며, 고대 이집트는 또다른 그림 문자를—그리스인들은 이를 '거룩한 문서를 새긴다'는 뜻의 상형문자(hieroglyphs)라 불렀다—돌이나 파피루스에 기록하였다. 그런데 토판(土版)이 채 마르기 전에 글씨를 새겨넣을 때, 오른손잡이가 왼쪽에서 오른쪽으로 파 나가는 것은 매우 부자연스러운 일이었다.

한편, 왼손잡이였던 칼라일(Thomas Carlyle)은 1871년 최초로 다음과 같은 주장을 폈다. 원시인들이 도구를 사용해 사냥하기 시작했을 때, 그들은 오른손에 창을 들고 적이나 맹수들과 싸웠는데, 그 경우 적의 왼쪽 심장과 창이 최단거리에 놓여 공격하기 유리하다는 것을 알게 되었을 것이다. 같은 원리로 방패를 발명했을 때 왼손으로 방패를 드는 것이 자기 심장을 보호하는 데 유리하다는 것을 알았을 것이다. 왼손에 방패를 들고 오른손에는 적을 공격하는 창을 드는 행위가 수만 년 또는 수십만 년 계속되면서 오른손의 지배적 사용 경향이 인류의 유전자에 깊이 각인되지 않았을까 하는 것이다.[8]

---

8) 『이코노미스트』는 프랑스 몽펠리에 대학의 미셸 레몽 교수(발달생물학)가 파리 리옹 대학의 운동선수와 세계 톱 수준의 운동선수들을 분석한 결과 펜싱, 권투, 테니스 등 마주보고 하는 경기에서 왼손잡이의 비율이 '비정상적'으로 높은 것을 발견했다고 소개했다. 테니스의 경우 세계 상위 랭커들 중 왼손잡이의 비율이 16퍼센트고, 크리켓(영연

솔크(Lee Salk)는 「어머니와 유아의 관계에서 심장박동 음이 차지하는 역할」(1983)이라는 글에서 오른손잡이가 우월하다는 근거를 모성애적 관점에서 제시했다. 즉 갓 태어난 아기는 어머니 뱃속에서처럼 어머니 심장의 박동을 들어야 편안해진다. 그래서 어머니들은 아이를 왼손으로 안게 되었고, 상대적으로 자유로운 오른손으로 열매를 따거나 노동을 했다. 그 결과 당연히 오른손이 더욱 발달하게 되었고, 먹이를 많이 얻을 수 있는 어머니의 자식들의 생존확률이 더 높았을 것이다. 오른손잡이는 이런 모성애를 통해 우세한 유전적 경향으로 자리잡았다는 것이다.[9]

방국가들이 즐기는 야구와 비슷한 운동)의 투수들은 15~27퍼센트가 왼손잡이인 것으로 나타났다. 특히 예선에서 본선대회로 갈수록 왼손잡이 비율은 더 높아지는데, 1979년부터 93년까지 14년 간 펜싱 세계 대회 본선에 참가한 선수 중 33퍼센트, 4강 이상에 진입한 선수 중 50퍼센트가 왼손잡이였다. 여자경기에서도 비율은 비슷한 것으로 확인되었다. 레몽 교수는 이처럼 마주보고 하는 경기에서 왼손잡이가 우세한 것이 이들의 '생존 경쟁력'을 말해준다고 설명한다. 대부분의 오른손잡이들은 운동할 때나 싸움할 때 주로 같은 오른손잡이와 싸우는 데 익숙해 있기 때문에 어느날 갑자기 왼손잡이와 대적하면 칼이나 창, 주먹이 날아오는 방향에 익숙하지 않아 실력발휘를 제대로 하지 못한다는 것이다. 야구에서 왼손투수나 타자의 필요성도 이런 조건으로 설명될 수 있다.

9) 이 논리를 뒷받침하는 많은 연구 조사가 있는데, 특히 같은 조건의 두 방에 아이를 재우는데 한쪽 방에만 엄마의 심장소리를 녹음한 소리를 들려주었을 때 상당한 차이를 보이는 것을 관찰할 수 있었다고 한다. 아이들을 9명씩 나누어 두 방에다 뉘어놓고, 한 방에만 어머니의 심장의 고동소리를 녹음해서 들려주었다. 그러자 녹음 소리를 듣지 않은 아이들은 기준시간의 60퍼센트 동안 울고 있었으나 녹음을 들려주자 그 숫자는 38퍼센트로 줄었다. 또 녹음을 들은 아이들은 듣지 않은 아이들이

신경생리학자 캘빈(William Calvin)은 그의 저서 『팔매질하는 마돈나』[10]의 권두 논문에서 이 학설을 변호하고 나섰다. 그 글에 따르면 만약 여자 사냥꾼이 왼쪽에 아이를 안고 있었다면 아이는 심장박동 소리를 들으며 안심할 수 있고, 오른손으로는 돌을 던져 토끼나 새를 사냥할 수 있었을 것이라고 주장한다. 왼손으로 아기를 안고 오른손으로 사냥한 뛰어난 여성 투석 사냥꾼들은 다른 여자들에 비해 더 많은 짐승을 사냥할 수 있었고, 따라서 아기들도 그만큼 더 많은 숫자가 살아남을 수 있었을 것이다. 그 결과 오른손잡이가 유전되기 시작했다는 것이다.

사회는 개인이나 가족 중심의 수렵생활에서부터 점차 집단적인 성격의 사회구조로 변천해가면서 기능적인 측면에서 보다 효율적인 운영을 필요로 했을 것이다. 먼저 경제적인 효율성 측면에서 왼손잡이의 금기 원인을 발견할 수 있다. 오늘날에도 소수의 왼손잡이들이 느끼는 불편함 중 하나가 우리가 사용하는 대부분의 물건이나 시설이 다수의 오른손잡이용으로 만들어졌다는 것이다. 컴퓨터 마우스에서부터 나사못, 냉장고 문, 문고리, 전화 수화기, 강의실 책상,[11] 피아노 및 자동차 운전대에 이르기까지

필요한 시간의 절반만으로 잠이 들었다. 심장의 고동소리가 이렇게 진정제 구실을 한다는 것을 어머니들은 본능적으로 알고 있는 것이었다.

10) William Calvin, *The Throwing Madonna*, McGraw-Hill, 1983.

11) 최근 논술고사와 관련하여 오른손잡이용 책상만을 비치하여 왼손잡이 수험생들이 겪는 불이익에 관한 내용이 기사화된 바 있다. 논술시험이 치러지는 대학교 강의실의 수강용 의자가 고교 교실의 책상과 달리 오른손을 쓰는 학생들을 기준으로 만들어진 것이기 때문에, 왼손잡이 학생들은 팔꿈치를 든 채 내내 불편한 자세로 시험을 치러야 했다는 것이다.

(물론 영국이나 일본에서는 자동차의 통행 방향이 우리와 달라 적응하기 쉽지 않다) 대부분이 오른손잡이 중심으로 설계되어 있다. 생산자의 입장에서 보면 오른손잡이용과 왼손잡이용을 구별하여 제품을 만든다는 것은 두 배의 생산설비 비용이 필요한 일이다.[12] 게다가 왼손잡이용 상품의 수요는 그리 많지 않다. 따라서 경제적인 효율성 측면에서도 왼손잡이에 대한 억압기제는 다수에게 유익을 준다.

나아가 집단적인 통일성을 추구하는 데에도 왼손잡이는 방해가 된다. 부족사회에서 다른 부족과 전쟁이 발생할 경우 각 부족은 전투에 앞서 먼저 자기 부족만의 의식을 행하거나 춤을 춘다. 이때 제의적인 통일성을 맞추기 위해 당연히 다수인 오른손잡이를 위주로 모든 것이 통제된다. 또한 농경 사회의 경우도 모를 심거나 밭에서 곡괭이질을 할 경우, 왼손잡이는 작업에 방해가 되기 때문에 당연히 오른손잡이 위주로 통일성이 추구되었다고 할 수 있다. 성서에 나오길 왼손잡이로만 구성된 특수부대를 갖고 있었던 것(사사기 20:16)과 우리나라 군대에서 왼손잡이는 따로 모아 사격 훈련을 시키는 것도 여기에 해당될 것이다.

그외에도 여러 이유로 왼손잡이는 집단에서 소외되고 억압받게 된다(어떤 왼손잡이는 자신의 습관을 지키는 것이 어떤 '신

---

12) 영국『타임』지는 피아노 연주가이자 영국 윈체스터 대학 음악강사인 크리스토 퍼시드가 왼손잡이를 위한 피아노 개발을 위해 미화 4만5천 달러를 모금 중이라고 밝히면서, 오른손잡이용 피아노로 오른손잡이를 위한 악보를 연주토록 부당하게 강요받아온 역대 왼손잡이 피아니스트들의 고충을 상세히 보도하였다.

념'을 지키는 것보다도 더 어렵다고 술회한다). 당연히 이들은 집단에서 도태되게 마련이었고, 오른손잡이 사회에서 생존을 위해 각고의 노력을 해야만 했을 것이다. 때문에 왼손잡이들은 불리한 생존경쟁 속에서 정공법이 아닌 변칙과 편법을 자주 사용했을 수도 있다. 그것은 다수의 오른손잡이들에 의해 비겁하거나 나쁜 것으로 간주되었고, 결국 이러한 금기는 왼손잡이를 언어나 사회적인 통념 속에서 불길하고 불리한 존재로 만들었다.

이러한 기능적 원인은 각각의 경우만을 설명해줄 수 있을 뿐이다. 설령 이 이론이 오른손잡이/왼손잡이가 어떻게 탄생하였는가를 밝혀줄 수 있다 하더라도, 그것이 곧 오른손을 우월한 것으로, 왼손을 열등한 것으로 규정하게 된 직접적인 원인이라고 설명하는 것은 비약이다. 왼손잡이의 금기는 생물학적인 원인을 뛰어넘어 복잡한 사회적·관념적 인식이 복합적으로 작용하여 발생한 것일 가능성이 높다.

좌뇌와 우뇌 – 유기적 비대칭

모든 사회질서는 사물의 본성(physei, ou nomo)에 기초한다. 아리스토텔레스는 사물의 본성은 그 자체가 영원한 것이며, 어떤 변화의 공격도 피할 수 있는 것으로 보았다. 그렇다면 오른손의 탁월함은 유기체(有機體)의 본성으로부터 직접적으로 온 것인가? 오른손의 우월성을 해부학적 원인으로 돌릴 수는 없는가?

일찍이 브로카(Paul Broca)는 "우리에게 좌뇌가 있기 때문에 우리는 오른손을 가진다"라고 말한 바 있다. 좌뇌는 오른쪽을, 우뇌는 왼쪽을 지배한다는 사실이 밝혀진 지는 꽤 오래다.[13] 대뇌 반구는 비대칭적으로 작용하고, 모든 신경계 역시 비대칭 구조를 가진다. 오늘날 오른손의 탁월함과 좌뇌의 뛰어난 발달 사이의 관계를 의심하기는 어렵다. 많은 인류학자들은 청동기 시대 이래 인간이 여러 가지 도구나 연장, 무기를 새롭게 만들면서 대부분 오른손잡이용으로 만든 까닭을 바로 인류의 좌뇌의 발달과 밀접하게 관련된 것으로 해석했으며, 그러한 관습이 오른손 선호를

---

13) 간질 환자들의 뇌를 연구함으로써 우뇌와 좌뇌가 가지고 있던 고유의 기능들이 세상에 알려졌는데, 그 중 하나가 좌우의 뇌가 각기 다른 기능을 한다는 사실이다. 먼저 오른손으로 물건을 집으면 그 물건에 대한 촉각 정보가 좌뇌로 들어가고, 반대로 왼손으로 들어올리면 정보가 우뇌로 들어간다는 것을 알게 되었다. 또 좌뇌에는 언어 정보와 계산 기능이 축적되어온 반면, 우뇌는 그런 기능이 없는 대신 도형이나 음성 인식 능력이 뛰어나다는 점이 밝혀졌다. 지금까지 발표된 뇌에 관한 학설 중 미국의 생물학자인 로저 스페리가 제창한 우뇌 좌뇌의 기능 분담설이 정설로 인정되고 있다. 그는 좌뇌는 이성뇌, 우뇌는 감정뇌이며, 인간은 이성과 감정으로부터 마음을 만들어낸다는 가설을 세워 노벨상을 수상한 바 있다.
우뇌가 감정뇌라는 사고 방식에 의문을 제기한 사람이 하루야마 기게오인데, 그는 좌뇌를 자기뇌, 우뇌를 선천뇌로 보고 있다. 즉 인간이 태어난 이후에 습득한 정보를 하나 하나 저장한 곳이 좌뇌이다. 이처럼 좌뇌는 경험이나 지식을 뇌에 입력하여 기억의 보물창고로 만든다. 또 우뇌는 인간이 생존하는 데 가장 중요한 본능이나 자율신경계의 활동, 도덕, 윤리관 그리고 우주의 법칙까지 포함하여 인류가 과거에 경험을 통해 얻은 최적의 생존 정보가 모두 저장되어 있는 곳이다. 나카타니 아키히로, 『뇌내혁명』1, 2, 3, 심정인 옮김, 사람과 책, 1998.; *News UC Davies*(Nov. 13, 1996)에서도 "Right Brain May Control Writing in Some Lefties, Study Shows"라는 제목의 유사한 연구결과를 밝힌 바 있다.

지향하게 만든 것으로 이해했다.

　그러나 이러한 사실이 둘 사이의 인과관계를 결정적으로 말해 준다고 보기는 어렵다. 다시 말해 브로카의 말을 뒤집어 "우리에게 오른손이 있기 때문에 좌뇌가 있다"는 명제는 성립될 수 없는가? 한 기관을 자주 사용하다 보면 필연적으로 발육이 활발해진다. 논리상 오른손의 왕성한 활동이 좌뇌를 상대적으로 발전시킨 것인지, 아니면 좌뇌가 발달했기 때문에 오른손을 자주 사용하게 된 것인지는 불명확하다. 만일 후천적인 경험과 습관의 결과로 좌뇌가 발달한 것이라면, 오른손의 우월성이 좌뇌의 생리학적 우월성 때문이라는 이론은 설득력이 약해진다.

　한편, 사람 양손(또는 두 발)의 비대칭의 유기적 원인이 인간과 가장 가까운 양수잡이 동물과 비교되기는 어렵다. 다시 말해 인간과 유사한 뇌 구조를 가진 동물에게서 오른손잡이와 왼손잡이를 구별하기는 무척 어렵다는 것이다. 이러한 사실 또한 오른손의 우월성을 해부학적으로 설명하려는 사람들에게 어려움을 가져다준다. 이것이 오른손의 우월성을 인간의 유전자 구조 속에 유전된 것으로 보기 어려운 증거다.

　이러한 극단적인 부정은 너무 지나친 주장일까? 어린아이가 갓 태어났을 때는 오른손잡이나 왼손잡이의 선천적 경향을 가지지 않으며, 방향이 결정되는 것은 전적으로 부모의 양육에 따른 것이라고 생각한 때가 있었다. 이런 주장을 한 사람은 플라톤이었다. 사실상 오른손잡이의 유기적 원인을 후천적인 활동의 영향과 명확히 구별하기는 매우 어렵다. 그러나 그것이 신체발달의 원인이 되는 행동을 독단적으로 거부하는 이유가 되지는 않는다. 외부의 영향과 유기적인 경향은 종종 충돌을 일으키기도 한다.

어떤 특정한 기능은 특정한 뇌 부위의 발달과 긴밀히 관련되어 있긴 하지만, 동시에 어렸을 때부터 그가 속한 사회의 관습과 규범을 지키도록 강제력을 가함으로써, 예를 들어 어떤 이유로 왼손 사용을 억압하는 사회의 요구 때문에 오른손잡이가 될 확률이 높은 것 또한 가능한 일이다.

만일 그렇다면, 오른손을 우월하게 본 이유가 오른손을 사용하는 사람들이 압도적으로 많기 때문이라는 주장을 받아들여야만 할 것이다. '인류사의 작은 수수께끼'라고 불리는 오른손/왼손잡이의 선천적인 불균형——100명 가운데 선천적인 왼손잡이가 약 5~10퍼센트에 머물러 있다는 사실——에서도 설득력을 가진다. 아리스토텔레스가 적절히 지적했듯이 우리의 양손은 천성적으로 균형을 이루고 있지 않다. 대다수의 사람들이 오른손잡이인 것은 유전에 의한 오른손잡이가 압도적으로 많다는 증거다. 물론 여기에 양손잡이를 어느 쪽에 분류하느냐에 따라 약간의 차이는 발생할 수 있으나, 이러한 통계학적 불균형을 의심할 만큼은 결코 되지 않는다. 대부분 왼손잡이들이 양손잡이일 확률이 매우 높기 때문이다.[14]

---

14) 왼손잡이는 오른손잡이에 비해 양손이 자유롭다. 대개의 왼손잡이들이 좌뇌도 발달되어 있는데다가 우뇌와 좌뇌를 연결하는 뇌량이 오른손잡이보다 약 11퍼센트가 크다. 이런 과학적 사실을 근거로 왼손잡이가 더 명석하다고 주장하는 사람들이 있다. 실제로 세계의 천재들의 모임인 멘사 회원의 20퍼센트가 왼손잡이다. 역사상 가장 위대한 천재로 꼽히던 뉴턴, 아인슈타인, 레오나르도 다 빈치가 왼손잡이이고 빌 게이츠도 왼손잡이다. 그러나 왼손잡이가 머리가 좋다는 것은 아직 불분명하다.

만일 처음부터 오른손이 자연의 선물에 의해 촉각, 힘, 재주 등 모든 면에서 왼손을 훨씬 능가할 만큼 우월했다면, 왜 자연적인 우월성을 가진 오른손잡이에게 인간적인 특권까지 부여하였는가? 왜 상대적으로 덜 발달된 손을 훈련시키고 발전시키려고 교육하지 않고, 나은 손만을 사용하도록 강요하였는가? 매우 이상하게도 왼손은 활동하지 않는 손으로 유지되었다. 오히려 왼손의 발달은 방법적으로 가로막혀 있었다. 인도에서는 아이가 출생하면 왼손을 사용하지 못하도록 묶어놓는 관습이 있었다. 왼손만으로는 어떤 독립적인 활동도 할 수 없도록 만드는 것이 중요한 목적이었다.

이것이 왼손의 소질을 발달시키려는 어떤 노력도 실패하도록 만든 운명이라 할 수 있을까? 그러나 경험은 우리로 하여금 이의를 제기하도록 한다. 드문 경우이긴 하지만, 왼손의 소질이 훈련을 통해 배양될 수 있음을 보여주는 예들이 있다. 피아노나 바이올린을 연주할 때 오른손만큼 왼손을 잘 사용할 수 있으며, 외과의사가 수술할 때도 역시 마찬가지다. 오른손을 다쳐 사용할 수 없는 사람의 경우, 그가 선천적인 왼손잡이가 아니라 하더라도, 어느 정도 시간이 지나면 왼손의 부족한 기술과 힘을 얼마든지 길러 생활할 수 있다. 이러한 능력은, 한 손만 가진 사람이든 양손을 가진 사람이든, 선택의 여지가 없이 왼손을 사용할 수밖에 없는 대부분의 사람들이 가질 수 있다. 양손을 사용하는 교육을 통해 훈련된 예술 및 기술 분야 종사자들의 경우 결코 오른손잡이의 독점은 발견되지 않는다.

이것은 왼손이 약하거나 힘이 없기 때문에 무시될 수밖에 없다는 종래의 주장이 정당하지 않은 이유가 된다. 오히려 진실은 그 반대다. 해부학적인 이유에서가 아니라 생리학적인 이유로, 기관의 객관적인 형태 때문이 아니라 기능적인 효과 때문에 오른손이 우월하다고 믿도록 강요한 것이다. 미개발 사회에서 왼손잡이가 갖는 느낌은, 할례가 법적 의무인 국가에서 할례받지 않은 사람이 갖는 느낌과 비슷한 것이다. 마치 눈 두 개 가진 사람이 눈 한 개 가진 사람의 사회에서는 이상하게 취급당하는 느낌처럼.

결국 왼손잡이가 사회에 받아들여지지 않았다는 사실은 그것이 하나의 자연적인 필연성/인과율처럼 여겨졌기 때문일 뿐이다. 사람은 사회와 구성원 다수가 요구하는 긍정적인 제재를 존중하고 받아들이도록 강요받게 마련이며, 그런 생각과 관념은 사회가 마련한 질서가 유지되도록 만드는 데 필수적 조건이 된다.

인간에게 유기적 비대칭은 하나의 사실(a fact)이자 동시에 하나의 관념(an ideal)이다. 해부학적 근거는 그것이 유기체의 구조에서 기인한다는 사실을 어느 정도 인정하게 해준다. 그러나 그것만으로는 결정적인 이유를 충분히 설명할 수 없다. 그것이 존재하도록 만든 관념 또는 이성의 기원을 설명해야 한다. 그것이 바로 종교적 양극성(religious polarity)이다.

종교적 양극성

오른손의 우세는 강제에 의해 부과된, 그리고 처벌에 의해 보증된 필수적인 것이다. 실제로 금기는 왼손에 그 짐을 지워버렸다. 우리 몸의 양쪽 사이에 존재하는 가치와 기능의 차이는 사회 제도가 얼마나 극단적인가에 따라 점유된다. 좀더 정확히 말해 그 차이는 절반은 미학적이며 절반은 도덕적인 명령 발생의 문제다. 지금까지 논의한 세속적인 관념은 종교적 신앙과 정서의 영역 속에서 신비적인 형태로 태어난다. 오른손 선호 사상의 원인은 수집된 진술의 비교 연구를 통해 찾을 수 있다.

원시인들의 영적 세계는 근본적으로 신성함과 더러움 사이의 대항/대립이다 뒤르켐의 말대로 "세계를 모든 성스러운 것과 세속적인 것의 두 영역으로 구분하는 것이 종교 사상의 두드러진 특징이다." 양자는 질적으로 다르다. 어떤 존재나 사물은 그것의 존재를 신성하게 하며, 특별한 본질을 충만케 하는 것이 있어서 그것으로부터 어떤 특별한 힘을 부여받게 된다고 믿었던 반면, 이런 신비적 자질이 없는 사물이나 존재는 힘도 없고, 존엄도 없다고 생각했다. 신성한 것과의 접촉을 금하는 것은, 앞서 언급한 대로 터부가 '금지'와 '성스러움'이 결합된 이중의 개념이기 때문이다. 금기와 터부는 두 세계를 분리시킴으로써 두 세계를 한꺼번에 보호해준다.

신성함과 더러움 사이를 구별하려는 사고는 모든 사물과 존재를 양극화한다. 따라서 어떤 것이 거룩하고 어떤 것이 더러운 것인가를 규정해야 한다. 이것도 저것도 아닌 어중간하고 애매모호한 중립 지대는 존재하지 않는다. 모든 사물은 깨끗한 것이든 더러운 것이든 한쪽이어야 한다. 여기서 깨끗한 것은 신성한 것이며, 더러운 것은 악마적인 것으로 나뉜다. 이러한 원시 사고의 본질인 이원론(二元論)은 사회체제를 지배한다. 부족을 구성하는 두 개의 반족(半族), 두 개의 씨족 집단은 성스러움과 더러움으로 대립된다. 이러한 사회적 양분(兩分)은 자기의 토템은 먹을 수 없다거나, 내 씨족 구성원의 피는 반드시 쏟아버려야 한다거나, 친족 간의 결혼은 금한다거나, 시체에는 손을 대서는 안 된다거나 하는 금기를 만들어낸다. 상반되는 것들의 존재야말로 사회 생활의 필수조건이 된다. 사회의 진화는 이원론을 엄격한 계급구조로 대체해버렸다. 그런 의미에서 사회적 양극성은 아직 종교적 양극성의 결과를 반영하고 있다.

"X란 X가 아닌 것과의 관계 속에서 어떤 것을 의미한다." 이러한 생각은 헤라클레스(Hercules)로부터 헤겔(Hegel)에 이르기까지 매우 친숙한 개념이었다. 빛과 어둠, 낮과 밤, 하늘과 땅, 추위와 더위, 선과 악, 남과 북 등과 마찬가지로 오른손과 왼손 역시 그런 종류의 짝이다. 특히 원시 사회에서는 우주 만물이 모두 고유한 성(性)——남성과 여성——을 가진다고 믿었다. 이 우주적 구별은 최초의 종교적 안티테제(antithesis) 위에 자리잡은 개념이다. 특히 남성 중심의 사회에서 남자는 거룩하고 여자는 더럽다는 생각은 하나의 종교적 질서로 자리잡아 갔다. 이 모든 사고의 틀 안에는 남성이 우주/창조질서의 중심에 서 있다.

깨끗함	성스러움	남성	우월(상위)	좋음
불결함	속됨	여성	열등(하위)	나쁨

우주가 이러한 이원론적 양극성을 가진다고 이해한 사람들이, 어떻게 소우주인 인간 안에서도 그러한 양극성이 존재한다고 생각하지 않았겠는가? 이제 사회와 개인도 우주와 마찬가지로 양면성을 가지는데, 한쪽은 힘이 세고 다른 한쪽은 약하며, 한쪽은 선하고 다른 한쪽은 악하다고 생각하게 되었다. 힘센 쪽은 오른쪽이며 약한 쪽은 왼쪽이고, 선한 쪽은 오른쪽이며 악한 쪽은 왼쪽이라 믿었던 것이다. 동양에서의 음양(陰陽) 사상이 바로 같은

구실을 했다. 해와 달이 양과 음으로 나뉘고, 남자와 여자가 양과 음이듯, 음양설은 오른쪽을 양으로 왼쪽을 음으로 삼았다. 이처럼 이원론적인 세계에서는 한쪽이 다른 쪽을 공격하기도 하며 물리치기도 한다. 또 한쪽이 다른 쪽을 끌어당겨 배제하기도 포함하기도 한다.

그렇다고 해서 이러한 이원론적 양극성이 '바로' 오른손을 긍정적 상징으로, 왼손을 부정적 상징으로 결정한 원인이었다는 것을 증명하기에는 부족하지 않은가? 그럼에도 불구하고 만일 유기적 비대칭이 없었다면, 그러한 구별이 창안/날조될 수 없었을 것이다.

차이가 차별이 되는 조건

왼손잡이의 수적인 열세는 전 세계를 통해 공통적으로 나타난다. 각각의 문화나 환경의 영향에 따라 다르게 나타나지 않고, 거의 일정한 비율로 오른손잡이가 많은 것은 앞에서 살펴본 바와 같다. 그러나 오른손잡이가 왼손잡이보다 기능적인 관점에서 우월하다는 증거는 아직 없다. 구약 성서(사사기 20:15, 16)[15]에서도 일반적인 통념과는 달리 왼손잡이들이 뛰어난 능력을 가지고 있는 것을 볼 수 있다. 이것은 생물학적·해부학적으로 왼손잡이

---

15) "그때에 성읍들에서 나온 베냐민 자손과 수는 칼을 빼는 자가 모두 2만 6천이요, 그외 기브아 거민 중 택한 자가 칠백인데 이 모든 백성 중에서 택한 칠백 명은 다 왼손잡이라 물매로 돌을 던지면 호리도 틀림이 없는 자더라"(사사기 20:15, 16).

가 오른손잡이에 비해 결코 열등하지 않다는 한 증거일 것이다. 그렇다면 무엇이 왼손잡이의 금기를 만들었는가?

몸 양쪽 사이의 필수적인 차이는 원시 사고로부터 상속된 이원론의 결과였다. 그러나 어떻게 오른쪽은 성스럽고 왼쪽은 더럽다는 종교적인 요구가 발생하였는가? 몇몇 연구가들은 오른쪽과 왼쪽의 차이가 태양숭배 사상으로부터 비롯된 것이라고 설명한다. 공간 안에서 인간의 위치는 어느 쪽으로 치우치거나 방향이 정해지지 않았다. 그러나 기도할 때 태양이 뜨는 곳을 향해 서면서 모든 삶의 방향이 결정되었다. 동쪽을 향해 서면서 자연스럽게 오른쪽은 남쪽이 되고, 뒤는 서쪽, 왼쪽은 북쪽이 된다. 태양은 동쪽에서 남쪽을 지나 서쪽으로 지는 것처럼, 빛과 어둠, 뜨거움과 차가움이 오른쪽과 왼쪽으로 자연스레 나뉘게 되었다. 가장 거룩한 건물은 동쪽을 향해 짓기 시작했으며, 거룩한 것은 오른쪽이 되고 그 반대는 왼쪽이 되었다. 결국 인간은 이중적인 존재(homo duplex)이므로 오른쪽과 왼쪽 사이에 커다란 차이를 지닌다. 한쪽은 재주 있는 것으로, 다른 한쪽은 서투른 것으로.

우리가 말하는 오른손잡이가 되는 일반적인 경향이 인류 전체에 걸쳐 널리 분포하고 있는 듯 보이지만, 그 경향이 유기체 밖에 존재하는 어떤 영향력에 의해 고정되고 강화되지 않으면 오른손이 절대적으로 우위를 점하지는 못한다는 사실을 인식할 필요가 있다. 사회적 관습이나 가치관, 그리고 그에 따르는 구속력이 유기체 밖에 존재하는 영향력이다. 에르츠의 말대로 "오른손의 우월성은 제재를 동반한 강제에 의해 확보되며, 왼손은 금기시 되고 마비된다."

일단 오랜 기간에 걸쳐 자연스런 선택과 문화적 적응의 과정을 통해 형성된 왼손잡이 금기—이는 하나의 믿음이며 관습이 된다—는 지속적으로 유지되는데, 그러한 전통적인 믿음이나 관습이 그렇게 오랫 동안 존속해온 데에는 분명 사회·문화상의 충분한 조건과 이유가 있었을 것이다. 만약 어떤 것이 오랜 세월을 견디면서 유지되어왔다면, 그것은 적어도 적응에 성공한 것으로 보아야 할 것이다. 사고 패턴의 차이는 차별화된 사회적 조건과 긴밀히 작용하기 때문이다. 물론 그들이 유지해온 모든 관습이나 믿음이 다 유용한 역할을 했기 때문이라는 주장은 그릇되다. 때로는 비효용적이고 유해하며 심지어 치명적일 수도 있다. 관습은 종종 집단에서 용납될 수 없음에도 불구하고 전해 내려온 반(反)사회적 행동을 포용하기도 한다. 그럼에도 전통적인 관습과 믿음이 변화에 저항하는 까닭은 그것이 사람들에게 최대의 이익을 안겨주기 때문이 아니라, 변화가 명백히 필요하지 않은 상황에서 그것이 그런대로 효과를 발휘하기 때문이다. 모든 금기가 충분할 정도로 효과적이어야 하지만, 최적/최상일 필요는 없다. 사실 영국의 인류학자 엘런(Roy Ellen)의 말대로, 흠 잡을 데 없이 완벽한 사회, 완전히 합리적인 규범이란 존재할 수 없다.[16]

결론적으로 왼손잡이 금기는 오른손잡이 중심 사회가 낳은 하나의 사회적인 억압기제였다. 금기는 억제를 통해 사회의 질서와 통합을 가져다준다. 이것은 터부가 사회적 일체감(때로는 복종)

---

16) R. Ellen, *Environment, Subsistence, and System : The Ecology of Small-Scale Social Formation*, New York : Cambridge University Press, 1982, p.251.

을 형성하는 데 중요한 기능을 한다는 것을 의미한다. 왼손잡이 금기가 바로 그러한 사회적 기능을 하고 있다. 문제는 그러한 통제는 통제자에게 우선권을 주게 되고, 그 우선권은 하나의 권력이 되어 지배 이데올로기를 낳게 되며, 이데올로기는 고착되어 영속화를 꾀한다는 것이다. 차이의 체계로 이루어진 고대사회의 질서로부터 질서를 위한 '차이'가 지배를 위한 '차별'이 되어, 차이의 본질은 거세되고 차별의 작용만 남게 되었다. 사고 패턴의 차이는 차별화된 사회적 조건과 긴밀히 작용한다.

3 문신 금기

우리 사회에서 문신(文身)에 대한 인식이 그다지 좋지 못한 것은 여러 범죄 집단들이 자신들의 소속을 나타내기 위해, 그 범죄 집단 내의 우정과 의리의 차원에서, 그리고 일반 대중들을 위협하는 수단으로써 문신을 사용하고 있기 때문이라고 할 수 있다. 즉 우리에게 아직까지 문신은 혐오의 대상으로 치부될 뿐만 아니라, 현행법상 문신을 새겨주는 것은 의료법 위반이다. 그러나 최근 그 경향이 현저히 달라지기 시작했는데 다음의 기사를 보면 잘 알 수 있다.

몸에 그림을 새기는 문신은 조폭이나 깡패들이 힘없는 사람들을 윽박지르고자 과시하는 이미지가 짙어 혐오 대상의 하나로 여겨져왔다. 하지만 이 문신들이 요즘 거듭나고 있다. 거리에서 유행 중인 여성들의 '헤너 문신'[1]쯤을 두고 하는 말은 아니다. 최근 몸에 직접 새겨넣는 진짜 문신들이 양지로 발돋움을 시도하고 있다. 지난 5월 국내 처음으로 문신연합회가 창설되었는가 하면 해외여행, 사진전 등 행사들이 불과 몇 달 사이

---

1) 스티커를 붙이거나 물감으로 그림을 그려 물로 지울 수 있는 문신.

에 연이어 열렸다. 급기야 현행법상 불법으로 규정된 문신을 합법화하기 위한 헌법소원 움직임까지 일고 있다. 그 움직임을 가장 잘 드러내는 곳은 '한국문신동호인 연합회'(www.ktma.co.kr)인데, 문신을 건전하게 향유하자는 취지의 모임이다. 이 연합회의 박회철 부회장은 "가까운 일본은 잘된 문신을 예술 작품으로 인정한다. 아시아에서조차도 문신을 법적으로 금지하는 나라는 한국밖에 없다"며 매년 미국 뉴욕에서는 세계 문신 대회가 떳떳이 열린다고 말한다.

이미 문신에 대한 사회적 태도는 조금씩 바뀌고 있다. 일부 여성들의 경우 눈썹을 밀고 문신으로 대체하기도 한다. 하지만 여전히 사회 일각에서는 문신에 대해 부정적인 생각을 갖고 있는 것이 사실이다. 히브리 성서에서도 문신에 대한 금지 조항이 나타나는 것으로 보아 문신의 역사만큼이나 문신 금기의 역사도 꽤 오래 되었다는 사실을 알 수 있다. 그렇다면 문신은 무엇이며, 왜 사용했는가, 문신의 기능은 무엇이었는가, 성서는 왜 문신을 금지하는가를 문화인류학적 방법을 통해 살펴보자.

'타타오'의 기원과 역사

문신은 피부나 피하조직에 상처를 내고 물감을 들여 글씨 · 그림 · 무늬 등을 새기는 것을 말하며, 입묵(入墨), 자문(刺文)이라고도 부른다. 특히 색소를 사용하지 않는 방법을 특히 반흔문신(瘢痕文身)이라 하는데, 이는 피부에 칼로 흠집을 내거나 불로 지지거나, 또는 상처가 잘 낫지 않는 물질을 스며들게 함으로써 옴폭 패이거나 볼록 솟아오르게 해서 무늬를 새기는 것을 말한다. 주로 신앙적·장식적 목적 또는 지위 상징의 목적으로 신체의 표면에 인위적으로 상처를 내거나 무늬를 그려넣는 이 풍습은 아프리카·뉴기니·오스트레일리아 등지의 원주민들에게서 볼 수 있다.

문신은 제임스 쿡 선장이 1771년 남태평양으로의 첫 항해에서 돌아와 문신을 유럽에 전한 것보다도 훨씬 더 오랜 역사를 가지고 있다. 오타히탄(Otahitan)인들의 관습에 대해 쿡 선장은 "그들은 자신의 몸을 동물의 뼈로 만든 작은 도구들로 눌러 찍거나 뚫어 흠집을 내고 그 흠집을 기름기가 있는 땅콩 따위를 태운 연기로 만든 진청색 또는 검정색의 염료로 채운다. 그 원주민들이 '타타오'(Tattaw)라고 부르는 이 방법은 피부에 지울 수 없는 흔적을 남긴다. 그것은 그들이 열 살이나 열두 살쯤 되었을 때 몸의 특별한 부분에 행해진다"고 쓰고 있다.

여기서 오타히탄인들의 언어인 '타타오'(Tattaw)는 폴리네시아인들의 언어로 두드리거나 때린다는 뜻의 '타'(Ta)에서 유래되었다고 한다.[2] 또 서양에서의 이 말에 대한 기원은 군인이자 역사가인 터너(James Turner) 경이 쿡 선장의 첫 항해 이전에 자신의 글에서 "북을 두드린다는 의미를 가진 '타투'(Tattoo)라는 단어를 군대 내의 신호로 사용하고 있다"고 쓴 데서 찾을 수 있다. 문신을 독일어로 Tätowirung, 프랑스어로 Tatouage, 그리고 이탈리아어로는 Tatuaggio라 하는데, 모두 타타오에서 유

---

2) George Burchett, *Autobiography of Tattooist*, London: Oldbourn, 1958.

래한 말이다.

문신은 아득한 옛날부터 있었고, 그 역사 또한 매우 오래 되었다. 지금도 의복 없이 사는 아프리카의 여러 부족들이 문신을 새기는 것으로 보아, 최소한 문신의 역사가 의복의 역사보다는 오래 되었다고 할 수 있다. 기원전 2,000년경의 이집트 미라와 세티 1세(B.C. 1317~1301)의 무덤에서 나온 미라의 팔이나 가슴에 신의 이름이나 상징을 나타내는 문신이 발견되며, 알래스카의 세인트로렌스 섬에서 발견된 기원전 1,600년 전의 것으로 여겨지는 얼어붙은 미라에서도 문신을 볼 수 있다. 중국에서는 일반적으로 남부를 제외하고는 옛날부터 문신을 하지 않았는데, 12세기쯤 주공단의 두 아들 태백과 우중이 형만으로 달아났을 때 그곳 풍속에 따라 머리를 깎고 전신에 회색 문신을 하였다는 기록이 있으며, 알타이 지방 볼쇼이우라간 강 오른쪽 연안의 파지리크 고분군의 제2호 묘에서 발견된 기원전 4~3세기 것으로 추정되는 남자 미라의 팔다리, 가슴 등에서 유익수(有翼獸), 새, 염소, 사슴, 물고기 등의 동물 무늬가 문신되어 있었다.

로마 시대에는 죄수와 노예에게 문신을 하였는데, 역사가 헤로도토스의 기록에 따르면 트라키아에서는 여성이 고귀함의 표지로서 문신을 하였으며, 또 왕의 비밀문서를 전달하는 사신의 신분 확인을 위해 머리를 밀어 탄묵(彈墨)하고 머리카락이 자란 후 밀사로 파견되기도 했다. 유럽에서 골족, 브리튼족, 게르만족 등도 문신을 하였는데, 기독교가 전파됨에 따라 이 풍습은 사라졌다. 일본에서는 중국의 사서인 『삼국지』 위지 왜인전에 기록된 바와 같이 문신 풍습의 역사가 길다. 우리나라의 문신에 관한 첫 번째 기록으로는 3세기경 중국 『삼국지』 위지 동이전에 "마한의 남자들은 때로 문신을 한다"[3]는 내용이 보인다.

우리가 중점적으로 다루게 될 히브리 성서 레위기 19장에서는 문신이 금지되고 있다. 이는 팔레스타인을 포함한 주변의 세계에서도 문신 풍습이 있었음을 반증해준다. 근동 지역에서는 예전부터 동양 집시가 문신사(文身士)로 활동하고 있었다.

한국에서의 문신과 금기

문신은 자문(刺文)·입묵(入墨)·자청(刺靑)·자자(刺字)라고도 한다. 중국의 오래 된 문헌『삼국지』위지 동이전에 "마한의 남자들은 때로 문신을 한다"고 하였으며, 같은 책 변진조에는 변한 사람들도 "왜(倭)와 가까운 지역이어서 남녀가 문신을 하였다"고 기록한 것을 보면, 한국의 문신 역사도 꽤 오래 되었다 할 수 있다. 같은 문헌에 마한인들은 장식하기를 좋아하였다는 기록이 있는 것으로 보아 이들의 문신은 장신구·색깔무늬 등의 장식을 포함한 멋 내기를 위한 수단이면서 또한 주부(呪符)였고, 신분과 계급을 표시하는 방편이었던 것 같다.

또한 고려·조선 때는 도둑의 이마에 '도'(盜)라는 글자를 자자했으며, 연산군 때는 도망한 공·사노비를 붙잡아 '도노'(逃奴) 또는 '도비'(逃婢) 등의 글자를 얼굴에 새겨넣었다. 한편 문신은 사랑을 확인하는 수단으로 '어우동'에서도 사용되었는데, 조선 말까지 사랑하는 사람의 이름을 피부에 새겨넣는 예가 있었

---

3) 김광언,『김광언의 민속지―한국인의 음식·집·놀이·풍물』, 조선일보사, 1994, p.297.

다. 또한 전염병의 예방과 치료의 수단으로 문신을 하기도 하였다. 강원도 산간 지방에서는 전염병이 유행할 때 이마에 붉은 동그라미를 새겼으며, 평안북도에서는 임산부가 난산할 경우 발바닥에 '천'(天)이라는 글자를 입묵했다고 한다.[4]

그러나 이와 같이 문신의 사용에 대한 예가 있음에도 불구하고, 우리나라에도 문신(여기서는 '자자')에 대한 금지를 표하는 항목이 있었다. 16세기 선조 때 『소학언해』(원전: 孝經)에서는 문신에 대한 공자와 증자의 대화를 기술하고 있다. 공자가 증자에게 말하길, "몸과 형체와 머리털과 살은 부모에게서 받은 것이기 때문에 감히 헐어 상하게 하지 않아야 함이 효도의 시작이다"(孔子 謂曾子曰 身體髮膚 受之父母 不敢毁傷 孝之始也)라 하였다.

문신의 기능

주술적인 기능 – '카인의 징표'

신체는 영혼과 실체를 연결해주는 유기적 존재로서 사회 생활 속에서 자신을 직접 투영해주는 매개체이므로 신체를 통한 표현은 시대를 반영한다. 고대 관습으로서 신체 장식은 자연세계에 존재하는 마술적인 힘을 일으킨다고 믿었다. 신체를 이용한 문신의 주술적 기능은 아랍의 여러 국가들에서 보호의 역할로서 나타난다. 아랍에서는 누구든지 문신가가 될 수 있으며, 그들이 만든 최상의 문신은 바그다드에서 완성되었다. 또한 문신을 하기 위한

---

4) *Ibid*. p.299.

물감은 주술적 특성을 지녔다고 믿었다. 예를 들어 젖먹이에게는 어머니의 젖을 물감으로 사용하였는데, 그 의미는 어린이가 성장하고 건강하도록 도와주는 젖의 성질이 문신을 하는 사람에게도 비슷한 이익을 준다는 것이다. 특히 딸에게 먹이는 젖은 마음을 진정시키고 냉정하게 해준다고 믿었기 때문에 딸을 가진 어머니의 젖을 우선적으로 선택하였다. 또한 문신을 만들기 위해 작업하는 동안 코란의 구절을 암송하면 문신의 보호 기능이 더욱 증가된다고 생각했다. 이러한 주술적 기능은 물의 위험을 막으려고 문신을 새기는 일본부터 인도차이나 반도에 이르는 지역까지 널리 퍼져 있었다. 베트남에서는 용이나 악어를, 라오스에서는 물고기 비늘 무늬를 즐겨 넣은 것도 같은 이유에서다.

멜빌(Herman Melville)은 "문신을 하는 것은 과거에는 선지자와 예언자의 일이었다"고 그의 유명한 소설 『백경』(Moby Dick)에서 기술하고 있다. 보르네오 어떤 섬의 여성들은 앞이마나 입술의 문신이 남성을 끄는 특별한 힘을 가진다고 생각했고, 미얀마의 여성들 역시 그렇게 믿었다. 나제르의 후라니족 여인들은 악령과 병으로부터 보호받기 위해 얼굴에 칠을 하였고, 인도 라자스의 소녀들은 그들의 턱에 정삼각형 모양의 문신을 하는데, 그 이유는 문신이 악령으로부터 자신들을 보호해준다고 믿기 때문이다. 요르단의 베두인 여성들도 문신을 하면 신체적 매력을 증가시키고 악령으로부터 보호받을 수 있다고 믿는다.

문신의 주술적 기능에는 살인자를 변장시켜 피살자의 혼령이 그를 못 알아보도록 하는 것이 있다. 마치 카인을 보호하기 위해 하나님이 카인에게 표를 주신 것과 마찬가지이다. 히브리 성서 창세기에 따르면 카인이 자신의 아우 아벨을 죽이고 도망자가 되었을 때, 카인이 죽임을 당할까 두려워하자 하나님이 그에게 표를 줌으로써 만나는 누구에 의해서든 죽음을 면케 하였다고 한다. 하나님이 최초의 살인자에게 붙여주셨거나 그에게 지정해주신 기호 역시 일종의 문신이었음이 분명하다.

인류학자들이 해석한 "카인의 징표"(창세기 4:1)[5]란 단순히 종족의 표시이거나 살인범을 격리시키는 풍습이 아니다. 일차적으로 살인자가 달고 다니는 표시는 살인범 자신을 보호하기 위한 것이 아니라, 그를 만나는 사람을 보호하기 위한 것이었다. 다시 말해 사람들에게 접근하지 못하도록 경고하는 위험 신호로서 이스라엘에서 나환자들에게 규정해준 특별한 옷차림과 같은 것이었다. 살인자는 죽음의 전염병에 걸린 자요, 땅과 주민을 죽이는 유독성의 분위기에 포위된 자이기 때문에, 그 자신이 전염병을 몰고 다니는 자와 다를 바가 없다. 그가 들어와서 땅을 밟기만 해도 대지는 시들어 황폐해진다. 이는 요한계시록에서 말

---

5) J. G. Frazer, *Folklore in the Old Testament: Studies in Comparative Religion, Legend and Law, 3 vols*, London: Macmillan, 1918(이양구 옮김, 『구약 성서의 민속』, 강천, 1996, pp.125~148)을 참조할 것. Claus Westermann, "Excursus: The Mark of Cain," *Genesis, Biblischer Kommentar*, Neukirchener Verlag, 1974. eng. trans., *Genesis 1~11: A Commentary*, Minneapolis: Augsburg, 1984. 한편, 에이콕은 예수와 카인의 성흔(聖痕, stigmata)을 비교하면서 이 은유의 의미를 4차원——실존적 패러독스(육체적 필멸성과 정신적 불멸성 간의 대립)로서의 성흔, 소유의 징표로서의 성흔, 제물의례 요소(신의 영역과 인간의 영역을 매개)로서의 성흔, 성흔과 농간자라는 주제——으로 나누어 설명하고 있다. 앨런 에이콕, 「카인의 징표」, 『성서의 구조인류학』, 한길사, 1996, pp.335~347을 참조할 것.

하는 저주받을 짐승의 수 "666"(13:18) 또는 구원받은 144,000명의 "이마에 새겨진 어린 양의 이름과 그 아버지의 이름"(14:1), "이마에 이름이 기록된" 바빌로니아의 음녀(淫女)(17:5) 등과 그 의미가 통한다.

뉴기니 섬의 북동쪽 해안에 사는 야빔족은 피살자의 친족들이 살인자에게 보복하는 대신 피의 보상금을 받아들였을 경우, 살인자 집안의 친족들에게 부탁하여 살해당한 피해자의 망령이 괴롭히지 않도록 이마에 표시하기도 하였다.[6] 이렇게 살해자를 변장시켜 혼령이 그를 못 알아보도록 한 것은 아프리카 콩고의 바야카족, 남동 아프리카 모잠비크의 통가족, 바수토랜드의 바수토

---

6) 살인자가 지니고 다니는 표시는 비록 그것이 죽음에 대한 피의 보상은 아니라 하더라도, 피살자의 피값을 충분히 받았다는 증거물로서의 영향력은 충분히 있었을 것이다. 그러므로 피살자의 망령이 더 이상 그를 괴롭힐 권리가 없다는 것을 증명하는 표시인 것이다. 살인자가 받게 될 응보에 대한 공포감을 진정시킬 수 있는 제사의식은 고대사회에 없었다. 결국 하나님이 카인에게 주신 징표는 그를 죽은 자의 유령으로부터 해방시켜주는 하나님의 약속인 것이다. 완전한 사랑(약속)만이 두려움을 몰아낸다. 이러한 인류학자들의 해석은 성서 본문의 카인 이야기를 명백한 모순에서부터 구해내는 장점이 있다. 통상적인 해석에 따르면 하나님이 카인에게 표를 붙여준 목적은 바로 그를 죽이려는 다른 사람들로부터 그를 구출하는 것이다. 그러나 창조 이야기에서 카인을 해칠 사람이 그의 부모를 제외하고 누가 더 있단 말인가? 따라서 최초의 살인자 카인이 자신을 해칠 것을 두려워한 자는 살아 있는 사람이 아니라, 이미 죽은 사람의 유령이었다고 가정함으로써 당시 사회구조 속에서 제기될 수 있는 모순을 극복할 수 있게 된다. 최창모, 「카인과 아벨 이야기(창세기 4장)의 구조와 의미─한 해석사적 연구」, 『목원성서 연구지』 2(1998), pp.48~104 참조.

족, 동부 아프리카 나일강 상류의 카비론도족 등에서도 나타난다. 아프리카의 문신 시술자 대부분이 주술가인 것으로 보아 문신과 주술은 깊은 연관관계가 있음이 틀림없다. 아마도 옛날에 주술적인 의미로 새겨넣던 문신이 시간이 흐르면서——물론 시간의 순서를 정확히 말할 수는 없겠지만——주술적 기능에서 씨족의 표시로, 씨족 표시에서 사회적 지위 상징으로, 용맹의 상징으로, 형벌의 기능으로, 후에는 미적 기능의 문신으로 변천해왔다고 추측해볼 수 있다.

씨족 표시

토템을 섬기는 부족은 특정 금기에 지배받고 있으며, 부족 구성원들은 종족을 나타내는 표시로 팔과 손에 그들의 토템을 새겨넣어 다른 부족과 구별하였다.[7] 일반적으로 문신은 성년식 때 새겼다. 이는 생물학적 존재에 불과했던 인간——카메룬의 바피아인들은 만약 그들에게 상흔이 없었다면 돼지나 원숭이 등의 짐승과 구별되지 않았을 것이라고 생각하며, 뉴질랜드의 마오리 여인 역시 만약 입술이나 몸에 문신을 하지 않았다면 흰 치아와 붉은 입으로 인해 개와 구별할 수 없었을 것이라고 생각한다[8]——이 사회적 존재, 즉 씨족이나 부족의 일원으로 다시 태어나는 표시에 해당하며, 할례, 발치, 전이 등의 신체변공[9]과 더불어

---

7) Victoria Ebin, *The Body Decorated*(임숙자 옮김, 『신체장식』, 경춘사, 1988, p.35).

8) *Ibid.*, p.23.

9) 신앙 · 의례 또는 장식 등의 동기에서 비롯하여 자연 그대로의 신체 일부에 변화를 주는 습속. 장신구를 달기 위하여 귀 · 코 · 입술 · 턱 등

복합적으로 이루어지는 경우가 많다. 이는 소속 집단에 대한 충성심을 표현하며, 경계 밖의 종족으로부터 자신을 구별하는 중요한 표시가 된다.

　문신은 신체 발전의 각 단계에서 행해지지만, 가장 정교하고 섬세한 형태는 보통 15~20세에 나타난다. 계속 성장함에 따라 형태가 변형되기 때문이다. 폴리네시아의 마르케사스 섬에서는 문신을 베푼 부위를 씨족의 표지로 삼았다. 또한 뉴기니의 로로 족들은 그들의 몸에 넓게 문신을 하였는데, 문신을 하지 않은 사람들을 요리하지 않은 고기에 비유하면서 '날것'(raw)이라고 부르며 배척했다. 레비-스트로스는 날것과 요리된 고기를 대조하면서, 문신한 로로족은 인간의 발달과정에서 변형된 요리된 고기로 보았으며, 사회적 일체감이 부여된 사람으로 보았다. 여기서 생물학적 개체와 사회적 개체 사이의 차이를 엿볼 수 있다. 이것은 이스라엘이 자신들과 다른 민족을 구별하기 위해 하나님과의 계약 관계를 표시하는 할례를 함으로써 사회적 일체감을 가진 것과 같은 의미로 문신이 이루어졌다는 것을 말해준다.[10]

에 구멍을 뚫거나 허리·목·다리·팔 등을 인공적으로 가늘게 만들거나, 문신을 피부에 베푸는 일 등. 그밖에 할례 등이 이 예로서 현대 문명 사회에서의 입술 연지·매니큐어·문신 등의 풍속도 이에 속한다고 볼 수 있다.

10) 이스라엘의 할례 역시 문신처럼 다른 민족과 차이를 두기 위한 것이라면, 어떻게 하나는 금기로 작용하며, 다른 하나는 의무로 규정되기에 이르렀는가? 문신과 할례는 상호 어떤 관련성/반작용이 있는 것일까라는 의문으로 남는다.

신분의 상징

뉴질랜드의 마오리족의 경우 높은 지위에 있는 인물은 얼굴 전체를 곡선이나 직선, 당초문이나 와상선(소용돌이 무늬)으로 빈틈없이 장식했다. 마셜 군도의 주민들은 가슴이나 몸통 앞부분에 예술적인 데생을 했지만, 턱과 얼굴을 장식하는 것은 추장만의 특권이었으며, 왕족은 팔, 일반인들은 등과 가슴에만 시술하였다. 샌드위치 섬의 지도자는 일반인과 다른 특별한 형태의 문신을 하는데, 그 이유는 문신을 통해 지도자의 높은 지위가 나타난다고 믿기 때문이다. 카스트 제도를 가지고 있는 므바야족의 귀족들은 자신의 가문에 해당되는 문신이나 형판을 몸에 채색함으로써 자신의 서열을 표시하였다.[11]

용맹의 상징

대만 원주민 가운데 아타얄족은 상대 마을에 몰래 들어가 산 사람의 목을 베어 온 용맹을 기리는 뜻으로 문신을 하였다. 또 많은 경우 강한 인내심을 표현하기 위하여 몸에 영구적인 흔적을 남겼다. 랜턴 베이의 에스키모인들은 인디언과 고래를 죽이는 것을 영광스러운 업적으로 여겨 인디언을 죽였을 경우 코에서 양쪽 귀까지 문신을 하였고 고래를 죽였을 경우에는 입에서 양쪽 귀까지 문신을 하였다.[12] 이것은 일종의 훈장 같은 것이다.

---

11) C. 레비-스트로스, 『슬픈 열대』, 한길사, 1998, p.356.

12) J. G. 프레이저, 『문명과 야만』 I, 강천, 1996, p.121.

형벌의 기능

고대 로마에서는 죄인과 노예의 몸에 문신을 새겨넣었는데, 특히 노예에게 문신을 한 것은 주인의 소유물이라는 측면에서 분실을 방지하고 혹시 있을지 모르는 노예 신분에 대한 혼동 위험을 방지하기 위한 것이었다. 이는 마치 목장에서 소의 소유주가 자신의 소에 낙인을 찍는 것과 같다. 6세기 이후 일본에서는 범죄자와 석방자를 식별하기 위해 문신을 널리 이용하였다. 석방자들에게는 십자 표시를 팔 전완(前腕) 안쪽에 문신하거나, 일직선 표시를 전완의 바깥쪽 또는 팔 위쪽에 새겼다. 나치 역시 포로 수용소의 유대인들 전완의 바깥쪽에 번호를 새겨넣었다. 또한 일본에서는 범죄자들에게 범죄를 저지른 장소를 나타내는 다양한 상징적 표시들을 새기기도 했다. 어떤 지역에서는 개의 모양이 범인의 이마에 새겨졌고, 그밖에 이중 띠, 그리고 원의 형태 등도 얼굴이나 팔에 새겨졌다. 문신 표시가 있는 사람들은 그들의 가족에 의해 추방되었으며 모든 사회생활에 참가할 수 없었다. 무엇보다 가족공동체 생활과 사회적 위치를 중요시했던 일본인에게 문신은 매우 가혹한 형벌이었다.

우리나라에서도 고려시대에 도둑의 팔에 자자(문신)를 하면 옷소매에 가려 잘 알아볼 수 없으므로 이후 얼굴에 하도록 바꾸었다는 기록으로 미루어보아 당시에 범죄자에게 형벌을 가하는 방법의 하나로서 문신을 박았음을 알 수 있다. 초기 기독교 선교사들조차 과수원에서 도둑질을 한 사람의 뺨에 '됴젹'이라는 글씨를 새겨넣은 바 있다.

미적 기능

오래 전부터 시작된 문신은 각 사회와 시대의 문화에 따라 여러 다른 기능을 수행한다. 그 중 가장 기본적인 것은 미적 기능이다. 예쁘고 아름답게 보이고 싶은 마음은 세계 모든 나라의 여성들이 공통적으로 갖고 있는 심리이다. 중국의 민족인 다이족[13] 여성들 역시 아름답게 보이기 위해 얼굴과 신체에 문신을 새기고, 이와 손톱에 갖가지 색깔을 칠하고, 귀에는 각양각색의 귀고리를 달고, 몸에도 온갖 장신구를 걸친다. 특히 이들은 오직 아름다움만을 위해, 여자는 얼굴과 젖가슴에 그리고 남자는 가슴, 등, 허리, 팔, 엉덩이, 종아리에 문신을 한다. 얼굴에 문신을 잘 새겨 넣은 여성을 '쑤멘'이라 부르는데, 쑤멘이 되면 건장하고 잘생긴 남자를 마음대로 골라 결혼할 수 있고, 또 쑤멘으로부터 선택된 남성은 그것을 최고의 영광으로 여긴다. 그들에게 문신은 신체 장식 중 가장 동적이며 시각적으로 매력적인 장식이다.

중국 남부 해남도의 리족과 티베트 남쪽에서 중국 운남성 서북쪽으로 흐르는 드렁 강 좌우의 좁고 길고 깊은 계곡에 사는 드렁족의 경우 여자가 12살 또는 13살에 이르면 아름다움을 더하기 위해 얼굴에 무늬를 새겨넣는다.

장례 풍습과 관련된 상흔으로서의 문신

히브리 성서는 "죽은 자를 위하여 너희는 살을 베지 말며 몸에 무늬를 놓지 말라 나는 야훼니라"(레위기 19:28)고 하여 문신을 금하고 있다. 본문에 나오는 몸의 무늬, 즉 문신은 히브리어로 케투베트 카아카아(כתבת קעקע)라 하는데, 구약 성서에서 단 한 번

---

13) 강영상,『재미있는 중국의 이색풍속』, 을유문화사, 1995, p.244.

사용된다. 이 단어를 여러 영어 번역본(NIV, RSV, NASV, NKJV)에서는 모두 "타토"(tattoo)로 번역하고 있다. 케투베트는 문자 또는 피부에 찍힌 낙인이라는 의미의 '기호'라는 뜻이고, 카아카아는 칼자국 내기 또는 깊이 베인 상처, 즉 '흔적'이라는 뜻이다. 이것으로 보아 성서에서 문신이라는 직접적인 표현은 레위기 19장 28절에만 있지만, 신체의 상처 또는 상흔(scarring)도 문신과 같은 관점으로 살펴볼 수 있을 것이다. 성서에서의 문신 금기는 결정적으로 장례 풍습과 관련된다.

고대 이스라엘에는 친한 사람들이 죽었을 경우에 조상(弔喪)하는 사람들이 자신의 몸을 베어 상처를 냄으로써 슬픔을 증명하는 관습이 두루 퍼져 있었다(cf. 예레미야 16:6; 41:5; 47:5; 이사야 22:12; 아모스 8:10; 미가 1:16; 에스겔 7:18). 예레미야는 눈앞에 닥친 이스라엘의 멸망을 죽은 사람을 위한 장례식에 비유하여 이르기를 "이 땅에서는 큰 자도 죽고 작은 자도 죽을 것인데, 그들은 매장도 되지 못할 것이며 그들을 위해서는 사람들이 조상하지도 못할 것이며, 자기들의 몸을 베어 상처를 내거나 대머리 되게 하는 자도 없겠고"(예레미야 16:6)라 하였다. 또 기원전 6세기 바빌로니아 포로기 당시 유다 총독이 암살되었을 때, 이스라엘 백성들의 슬픔을 노래하면서 이렇게 적고 있다. "바빌로니아 왕이 세운 유대 땅의 총독 그다랴가 피살된 지 이틀이 되었어도 이를 아는 사람이 없었더라. 때에 사람 80명이 그 수염을 깎고 옷을 찢고 몸을 상하고 손에 소제물과 유향을 가지고 세겜과 실로와 사마리아에서부터 와서 야훼의 집으로 나아가려 한지라"(예레미야 41:5).

이처럼 죽은 자의 장례에서 그 슬픔을 표현하는 행위로 자상

(刺傷), 즉 상흔의 행위가 이스라엘에서 널리 행해졌음에도 불구하고, 이 같은 풍습을 따르는 이방인들을 강력히 비방하는 기록도 남아 있다. 예를 들면 예레미야는 블레셋에 대해 다음과 같이 예언하였다. "너희가 언제까지 몸에 상처를 내며 통곡하려느냐?"(예레미야 47:5). 또 모압의 멸망에 대하여 "모압 사람들이 모두 머리털을 밀고, 수염을 자르고, 손마다 상처를 내고, 허리에 굵은 베를 걸치고 있다"(예레미야 48:37)고 비난하기도 한다.

기원전 7세기 이후, 이스라엘 백성들조차 죽은 사람을 위하여 통곡할 때에 오랫동안 거리낌없이 행해오던 이 관습을 이방인의 야만적인 풍속으로 여겨 엄격히 금지하고 있다. 이와 비슷한 시기 그리스의 정치가이자 입법자였던 솔론(B.C. 640~559)은 죽은 사람을 위해 통곡할 때, 몸을 할퀴고 살점을 뜯어내는 야만적인 관습을 금지시켰다.[14] 그들이 이제까지 거리낌없이 지켜오던 관습을 버림으로써 자신을 주변의 이방 민족들과 구별하려 하였다.

> 너희는 너희 하나님 야훼의 자녀이니, 죽은 자를 애도할 때에 자기 몸에 상처를 내거나 눈썹 사이 이마 위의 털을 밀지 말라. 너희는 너의 하나님 야훼의 거룩한 백성이다. 야훼께서 땅 위에 사는 많은 백성 가운데서 너희를 선택하여, 자기의 기업의 백성을 삼으셨느니라(신명기 14:1, 2).

> 너희는 죽은 자들을 애도한다고 하여, 너희 몸에 상처를 내

---

14) J. G. 프레이저, 「죽은 사람을 애도하기 위하여 몸에 상처를 내는 관습」, 『구약 성서의 민속』, 강천, 1996, p.761.

거나 너희 몸에 무슨 무늬를 새기지도 말아라. 나는 야훼이다
(레위기 19:28).

그러나 새로운 개혁 운동은 그 당시 오랫동안 관행으로 지켜오던 관습들을 단번에 청산해버리기가 용이하지 않았던지, 다시 말해 온 백성을 그들의 오랜 관습에서 떼어놓는 일이 기대보다 어려웠는지, 최소한 제사장들만은 절대적으로 그 관습을 버려야 한다고 강조한다.

제사장들은 백성의 어른인즉, 스스로 더럽혀 욕되게 하지 말지니라. 제사장들은 머리털을 깎아 대머리 같게 하지 말며, 그 수염 양편을 깎지 말며, 제 몸에 칼자국을 내서는 안 된다(레위기 21:4, 5).

그러나 그 후에도 유대인들은 여전히 그 관습에 따르고 있었다. 성서 시대로부터 900여 년이 지난 후 히에로니무스가 전하는 바에 따르면 "어떤 유대인들은 여전히 죽은 사람을 위하여 슬퍼하는 표시로 팔뚝에 상처를 내고, 머리 여기저기를 밀었다고 한다."[15]

장례 의식과 관련된 상흔들에 관한 전승은 고대 근동의 자료에서도 나타난다. 즉 가나안족들도 이러한 습관을 따랐다는 기록이 우가릿 문학[16](원문 67: VI : 19, 22)에 나타나는데, 우가릿의 만

---

15) *Ibid*., p.760.
16) 『성서백과 대사전』 5, 성서교재 간행사, 1989, p.686.

신(萬神) 가운데 최고신인 엘(El) 신과 아나트(Anat) 여신이 어떻게 비옥과 풍요와 비의 신 바알의 죽음을 슬퍼했는가를 묘사했다. 엘은 그의 옥좌에서 내려와 땅에 주저앉아서 "자신을 잡아 찢고(우가릿어로는 'ytlt'), 자신의 얼굴과 양팔과 가슴과 등을 베었다."

라스 샤무라의 아캇트 문헌은 탄원하는 아낙네들의 울음과 "몸의 살을 잘게 갈라내어 자르는 남자들"이 치르는 자해에 관하여 서술한다. 그리고 바알 문헌 중 한 텍스트는 바알 신의 죽음에 대한 슬픔에 다음과 같은 표현[17]을 쓰고 있다.

> 그런 다음 자비로운 신 루트판(Lutpan)이
> 그의 옥좌에서 내려온다.
> 그는 앉은뱅이 의자에 앉고
> 그는 그 의자에서 내려와 땅바닥에 앉는다.
> 그는 애도의 재를 그의 머리 위에 뿌리고
> 휘몰아치는 먼지를 그의 해골에 뿌린다.
> 그는 허리에 걸친 옷을 갈기갈기 찢는다⋯⋯
> 그는 자기 뺨과 턱을 잘게 자르고,
> 그의 팔을 잘라 토막을 낸다.
> 그는 그의 가슴을 정원과 같이 쟁기질하고⋯⋯
> 바알이 죽었다⋯⋯라고
> 그는 목소리를 높여 소리친다.

---

17) H. 링그렌, 『이스라엘의 종교사』, 성바오로 출판사, 1990, p.318.

죽은 사람을 위해 통곡할 때 몸의 살을 베거나 훼손하는 관습은 온 인류사에 아주 널리 퍼져 있는 것이다. 앞서 언급한 바빌로니아에서는 물론 아르메니안인, 스카디아인, 그리고 고대 로마인들 사이에서도 역시 이 관습이 성행하였다. 잘 알려진 것처럼 팔과 손과 얼굴을 긁는 습관은 아직도 아랍인, 페르시아인, 그리고 오늘날의 에티오피아인들에게서 발견되고 있다.

고대 그리스에서도 여성들이 사랑하는 친족의 죽음을 위하여 통곡할 때 머리를 잘라내고 손톱으로 피가 날 때까지 양쪽 뺨을 할퀴며 때로는 목까지 할퀴었다. 흑해 북부에 있던 고대 스키타이인들은 자기들의 왕이 죽으면 모두 머리를 빙 둘러 깎고, 팔뚝마다 생채기를 내고, 이마와 코를 찢고, 귀의 일부를 베어내고, 왼손의 손바닥에는 화살을 쏘아서 뚫었다. 기원후 4, 5세기에 유럽 중부까지 침략한 아시아의 호전적인 훈족들에게는 머리를 깎고 얼굴에 깊은 상처를 내는 통곡자들의 관습이 있었다. 대부분의 슬라브족 나라에서는 방성대곡을 하며 동시에 얼굴을 찢었는데, 달마티아 지방(유고슬라비아 서부)과 몬테네그로(유고슬라비아의 남서부) 지방에 사는 일부의 주민들 사이에는 아직도 얼굴을 찢는 풍습이 남아 있다.

북아메리카의 틴네족이나 데네족은 친척이 죽었을 경우에 자기들의 살을 베어서 찢었다. 미국의 콜롬비아 강이나 오리건 주에 사는 치누크족이나 다른 인디언에게도 죽은 이의 가족이 자기들의 몸을 흉하게 하거나 상해하는 관습이 있었다. 남부 중앙의 텍사스 주의 기마 족으로 유명한 코만테족의 경우, 고인의 미망인은 한 손에는 칼을 들고 다른 손에는 숫돌을 들고 큰소리로 애도하는 말을 하는 동시에 피가 너무 많이 흘러나와 기진맥진할 때까지 양팔과 양다리와 온몸에 깊은 상처를 내었다. 미국 오대호의 서쪽 전역에 사는 사우크족과 폭스족은 가족이 죽으면 양팔과 양다리와 기타 몸의 여러 곳에 칼자국을 내었다.

장례 풍습에서 상흔의 기능

고인을 위하여 슬퍼하는 표시로 몸에 상처를 내고 머리카락을 미는 관습은 오늘날에도 상당히 많은 종족들에게서 그 흔적을 찾아볼 수 있는데, 고대의 지극히 문명화된 민족들로부터 현대의 가장 원시적인 원주민들에 이르기까지 거의 전역에서 그 흔적이 나타난다. 그렇다면 이러한 관습들의 의미는 무엇일까?

혼령을 쫓기 위한 변장의 의미로서의 상흔

상흔의 목적은 죽은 자의 혼령이 자신들을 알아보지 못하도록 변장하는 데에 있다고도 볼 수 있다. 그들은 귀찮은 혼령의 방문을 피하기 위해 자신의 머리카락을 자르고 몸에 상처를 냈다.

그렇다면 이 상흔이 혼령을 속이거나 물리치기 위하여 채용된 것일 수 있을까? 이 이론에 따르면 이러한 관습은 고인의 혼령에 대한 공포감에 근거를 두고 있다. 하지만 이것은 단지 살해자와 피살자의 관계에서만 성립되는 이론이다.

혼령을 기쁘게 하기 위한 상흔(친밀한 관계 유지)

반면 호주 중앙부의 운마트제라족과 카이티쉬족을 보면, 미망인이 곡하는 기간에는 처음부터 끝까지 온몸에 재를 뒤집어쓰고 슬픔의 표시로 몸에 상처를 낸다. 그렇게 하지 않으면 '아트니린

자'라고 하는 고인의 혼령이 끊임없이 그녀를 쫓아다니다가 그녀를 살해하여 뼈에서 모든 살을 벗겨낸다고 생각하기 때문이다.

이런 관습에서는 혼령에 대한 공포감이 명백히 드러나기는 하지만, 곡하는 사람을 알아볼 수 없게 하거나 혐오감을 일으켜서 혼령을 쫓는 것, 곧 혼령을 속이거나 기분 나쁘게 하려는 의도는 분명히 없다. 오히려 호주 원주민들의 곡하는 관습들은 혼령으로 하여금 곡하는 사람들에게 주목하도록 강요하는 데에 목적이 있는 것으로 보인다. 유족들이 그의 죽음 때문에 당하게 된 돌이킬 수 없는 손실에 대해 그토록 슬퍼하는 것을 고인의 혼령이 보고 만족하도록 그 온갖 고통과 고행을 감수하는 것으로 보인다.

호주 중앙부의 아룬타족과 다른 종족들이 두려워하는 내용을 보면 만일 그들이 충분히 슬픔을 표현하지 않으면, 고인의 혼령이 성나게 되어 그들에게 해를 끼친다는 것이다. 다시 말해 호주 중앙부의 이런 관습들은 고인의 혼령이 주시하는 것을 기피하거나 그가 보기 싫어하도록 그의 역겨움을 유발하기 위해서라기 보다는 오히려 혼령을 기쁘게 하고 그의 한을 풀어주기 위해 계획된 것으로 보인다.

그러나 고행의 유일한 목적이 혼령의 한을 풀어주는 것이었다고 단언하는 것은 아니다. 종족마다 서로 다른 동기에서 고통을 감수하거나 자신의 신체를 변형했을 것이고 다양한 동기들 중에는 고인의 위험한 혼령을 속이거나 기피하려는 소원도 종종 포함되었을 것이다.

죽은 자와 산 자의 계약으로서의 상흔

상흔에 의한 피의 제물이 어떻게 혼령을 기쁘게 하거나 유익하게 하는 것으로 여겨졌는가? 고인의 혼령이 과연 자신이 죽었을 때 단순히 친구들이 느끼는 진실한 슬픔의 표현으로서 그런 제물이나 선물을 좋아했을까? 이런 생각은 타히티 섬의 원주민들이 그 관습을 해석하는 의미였던 것으로 보인다. 왜냐하면 그들은 자신의 피와 머리카락을 선물로 바치는 동시에 눈물도 제물로 바쳐 혼령이 "생존자들의 모든 행동을 감시하고 그들의 애정과 슬픔을 나타내는 그러한 증거물들을 보고 만족감을 느낀다"고 생각하기 때문이다. 그러나 우리가 미개인들의 자기 본위와 이기주의를 아무리 고려한다 하더라도, 그 원시인의 혼령이 자신의 남아 있는 친족들이 피를 흘리며 당하는 고난과 결핍과 부자유를 악마적으로 기뻐한다는 것은 타당성이 없어 보인다.

오히려 더 구체적이고 더 실제적인 이익의 관점에서 이 현상을 바라봐야 할 것이다. 다시 말해 이들은 원래 고인의 혼령이 유가족들의 이러한 애정과 헌신적인 고통을 보게 되면 좀더 구체적이고 실제적인 이익을 얻을 수 있다고 믿었던 것 같다.

스미스(William Robertson Smith)의 제안에 따르면, 애도자들이 고인의 혼령에게 피를 제물로 바치는 의도는 생존자와 고인 간에 피의 계약을 성립시키려는 것이었고, 이로써 혼령의 세력들과 우호 관계를 체결하거나 확인하려 했다고 한다. 이러한 견해를 뒷받침하기 위해 스미스는 달링 강 유역에 사는 호주의 몇몇 원주민들의 관습을 예로 들었다. 이 종족들은 머리에 상처를 내 시체 위로 핏방울이 떨어지게 할 뿐만 아니라, 시체에서 한 조각의 살점을 떼어내 그것을 햇볕에 말린 다음 더 작게 여러 조각으로 잘라서 친척과 친구들에게 나누어주는데, 어떤 이들은 힘과 용기를 얻기 위하여 그것을 빨아먹고, 어떤 이들은 많은 강물과 물고기를 가져다달라고 그 마른 조각을 강물 속으로 던졌다. 여기서 산 자들이 고인에게 피를 나누어주고 고인의 살점을 빨아먹는 것은 생존자들과 고인이 틀림없이 서로 상대방을 유익하게 하는 관계를 지속하고 있다는 것을 보여주는 듯하며, 이 관계가 어떤 계약으로 묘사될 수 있느냐 없느냐는 별로 중요하지 않다.

여기서 상흔은 산 자와 죽은 자가 서로 유익한 것을 교환하는 관계를 맺어주는 하나의 매개 역할을 함과 동시에 그러한 쌍방관계를 입증하는 상징성을 내포하고 있는 것이다.

조상숭배와 관련된 상흔

프레이저는 애도자들과 애도를 받는 고인의 관계에 관한 이러한 견해에 대해 사례의 부족과 그 내용의 빈약성을 들어 반대하고 있다. 즉 유족들이 자신의 몸에 입히는 신체적인 훼손과 상처들이 항상 고인과 상호 지원과 보호의 계약을 체결하기 위한 것이라는 주장은 지나친 비약이라는 것이다.

그러면서 프레이저는 애도자들의 자해에 대한 좀더 단순하고 확실한 해석은 자신의 몸에 그토록 처절한 상처를 입히는 몇몇 원시인들의 다른 관습에서 볼 수 있다고 주장했다. 예를 들면 머리에 상처를 내 시체 위로 핏방울을 떨어뜨리는 애도 의식을 가진 달링 강 유역의 호주 원주민들은 또한 성년식을 거행할 때에도 처음 이틀 동안 식을 치르는 젊은이가 자기 친구의 팔에 있는 혈관의 피만을 마시고 살며, 그의 친구는 자진해서 자신의 피를 공급해주는 관습을 가지고 있다. 이와 유사한 예로 몹시 허약한 사람이나 중병에 걸린 사람도 방금 위에서 묘사한 것과 똑같은 방법으로 남자 친구들의 몸에서 받은 피를 먹는다. 그는 여기서 힌트를 얻을 수 있다고 한다.

다시 말해 거의 모든 미개인들과 마찬가지로 호주의 원주민들도 인간의 영혼은 육체의 죽음을 넘어 살아난다고 믿었다. 그러므로 그들이 생전에 자주 허약한 육신을 강화시킬 수 있었던 그 생명 유지의 양식을 죽어서 육신이 사라진 상태에서도 자신이 사랑하는 친척들에게서 공급받아야 한다고 믿은 것은 자연스러운 일이다. 이러한 생각은 신화 속에도 잘 나타난다. 호메로스의『오디세이아』에서는 주인공 오디세우스가 세계의 서쪽 끝에 있는 암흑 속에 사는 킴메르족의 저승으로 가서 양들을 제물로 잡아 그 피가 도랑으로 흘러 들어가게 하자 허약한 혼령들이 정신없이 그 주변으로 몰려들어 피를 마시고 오디세우스와 이야기할 수 있는 힘을 얻었다.

그렇더라도 프레이저는, 증거 자료가 허용하는 한에서 말한다면, 누군가 죽었을 때 산 사람들이 몸에 상처를 내는 일반적인 관습은 본래 고인의 혼령을 만족시키거나 유익하게 하기 위한 것이었다고 말한다. 따라서 그는 그러한 관습이 유포된 곳에서는 어디서나 인간의 영혼이 사후에 소생한다는 것을 믿었고, 그래서 죽은 사람의 혼령과도 우호적인 관계를 유지하기를 원했다는 증거가 바로 피라는 것이다. 바꾸어 말하면 이런 관습의 엄수는 고인과의 화해나 고인에 대한 숭배를 암시한다.

히브리인들이 오랫동안 죽은 친척을 위해 몸에 상처를 내는 습관을 지켜온 것은, 오랜 역사 속에서 조상 숭배를 해왔던 수많은 종족과 민족들 속에 히브리인들도 포함시킬 수 있는 증거가 된다. 조상 숭배는 모든 형태의 원시 종교 중에서 아마 가장 광범위하게 유행하고 가장 깊은 영향을 끼쳤을 것이다. 피를 흘리며 곡하는 관습과 조상 숭배와의 밀접한 관련은 아마 이스라엘에서도 왕조 말엽까지 잘 기억되었을 것이라는 게 프레이저의 주장이다.

이스라엘의 아합 왕 시대에 선지자 엘리야가 갈멜 산에서 바알 신을 섬기는 사제들과 겨룰 때, 바알의 사제들은 "규례를 따라 피가 흐르기까지 칼과 창으로 그 몸을 상하게 하였다"(열왕기상 18:28). 바알의 선지자들이 자상(自傷)을 내서 피를 흘렸던 것은 아마도 생명의 원천이 되는 비가 내리도록 가짜 마술을 행했던 가나안인들의 의식이었을 것이다. 말하자면 비가 내리도록 바알 을 불러 깨우는 의식이었다. 바알 숭배에서 이방인의 자해 의식 은 분명히 농작물에 비가 내리게 하려는 것이었으며, 이러한 목 적의 의식은 8세기 예언자 호세아 시대에도 있었고, 호세아는 이 것을 비난한 바 있다(호세아 7:14). 메시아 시대에 있을 거짓 선지자에 대한 이야기에서도 선지자들이 그들의 가슴에 자상을 입히는 일이 성행했음을 볼 수 있다(에스겔 13:2~6).

결론적으로 성서에서 이스라엘 백성들에게 '살 베기'(문신)를 금한 것은(레위기 19:28; 21:5; 신명기 14:1) 이러한 의식적인 자해가 사람을 사자(死者)의 영역으로 인계한다고 생각하는 이방인(가나안인)의 관습과 믿음을 거부하고, '스스로 있는 자'(출애 굽기 3:14)로서 그 자신을 드러내신 언약의 하나님 '야훼의 자녀'(신명기 14:1)로서 이스라엘 백성은 선민(選民)이라는 확신 때문이었다. 즉 야훼께서 이스라엘을 택하셔서 구별하셨다는 근거 아래 이스라엘이 '야훼의 거룩한 백성'(신명기 14:2)이라고 강조한 점, 삶과 건강에 대한 신성한 개념 등에 그 근거를 두고 있는 것이다.

이스라엘의 문신에 대한 금기는 그 당시 주변 국가들과 마찬가지로 문신을 하던 습관이 있던 이스라엘이 문신을 금지하여 다른 나라와의 사회적 · 민족적 · 종교적 차이를 나타내고자 한 것이다. 내적 또는 외적 차이의 체계로 이루어진 질서, 그것이 고대 이스라엘 사회구조의 특성이다.

18, 19세기만 해도 성서는 홀로 남겨진
고독한 책이었다. 노아의 홍수 이야기가 노아를
모든 인류의 조상으로 만들기에 충분한 시대였다.
그 시대 사람들은 성서를 성서 밖의 자료로
해명할 필요가 있다고는 상상하지 않았다.

인류학의 시작과 발전[1]

새로운 연구 영역으로서의 문화인류학은 이른바 '발견의 시대'(Age of Discovery)에 그 뿌리를 두고 있다. 19세기 중엽 빅토리아 시대의 창도적인 영국 문화가 세계의 다양한 '전통' 문화들과 접촉하기 시작하면서 그들을 무차별적으로 '원시적' 또는 '야만적'이라 불렀으며, 원시 종족들의 문화와 언어에 관심을 갖고 연구하기 시작했다. 물론 1859년에 출판된 다윈(Charles Darwin)의 『종의 기원』에서 크게 자극을 받은 것은 두말할 필요가 없다. 당시는 생물의 진화 과정과 같은 선상에서 인간의 역사와 문화가 '야만적' 단계에서 '문명화'(즉 서구 유럽화) 단계로 진화한다고 해석한 이른바 '문화적 진화론'이 우세했던 시대이다. 또한 사회적 진화가 생산 방식에 의해 결정된다는 마르크스의 해석도 한몫 하였다. 당시의 학자들은 기술적 · 도덕적 우월감에 도취되어 모든 분야에서 반드시 진보가 이루어진다고 믿고 있었으며, '원시적'인 부족들의 관습과 유럽의 선사 문화를 동일시함으로써 '야만 사회'의 자료가 자신들의 기원을 밝혀줄지도 모른다는 희망을 갖고 있었다.

식민지 개척과 상업 교류의 확대에 관심이 고조되던 무렵에 출

---

1) 인류학의 발전과정에 관해서는 E. E. Evans-Pritchard, *Social Anthropology*, London: Routledge & Kegan, 1951(최석영 옮김, 『사회인류학의 이해』, 서경문화사, 1996)와 Jerry D. Moore, *Visions of Culture: An Anthropological Theories and Theorists*, London: Altamira Press, 1997(김우영 옮김, 『인류학의 거장들―인물로 읽는 인류학의 역사와 이론』, 한길사, 2002)를 참조할 것.

발한 인류학은 처음부터 영국의 식민지 행정에 이용 가능한 학제로서 출발한 경향이 있었다. 특히 현지조사에 필요한 재정적 지원을 기대할 수 있었던 점이 크게 작용하였다. 1871년 영국 왕립인류학 연구소가 문을 열고, 이어 1884년 옥스퍼드 대학과 1900년 케임브리지 대학에서 각각 시작된 인류학 과정은 부분적으로 식민지 관료들을 훈련시킨다는 명분을 가지고 있었다. 인류학자들이 식민지 정책의 대행자, 즉 식민지적 생산이나 지배와는 직접적인 관계가 없다 하더라도 식민지의 자료를 얻기 위해 행정가, 선교사, 군인 등의 다양한 신분으로 식민지적 체계를 이용한 것은 분명하다.[2]

그러나 20세기에 들어 각각의 문화를 서로 다른 물리적 환경과 문화적 접촉 등 다양한 요소의 독특한 생산물로 보게 되면서 다원론적이고 상대적인 관점에서 문화를 바라보기 시작했다. 다시 말해 각각의 문화는 저마다 고유한 발전 형태를 가지며, 이는 지리적 환경, 유입된 물질문명의 확산·창안·적응의 조건에 따라 다르게 나타난다는 것이다. 인간과학(Science of Humans)으로서 인류학의 기본적인 관심은 한마디로 "인간 문화의 다양성과 문화 사이의 차이들"에 있다고 말할 수 있다. 문화는 차이다. "문화란 우리가 평등하게 그러나 서로 다르게 더불어 살 수 있게 해주는 현장이다."[3] 대부분의 인류학자들이 유럽 또는 북미 출신인

---

2) 이른바 '식민지 인류학'에 관해서는 John W. Burton, "Representing Africa: Colonial Anthropology Revisited," *Journal of Asia and African Studies* 27(1992), 재인용. 「식민지 인류학의 재검토」, 『사회인류학의 과거·현재와 미래』, 에번스-프리처드 편저, 최석영 편역, 서경문화사, 1998, pp.137~175를 참조할 것.

점을 감안할 때, 연구자와 연구대상 사이의 '거리'가 인류학적 연구의 불가피한 특성인 고로 인류학자를 "인간과학의 천문학자"라 부르는 까닭이 여기에 있다.

문화 중심적인 역사인류학의 창시자이며, 1899년 콜롬비아 대학에서 미국 최초의 인류학과를 설치한 독일계 유대인 보아스(Franz Boas)와 그의 뒤를 이은 베네딕트(Ruth Benedict), 크로베르(Alfred L. Kroeber), 미드(Margaret Mead), 그리고 사피어(Edward Sapir) 등이 20세기 미국의 "문화사학파"(Culture History School)를 주도해나갔다.[4]

그동안, 프랑스 인류학의 아버지이자 프랑스 파리 대학의 민족학연구소를 세운 모스는 정치적인 것, 도덕적인 것, 경제적인 것 가운데 어느 하나가 지배적인 사회는 존재하지 않음을 '증여'와 '교환'이라는 개념으로 설명하고, 변화하는 상황에 적응하고 자동 조절하는 종합 체계로서 인간 사회를 연구하기 시작하였다. 또한 그의 영향을 받아 프랑스의 구조주의자 레비-스트로스(Claude Levi-Strauss), 현지조사(fieldwork) 방법론을 창시한 영국 옥스퍼드의 말리노프스키(Bronislaw Malinowski)와

---

3) 울리히 벡, 「날뛰는 세상에서 나대로 살기: 개인화, 세계화 그리고 정치」, 『기로에 선 자본주의』, 앤서니 기든스 · 윌 허튼 편저, 박찬욱 외 옮김, 생각의 나무, 2000, p.336.

4) 미국의 인류학의 계보와 특징에 관해서는 Eric R. Wolf, "The New Anthropology," *Anthropology*, Eric. R. Wolf ed., New Jersey: Presntice Hall, 1964, 재인용, 『사회인류학의 과거 · 현재와 미래』, 에번스-프리처드 편저, 최석영 편역, 서경문화사, 1998, pp.71~100을 참조할 것.

래드클리프-브라운, 에번스-프리처드 등 비교할 수 없을 만큼 탁월한 인류학자들이 나왔다. 이들 가운데 몇몇은 사회·문화 현상을 분석하면서 넓은 스펙트럼을 통해 구조와 체계를 밝히는 데 주력함으로써 이른바 구조주의 인류학을 발전시킨 반면, 몇몇은 문화의 수행적 기능을 강조함으로써 기능주의 인류학을 전 개해나갔다.

20세기 초반 문화인류학이 다양한 현지조사를 통해 이룩한 연구 성과는 주로 가족의 구조와 결혼, 친족, 주술, 무당 등에 나타났으며, 후반기에는 사회적 지위와 권력, 정치 및 법률 구조 등의 분야로 확대되었다. 특히 종교 사상과 제의 분야에서 괄목할 만한 연구 결과를 얻게 되었다. 제2차 세계대전 이후 제3세계의 사회변동 분석 역시 중요한 관심사 가운데 하나이며, 막대한 자료 분석을 위해 컴퓨터 사용이 보편화된 것도 이때부터다. 최근의 연구가 현장조사와 함께 도서관이나 실험실 작업을 확대한 것도 이와 무관하지 않다.

인류학과 성서연구[5]

18, 19세기만 해도 성서는 홀로 남겨진 고독한 책이었다. 노아

---

5) 인류학적 방법에 의한 연구사 및 이 방법이 성서연구에 기여한 점 등에 관한 연구는 Edmund Leach, "Anthropological Approaches to the Study of the Bible During the Twentieth Century," *Humanizing America's Iconic Book*, M. Tucker & D. A. Knight eds., Chico: Scholars Press, 1982, pp.73~94 (이 논문은 그의 책 『성서의 구조인류학』 제2장에 재수록되었다); Charles E. Carter and Carol

의 홍수 이야기가 노아를 모든 인류의 조상으로 만들기에 충분한 시대였다. 그 시대 사람들은 콜롬버스가 아메리카 대륙에 도착하기 전부터 이미 그곳에 거주자들이 있었다는 역사적인 사실을 쉽게 인정하려 들지 않았다. 성서를 성서 밖의 자료로 해명할 필요가 있다고는 상상하지 않았다. 그런데 19세기 후반부터 그들은 종종 성서 이야기와 아주 유사한 이야기들을 가지고 있는 여러 다른 민족들을 발견하기 시작하였다. 오랜 시간이 걸려 '종교'라는 단어가 '종교들'로 바뀌기 시작했다. 성서를 여러 민족의 이야기와 관습들과 비교하며 연구하면서 성서연구의 변화가 서서히 시작되었던 것이다.

성서가 역사적 유명을 달리하기 시작한 것은 인류학계의 태두였던 스미스가 이단으로 정죄(定罪)되어 1880년 공식적으로 스코틀랜드 에버딘 대학의 히브리어와 구약 성서학 교수직에서 해고된 사건에서 비롯되었다. 문제가 된 성서학적 주제에 관한 그의 논문은 1875년『브리태니커 대백과사전』제9판의 '성서' 항목에서 볼 수 있다. 그는 해고 직후『브리태니커 대백과사전』의 편집자로 임명되었으며, 에딘버러로 자리를 옮기고, 이어 1883년 케임브리지의 아랍어 교수로 자리를 옮겨 1889년 백과사전 제9판을 완성할 때까지 편집장으로 일했다.

그는 1888년 10월부터 이듬해 3월까지 계속된『셈족의 종교 강연』(Lectures on the Religion of the Semites)에서 셈족의 종

L. Meyers ed., *Community, Identity, and Ideology: Social Science Approaches to the Hebrew Bible*, Sources for Biblical and Theological Study, vol. 6, Indiana: Eisenbrauns, 1996를 참조할 것.

교와 문화는 원시적이고 모계적이며 토템적이라 규정하였으며, 희생제의의 주요 기능을 사회 집단과 수호신 사이의 사회적 일치와 교제를 촉진하는 것으로 보았다. 또 그는 성서의 시형제 결혼법(levirate law, 창세기 38장; 신명기 25:5~10; 룻기 4장 cf. 레위기 18:16; 20:21; 마태복음 22:23~30)은 그 시대가 일처다부제(polyandry)가 시행되었던 사회의 바로 앞 단계였다는 증거라고 생각하였다. 그의 이러한 주장들이 아직까지 그대로 받아들여지고 있지 않다고 하더라도, 그의 민족지(民族誌)적인 연구와 유물론적인 이해는 성서의 사상들을 결코 그 시대의 사회·문화적 상황과 분리해서 보지 않았다는 점에서 획기적인 방법론적 공헌을 하였다. 케임브리지에서 그가 만난 사람이 바로 프레이저였다.

프레이저는『황금가지』(*The Golden Bough*)와『구약 성서의 민속』(*Folklore in the Old Testament*)을 저술함으로써 인류학을 당당한 학문적 지위로 끌어올린 최초의 인물이 되었다. 이때까지만 해도 인류학이라는 학문은 비교종교학의 범주에서 크게 벗어나지 못했으며, 1930년대 전까지도 기독교를 '하나'의 종교, 즉 다른 여러 종교들과 비교할 수 있는 대상으로 분류하여 연구하는 인류학적 입장은 상당한 저항과 적의에 둘러싸여 있었다. 현지조사 없는 이른바 '안락의자형' 연구가였던 그가 여러 선교사, 행정가, 무역상인, 모험적인 여행자들로부터 수집한 엄청난 양의 백과사전적인 자료들은 여러 부족들의 관습, 종교적·주술적 습속 및 많은 흥미로운 이야기들로 가득 차 있었다. 그는 이 자료들을 바탕으로 주술, 터부, 희생양, 신성한 왕 살해, 공감마술(sympathetic magic) 등의 주제들을 다루었고, 주술(呪術)—

종교(宗敎)—과학(科學)의 진화론적 발전단계를 주장하였다.

그러나 성서에 대한 전통적인 견해와 충돌이 예상되는 연구 주제들에 관해서는 인류학자들이 침묵하거나 문제의 소지가 되는 구절들은 아예 삭제하기도 하였다. 스미스는『셈족의 종교 강연』초판에서 '기독교에서 살해된 신'이라는 주제가 고대 근동의 종교 체계의 주제와 필적하는 것임을 다루었으나, 1894년 재판(再版)에서는 문제를 불러일으킬 수 있는 구절들을 삭제했다. 프레이저의 경우『황금가지』의 명성은 처음부터 익명에서 출발한 것이었다. 1900년에 출판된 제2판에서 그는 예수 그리스도가 십자가에 못 박혀 죽은 것을 '신의 죽음이 제물이 된다는 주제'의 한 예로서 기술했으나 이것이 문제가 되어『황금가지』에 악명이 부여되었다. 그러나 그것은 동시에 도리어 이 책에 명성을 가져다 주기도 하였다. 한편 제3판에서는 그 부분을 부록으로 돌렸으며, 1922년 축약본에서는 아예 삭제해버렸다. 영국의 유명한 민속학자인 하틀랜드(E. S. Hartland)도 세 권으로 된『페르세우스의 전설』(The Legend of Perseus)과 두 권으로 된『원시적 부권』(Primitive Parternity)에서 '초자연적인 탄생'에 관한 중심 주제를 취급하였으나, 성서에 나오는 예수의 탄생과 같은 초자연적인 탄생들에 관해서는 언급을 피하였다.

다른 한편, 학자들 중에는 기독교와 이교 간의 유사성에 관한 연구로 그 가닥을 잡아가는 이들도 있었다. 로버트슨(J. M. Robertson)은『이방의 그리스도들』(Pagan Christs)에서 스미스와 프레이저의 연구를 기반으로 이교와 기독교 간에 유사성이 있음을 보여주려 하였으며, 그의 연구 목적은 처음부터 유대-기독교가 고대 미신의 한 형태에 지나지 않는다는 것을 보여주려는 것이었다.

가까스로 성서 학자들과 인류학자들 사이를 긍정적인 관계로
발전시킨 것은 1918년에 발간된 프레이저의 대작『구약 성서의
민속』이었다. 그는 여기서도 기독교의 핵심은 건드리지 않는 전
통을 고수하였다. 그가 한 작업은 구약 성서의 이야기와 유사한
이야기들을 발견하기 위해 전세계의 민담(民譚)들을 조사하는
일이었다. 그럼에도 불구하고 그 속에는 격렬한 논쟁을 유발할
만한 이야기는 하나도 들어 있지 않았다. 예를 들어, 제1부 제4장
에서 250쪽에 걸쳐「대홍수」를 다루고 있는데, 성서의 홍수 이야
기에는 단 20쪽만을 할애하고 있으며, 또 왜 이러한 홍수 이야기
가 광범위하게 분포되어 있으면서도, 동시에 특정 지역에 집중적
으로 분포되어 있는가에 관해서는 설명하지 않았다.[6] 또, 제3부
제1장「문턱을 지키는 것들」에서는 문턱이 성스러운 장소로 터부

6) 프레이저는 "전 세계의 홍수 이야기들이 역사적 사건들에 대한 각 민
   족들의 기억을 나타내는 것은 아니다. 왜냐하면 홍수 이야기들이 지질
   학적 증거들과 맞아 들어가지 않기 때문이다"라고 주장한다. 인류학자
   들 간에 이 문제에 관해 일치된 견해는 없다. 그러나 최근 구조주의자
   들은 홍수에서 살아남은 자가 전 인류의 선조가 된다는 것이 홍수 이야
   기의 특징이라고 설명하면서, 최초의 인간이 초자연적인 방식으로 탄
   생해야 하는 것과는 달리, 홍수의 생존자들——설화마다 생존자들은 어
   머니-자녀, 형제-자매, 두 사람의 고아, 또는 노부부 또는 기혼의 자식
   들인 경우 등 다양하다——은 보통사람과 같은 방식으로 태어난 사람들
   임을 강조한다. 홍수 이후 그들은 필연적으로 근친상간과 같은 비정상
   적인 방식으로 대를 잇게 되며, 따라서 이 홍수 이야기가 지니는 기능
   은 비정상적일 수밖에 없는 최초의 창조 이야기를 파괴하는 것이 된다.
   창조 이야기의 애매한 성격을 파괴해서 모든 것이 다시 시작될 수 있도
   록 하는 것이 홍수 이야기의 기능이다. 홍수가 끝난다는 것은 진정한

시 된다는 논지로 쓰면서 예루살렘 성전의 문턱 역시 성스러운 기운(氣運, aura)을 띠고 있다고 말했다. 그러나 프레이저는 왜 문턱이 영들에 의해 사로잡힌 곳이라고 믿게 되었는가라는 질문은 빠뜨리고 있다.

근대 비교사회학의 아버지이자 유대교 랍비의 아들로 태어난 에밀 뒤르켐은 터부 연구의 새로운 이정표를 세웠다. 그는 왜 어중간한 곳과 어중간한 사회적 조건이 성스러운 것, 즉 '터부'로 취급되는가를 질문하면서, 문턱은 불확실성의 상태이며 불확실성이 불안을 가져온다는 이론을 제시하였다. 뒤르켐의 제자인 에르츠(R. Hertz)와 그의 그룹에 속하지는 않았지만 동일한 관심을 보이고 있는 반 헤네프는 뒤르켐의 뒤를 어어 길을 닦았다.

반 헤네프는 『통과의례』(Les rites de passage)에서 인간의 연령, 신분, 상태, 장소 등의 변화나 이행 과정에서 실시하는 의례에는 반드시 '통과'(通過)라는 개념을 부여하게 된다는 사실을 발견하고, 그 의례는 지금까지의 위치에서 벗어나는 '분리기'(separation), 어정쩡한 중간의 경계 위에 있는 '과도기'(marginality), 새로운 위치나 사회적 지위로 나아가는 '통합기'(aggregation)를 나타내는 하위의례로 이루어진다는 것을 제시했다. 그러한 의례상의 변화의 기승전결에는 넘어서야 할 새로운 경계가 있고, 거기에는 항상 상대적으로 '성'과 '속'이라는 관념을 축으로 하는 의례(儀禮)가 존재한다고 생각했다. 성년식(어린이가

역사의 시작을 알리는 일이다. 창세기 2장의 죄로부터 태어난 사람들, 6장의 하나님의 아들들과 인간의 딸들 사이에서 태어난 후손들과는 달리, 8~10장의 홍수 이후의 인간들은 정당한 혈통으로 태어난 사람이 되는 것이다.

어중간한 사춘기를 거쳐 어른이 되는 과정)이나 결혼식(미혼에서 기혼으로 넘어가는 과정), 장례식(삶으로부터 죽음으로 건너가는 과정) 등의 의례가 여기에 속한다.

이 이론은 영국 사회인류학자들의 성서 연구에 많은 영향을 주었으며, 특히 메리 더글러스, 터너(Victor Turner), 니덤, 리치(Edmund R. Leach) 등이 여기에 속한다. 이들은 이 이론을 성서의 여러 주제에 적용하며 활발히 연구 업적을 쌓아갔다. 아울러 이 시기에 발표된 야콥 싱거의 『히브리 성서의 금기들』(1928)도 괄목할 만하다 하겠다.

이들의 관심과 연구 결과에 따르면 신화(神話)[7]는 혼란과 도치(倒置)가 오히려 어떤 의미를 제시하는 방식으로 나타난다. 신화는 단독의 이야기로 주어지는 것이 아니라, 이야기들의 다발로 주어진다. 하나의 주제를 둘러싼 변형들의 다발로 주어지는 것이다. 각각의 이야기는 그 자체가 단독으로 의미를 이루고 있다. 그러나 각각의 이야기들을 하나로 모으고, 모은 이야기들을 교리로 만들어 이 이야기들이 모두 그리고 동시에 진리라고 주장한다면 그것은 난센스일 것이다. 왜냐하면 그 이야기들의 집합체는 그 세부에서 자기 모순적이기 때문이다. 앞서 살펴본 대로 '경계선 위에 놓인 것'(liminality), '이것도 저것도 아닌 어중간한 것'(betwixt and between), '코뮤니타스'(communitas)[8]의 개념

---

7) 신화(神話)란 일종의 공통 유산, 곧 모든 집단이나 씨족, 혈족에게 공통적으로 이어온 전통이기 때문에, 똑같은 자료를 사용함에도 불구하고 각각에 대한 고유한 설명을 할 수 있는 것이다. 신화와 역사 사이의 격차는 아마도 신화와 분리된 것으로서가 아니라, 신화의 연속으로서 역사를 연구하면서 극복될 수 있을 것이다.

에 따르면, 바로 자기 모순적인 것이야말로 정확히 종교적 의미를 지니는 것이다. 그러므로 성서 분석가들은 난센스의 배후에서 센스를 발견하는 방법들을 찾아야 한다.

신화와 제의학파

1930년대에 이르러 프레이저 이후 성서학과 인류학의 상호 작용이 활발해지면서, 인류학적 관점에서 논의된 성서학자들의 저술이 많이 등장한다. 리드(Leeds) 대학의 철학 및 종교사 교수였던 제임스(E. O. James)의 『기독교 신화와 제의』와 런던 대학의 구약 성서학 교수였던 훅(S. H. Hooke)이 편집한 『신화와 제의―고대 동방의 문화 유형과 관련된 히브리 신화와 제의에 관한 논문』 등이 대표적인 책이다. 이러한 연구가 계속 나타나면서 이들을 '신화와 제의학파'(the Myth and Ritual School)라고 부르게 되었다.

'신화와 제의학파' 사람들은 고대 바빌로니아, 이집트 그리고

---

8) 20세기 초반 반 헤네프가 제기한 것으로부터 끌어내어 빅터 터너가 사용한 용어로서, 긴밀한 사회적 집단에 존재하는 논리의 법칙이 적용되지 않는 어중간한 상황, 즉 신비적 상태를 의미한다. 코뮤니타스라는 종교적 · 신비적 상태는 '허락되는 것'과 '허락되지 않는 것' 간의 접점(接點)에 있다. 터너에 따르면 "코뮤니타스는 그것이 가는 모든 곳에서 성스러운 것이 된다. 그 이유는 아마 코뮤니타스가 구조화되고 제도화된 여러 관계를 지배하는 규범을 초월하거나 해체시키기 때문이고, 또한 그것에는 미증유의 힘을 구비한 경험이 수반되기 때문일 것이다." V. W. Turner, *The Ritual Process : Structure and Anti-Structure*, London : Routledge & Kegan, 1969.

구약 성서에 등장하는 여러 왕국이 단일 "문화유형"(culture pattern)에 속한다는 개념을 공리(公理)로 얻게 되었는데, 이러한 이론의 근거는 프레이저뿐만 아니라, 제임스와 훅의 선생이었던 호커트(A. M. Hocart)의 기능주의, 즉 "사회제도는 부분들이 모인 전체로 간주될 필요가 있으며, 그 전체는 제한된 수의 이상형(ideal types)과 상응한다"는 주장에서 찾을 수 있다. 이들은 문화유형의 개념을 공리로 삼고, 구약에서 발생하는 공백을 고대 근동의 다른 문서들과 고고학적 자료들로 보완하면 복구할 수 있다는 가설로 발전시켜나갔다. 이들은 고대사회에는 단일(單一)한 제의 체계가 존재했으며, 이 체계는 신성한 왕권, 태양 숭배, 농경의 주기에 중심을 두고 있었다고 주장한다.

그런데 이러한 '신화와 제의학파'의 가설은 로버트슨의 가설과 매우 흡사하다. 로버트슨은 종교의 핵심은 종교적 관습(제의)에서 발견되는 것이지, 제의를 통해서 표현되는 신앙의 언어적 표현(신화)에서 발견되는 것이 아니라고, 다시 말해 제의는 고정적이며 의무적이라고 주장한다. 그가 말하기를 "거의 모든 경우 제의로부터 신화가 생겨나는 것이지, 신화로부터 제의가 생겨나는 것이 아니라고 자신 있게 단언할 수 있다". 이와 비슷한 지적은 프레이저의 제자이자 기능주의 인류학자인 말리노프스키에게서도 발견되는데, 그는 주술(呪術)이 기술적인 전문가가 문제를 해결하지 못했을 때 버팀목 역할을 하였으며, 신화(神話)는 사회적 행위의 헌법으로서 사회적·정치적 활동에 대한 정당성을 부과하였고, 제의(祭儀)는 갈등과 실망이 발생할 때 위안을 주었다고 말한다.

훅과 그의 동료들은 1958년에 『신화, 제의, 왕권』이라는 또다른 책을 출간하였는데, 지금까지의 자신들의 연구를 재평가하고 있는 이 책의 전체적인 관점은 프랭크퍼트(Henri Frankfort)의 영향을 강하게 받고 있으며, 성서에 대하여 완전히 회의주의적 관점에 서 있다. 그들은 "고대 이집트나 바빌로니아 또는 그밖의 다른 고대 국가들의 왕권으로부터 고대 이스라엘과 유대의 왕권의 상태를 추정하는 것은 불가능하다"고 선언하면서, 역사란 유사성에 근거해서 재구성할 수 있는 것이 아니라는 입장을 견지한다.

'신화와 제의학파'와 관련하여 엘리아데(Mircea Eliade)의 대표작『영겁 회귀의 신화』는 성서적 사실들을 이해하는 데 문화의 교차 비교가 유효할 것이라는 주장에 입각한 연구서이다. 또 그는『성과 속―종교의 본질』에서 성스러움(sacrum)이라는 개념을 속된 것(profanum)과 대비하고, "존재하고자 하는 갈망, 실재에 참여하고자 하는 갈망, 힘으로 충만해지고자 하는 갈망"으로써 종교의 실제를 범주화하였다.[9]

성서 해석과 인류학

영국의 사회인류학자가 자신의 방법론을 처음으로 성서 해석에 응용한 것은 1954년이었다. 샤페라(Isaac Schapera)는 프레이저 기념 강연에서 「카인의 죄」(The Sin of Cain)[10]라는 논문을

---

9) Mircea Eliade, *The Sacred & The Profane: The Nature of Religion*, San Diego: A Harvest/HBJ Book, 1959, p.13(이은봉 옮김,『성과 속』, 한길사, 1998).

10) Issac Schapera, "The Sin of Cain"(Frazer Lecture in Social Anthropology, 1954), *Journal of the Royal Anthropological*

발표했는데, 살인자는 반드시 살해되어야 하는 시대에 아벨을 살해한 카인이 추방되었음에도 불구하고 그는 보호를 받아야 하는 자가 되었으며, 또 하나님의 보살핌을 받았다는 점을 주제로 설정하였다. 그는 보복 사회에서조차 부친 살해와 형제 살해처럼 보복이 불가능한 경우는 '예외'로 규정되어 있었기 때문에, 다시 말해 카인은 단순한 살인자가 아니라 형제를 살해한 자이기 때문에 그 운명이 궁극적으로 신의 손에 맡겨지게 된 것이라고 해석하였다.

인류학이 성서연구에 기여할 수 있는 바는 무엇인가? 성서학과 인류학의 관계에 대해 대부분의 인류학자들이 채택하고 있는 관점은 성서에 씌어 있는 사건들과 표층적으로 유사한 민족지적 자료들을 주의 깊게 분석하면 성서를 해석할 수 있다는 입장이다. 이러한 관점은 프레이저의 방법에서 유래하며, 모르겐슈테른 (J. Morgenstern)의 연구[11]에서 강조된다. 그러나 문화의 교차 비교에 대한 부정적인 태도 역시 만만치 않다.

앞에서 논의한 대로 더글러스는 그의 유명한 책 『순수와 위험—오염과 터부의 개념 분석』 제3장 「레위기에서의 혐오」[12]라

Institute 85 (1955), pp.33~43. 이와는 다른 관점에서 앨런 에이콕은 "카인의 징표"라는 제목의 연구를 진행하였다. 이 주제는 이 책 제4부 제3장 문신 금기에서 다루어진다. 앨런 에이콕, 「카인의 징표」, 『성서의 구조인류학』, 에드먼드 리치, 신인철 옮김, 한길사, 1996, pp.335~347 참조.

11) J. Morgenstern, *Rites of Birth, Marriage, Death and Kindred Occasions among the Semites*, Cincinnati: Hebrew Union College Press, 1966.

12) Mary Douglas, "The Abominations of Leviticus," *Purity and*

는 연구 논문에서 전통적인 주장들을 거부하고, "신성함이란 피조물의 범주를 구분하는 것"이라며, "성서에서 먹지 말도록 금지되어 있는 동물들은 어떤 의미에서든 모두 비정상적인 동물들이다. 전체로서의 성서 체계는 어떤 일정한 방식으로 고안되어 있는데, 그것은 질서와 완전성에 대한 하나님의 승인을 나타낼 수 있는 방식이다"라고 하였다. 그녀의 이 논지는 자신이 전공한 중앙 아프리카의 렐레족의 동물 분류법을 성서에 비교 응용시킨 것이다. 렐레족의 상징은 위생에 대한 것이 아니라, 세속적이고 종교적인 상징들을 모두 포함하는 상징적 분류의 체계임을 발견한 것이다.

말리노프스키의 문하생이었던 에드먼드 리치는 케임브리지 대학을 졸업하고 중국의 무역회사에서 일한 바 있으며, 제2차 세계대전 중 미얀마 동북부에 사는 카친족과 샨족의 정치 체계를 연구하였다. 그는 이 연구에서 사회를 정태적이고 균형을 갖춘 것으로 묘사하는 래드클리프-브라운의 이론을 강력히 비판하면서, "사회는 유기체도 기계도 아니다"라고 단언한다. 리치의 사회변동론은 한 사회체제에서 균형과 통합으로 향하는 움직임을 분석 대상으로 삼지 않는다. 그는 민족이나 부족은 역사의 움직임 속에서 형성된 것이고, 역사의 산물이라는 점을 강조한다. 문화는 사회적 상황에 대응하는 의상이고, "문화의 차이를 유지하고 그것을 고집하는 것도 그 자체가 사회관계를 표현하는 하나의 의례적 행동"이라고 주장했다.

Danger: An Analysis of Concepts of Pollution and Taboo, London: Routledge & Kegan, 1966, pp.42~58.

그는 『문화와 커뮤니케이션』에서 대상 사회를 실체론적인 관점이 아니라 관념론으로써 파악할 수 있음을 지적하면서, 의례 역시 상징적인 의미의 언명으로 파악해야 한다는 것과 그러한 관념 체계를 이해하는 데 합당한 언어 범주가 중요하다는 것을 강조한다. 또 『성서의 구조인류학』[13]에서 이러한 인식 범주의 양면적 부분의 의미를 분석하여 "성서 전체는 신화"이며 "성서적 진리는 곧 신화적 진리"라는 명제 하에 성서 신화의 구조를 분석함으로써, 레비-스트로스의 친족의 구조와 신화의 의미 분석 연구로 이어지는 인류학의 중요한 흐름과 궤도를 같이 하고 있다.

구조인류학

한편 1958년 클로드 레비-스트로스는 논문 모음집 『구조인류학』을 출간하면서 민족학과 역사의 관계를 정의한 1949년의 논문을 수록하였다. 그는 역사학을 한정되고 특수한 문제밖에 다룰 수 없는 분야로 간주하여 이 학문의 권위를 실추시키려는 논쟁적인 목적을 가지고 있었다. 동시에 그는 구조인류학이 생물학과의 관계에서만 보더라도 진화론과는 전혀 다른 새로운 학문임을 주장하였다. 즉 구조인류학은 자연과 문화 사이에 근본적인 불연속성이 있다는 전제 하에 생물학적 모델과 결별한 까닭에 진화론과는 근본적으로 다르다는 것이다. 그러나 분명 레비-스트로스는 역사의 유효성을 부인하지 않았으며, 이러한 관점에

---

13) Edmund Leach, *Structuralist Interpretation of Biblical Myth*(신인철 옮김, 『성서의 구조인류학』, 한길사, 1996).

서 그는 기능주의 학파, 특히 말리노프스키가 "역사학은 사회를 기능적으로 연구하는 데에는 부적절하다"라며 기능을 강조하기 위해 너무 쉽게 역사적 사실들을 버린 것에 대해 비난하였다. "하나의 사회가 기능한다고 말하는 것은 옳다. 그러나 하나의 사회에서 모든 것이 기능한다고 말하는 것은 어리석다."[14)

그는 민족지와 역사학이 여러 면에서 가깝다고 말한다. 즉 연구 대상(공간과 시간상의 타자), 목적(개별성에서 보편성으로의 이행), 방법론(자료에 대한 비판적 태도)적인 측면이 서로 같으므로 이 두 학문은 결국 유사 학문이라는 것이다. 그러나 실제에서 역사학과 대응되는 학문은 민족지라기보다 민족학이다. 민족학과 역사는 진정으로 상호 보완적일 수 있다. 왜냐하면 "역사는 사회적 삶의 의식적 표현과 관련하여 자료를 다루고, 민족학은 사회적 삶의 무의식적 조건과 관련하여 자료를 다루기 때문이다."[15)

역사와 민족학을 구분하는 전통적 잣대는 연구 자료의 성격이었다. 즉 문자문화 사회에 대한 연구인가 아니면 문자가 없는 사회에 대한 연구인가에 따라 학문 분야가 결정되었던 것이다. 그에 따르면 본질적 차이는 연구의 대상이 아니라 연구의 과학성에 있다. "민족학자는 가역적(可逆的)이고 누가적(累加的)이지 않은 시간, 즉 기계적 시간에 호소하는" 반면, 역사는 반복할 수 없는 시간을 다룬다. 그것은 우연적이고 통계에 의해서만 포착 가능한 시간이다. "역사의 시간은 통계학적이다."

---

14) Claude Levi-Strauss, *Anthropologie structurale*, Plon, 1958, p.17.
15) *Ibid.*, p.25.

레비-스트로스에 따르면 구조인류학은 국경을 초월하여 개화할 수 있고, 자연과 문화 사이의 전통적 간극을 뛰어넘을 수 있으며, 인류 전체에 대한 성찰로 발전할 수 있다. 그러므로 1958년의 구조주의 선언은 역사와 철학에 대한 이중적 도전이었다. 인간의 정신 기능을 성찰하고 이해하는 것을 최우선 과제로 삼고 있던 철학은 인류학이 언젠가는 정신의 본체와 그 내적 구조를 밝혀낼 수 있다고 주장하면서, 자신의 탐구 대상을 가로채 간다고 보았다. 인류학은 이에 대한 명분으로 과학적 방법론을 내세웠다. 인류학의 발전에서 레비-스트로스가 가져온 가장 큰 진전은 "관계의 탐구를 우선한다는 점일 것이다. 구조주의는 이러한 관계의 연구가 풍요한 결실을 맺는다는 점을 보여주었다. 인류학은 대상보다 관계를 탐구함으로써 유형학, 즉 유형학적 분류라는 오랫동안 넘지 못했던 장애를 극복할 수 있었다."[16]

최근 인류학적 방법론이나 구조주의적 방법론에 따르면 그러한 외형적-역사적인 현상이나 영향에 대한 관심보다는 예배의 무의식적 기초를 고찰하는 데 더 주안점을 두고 있다. 이 방법론은 성서연구를 통시적(diachronic)으로 이해하는 역사적 비평 연구 방법[17]과는 달리 제도 안에서 일어나는 내적 상호 관계를 공시적

---

16) Francois Dosse, *Histoire du Structuralieme I, le champ du signe, 1945~1966*(이지봉 옮김, 『구조주의의 역사 I, 기호의 세계: 50년대』, 동문선, 1998, pp.276~277).

17) 동물 희생 제사를 통시적인 방법으로 연구한 피터슨은 제의 생성의 합리적인 원인을 밝혀냄과 동시에 제의 발달 과정에서 불가피하게 일어나는 본래적인 의미의 상실 또는 변형의 과정을 찾아냈다. 그러나 이러한 연구는 제의의 '본래적인' 의미가 다른 상황에서는 전혀 받아

(synchronic)으로 보는 것으로, 이들의 목적은 한 현상의 시간적 기원을 발견하는 것보다는, 구조의 결합과 성격이 가지고 있는 본질적인 구조를 밝히는 것이었다. 구조란 여러 기능들이 수행되

들여지지 않고 있다는 사실과 함께, '본래적인' 제의의 형태가 존속하지 않는 상황에서는 더 이상 아무런 의미가 없다는 사실을 스스로 인정한 셈이었다. 뿐만 아니라 이스라엘 종교에서뿐만 아니라 고대 근동의 제의 형식이 대부분 신화(Myth)와 밀접하게 연관된 것으로 단정짓고 말았다. 대체로 신화가 제의로부터 기인하이거나, 제의가 신화로부터 기인한다는 것이다. cf. J. J. Collins, "The Meaning of Sacrifice : A Contrast of Methods," *Biblical Research* 22(1977), pp.20∼21. 한편, 드보(Roland de Vaux) 역시 이스라엘 제의법의 기원을 연구하면서 메소포타미아와 고대 아랍인 및 가나안 족속의 제사법을 비교하는 공시적인 방법론을 사용하여 상호간의 공통점과 구별되는 특징을 각각 기술하였다. 그는 다양한 자료를 통하여 이스라엘이 행한 희생 제사의 종교적 가치가 고대 근동의 여러 형태에서는 발견되지 않는 독특한 점을 가진다고 강조하였다. 특히 메소포타미아에서 제사가 가지는 '신에게 바치는 식사'라는 개념을 성서는 무시하고 있으며(cf. 사사기 9:9, 13; 시편 104:15), 제사 음식을 먹음으로써 신과 합일(合一)한다는 이론도 배격한다. 또한 그는 성서가 피와 제단의 역사와 의미의 측면에서도 고대 다른 나라들과는 다른 목적을 가지고 있음을 언급하고 있다. 번제(燔祭)의 경우 제물을 소각하여 완전히 없애버려 '보이지 않는 영역'으로 넘어가게 함으로써 하나님에게로 귀속시킨다는 의미를 나타낸다고 주장하고 있다. 로랑 드보, 『구약 시대의 종교풍습』, 이양구 옮김, 도서출판 나단, 1993, pp.107∼135. cf. D. J. McCarthy, "The Symbolism of Blood and Sacrifice," *Journal of Biblical Literature* 88(1969), pp.166∼176. 영국의 로울리(H. H. Rowley) 역시 드보와 같은 결론에 도달한다. cf. H. H. Rowley, "The Meaning of Sacrifice in the Old Testament," *Bulletin of the John Rylands Library* 33(1950), pp.74∼110.

는 틀로서 그것을 구성하는 제도들의 기능이 변함과 함께 사회구
조도 변화한다. 마찬가지로 제도들의 기능이 급격하게 변화될 때
에도 그에 따라 구조가 변하게 된다.

　구조주의 인류학은 인류의 진화론적 발전에 이의를 제기하면
서 '원시적'이라는 용어의 새로운 개념을 확립하였다. 원시사회
는 미개한 사회며 무엇인가 결핍된 사회라는 식의 우월주의를 거
부하며, 원시적 사고의 유형을 제시한다. 왜 '미개 사회'를 연구
하는가? 단순 사회 연구의 결과는 복잡 사회 연구의 토대이기 때
문이다. 레비-스트로스의 말처럼 인류학의 탁월한 가치는 몇 개
의 단계를 포함하는 하나의 절차 방식의 첫 단계에 부합한다는
데 있다. 즉 민족지적 분석은 인간 사회의 경험적 다양성을 뛰어
넘어 상수(常數)에 도달하고자 한다.[18] 이러한 사회과학적 방법
론의 채택은 성서연구에서 이른바 학제간 협력을 위한 기반을 든
든히 마련한 셈이다.

최근의 연구 경향[19]

　분명한 것은 당분간 인류학 분야의 연구는 매우 기능적으로 흘

---

18) C. Levi-Strauss, *La Pansee Sauvage*(안정남 옮김, 『야생의 사고』, 한
　　길사, 1996, p.354).

19) Anthony Jackson, "Social Anthropological Approaches," Jarich
　　Oosten, "Cultural Anthropological Approaches," Wouter E. A.
　　Van Beek, "Cultural Anthropology and the many Functions of
　　Religion," *Contemporary Approaches to the Study of Religion* in 2
　　Volumes, Frank Whaling ed., New York: Mouton Publishers,
　　1985 참조.

러갈 것이라는 점이다. 인류학이 인간의 사회적 · 자연적 행동의 모든 스펙트럼을 포용하기 위해서는 그동안 지나치게 종교와 관련해서 연구해온 문화인류학 또는 사회인류학의 한계가 어느 정도 드러날 수밖에 없기 때문이다. 반드시 범주화할 수는 없지만 지금까지 미국의 문화인류학——미국의 문화인류학은 독일 철학(칸트)에 빚을 지고 있으며, 인간은 무엇을 생산하는가에 관심을 집중하고 있다——과 영국의 사회인류학——영국의 사회인류학은 분석철학(밀, 비트겐슈타인)의 영향을 받았으며, 인간이 어떻게 사회에서 관계하는가에 초점을 맞춘다——과 프랑스의 구조주의 인류학——프랑스 철학(데카르트와 루소)의 영향을 받아, 인간이 어떻게 사고하며 존재하는가를 질문한다——등의 뚜렷한 스타일은 인간 연구가 정형화될 수 없음을 분명히 보여주고 있다.

최근의 인류학적 주제 가운데 다른 하나는 구조주의 언어학(structural linguistics) 또는 인류학적 언어학(anthropological linguistics)으로서 비트겐슈타인의 언어철학으로부터 인지과학에 이르기까지, 언어와 문화 사이의 관계를 연구의 초점으로 삼고 있다. 이들에게 언어는 문화의 조건이다. 여기서는 주로 의사소통에 관한 연구 및 상징과 관련된 것들이 두드러지게 나타난다. 의사소통과 언어 연구에서 미국은 생산으로서의 언어와 변증법적 가능성을 지닌 의사소통의 도구로서의 언어를 연구하며, 영국은 사회적 표현 장치로서의 언어를, 프랑스는 구조상의 의미를 내포하는 마음의 잠재력으로서의 언어를 계속해서 연구하고 있다.[20]

---

20) 구조주의는 언어학 모델을 인류학과 인문학 일반에 적용하면서 이루어졌다. 그래서 구조주의 기원에는 페르디낭 드 소쉬르와 그의 책

인류학적 방법에 의한 종교 연구에서도 미국은 사회학적·심리학적 설명에, 영국은 사회적·표현적 관계에, 그리고 프랑스는 사회의 기원과 관련된 인간의 완전한 상상력에 더욱 집중하고 있다. 제의 연구에 최근의 관심은 제의와 정치, 제의와 경제, 제의와 친족 등 제의가 사회 전반에 걸쳐 기여하고 있는 제도적이며 실천적인 분야에 집중되고 있다. 제의는 참여를 요구하며, 따라서 필연적으로 사회적 목적이나 항상성(恒常性)적인 통제 기제의 기능을 수행하게 되기 때문이다.

한편, 진행 중인 인류학의 추이(推移) 가운데 하나는 아시아의 인류학과 포스트모던 민족학이다. 이들은 인류학적 모델이 다른 문화의 이미지가 아니라, 그 주창자들이 속한 남성 우월적이고 진보된 서구 사회를 반영하는 것은 아닌지 엄밀히 검토한다. 아시아를 비롯한 아프리카의 현지조사는 대부분 서양인들에 의해 이루어졌다. 따라서 원주민들에 대한 견해는 천진무구한 자연인이라는 이해로부터 무지막지한 야만인이라는 이해에 이르기까지 극과 극의 편차를 보여왔다. 이른바 선험적 관점에 토대를 둔 관찰자와 독백으로 일관해온 피관찰자 사이의 간격 때문이다. 특히

『일반언어학 강의』가 있으며, 트루베츠코이, 야콥슨, 마르티네의 음운론이 있다. 이들에게 체계와 역사의 관계는 역전된다. 역사주의에서 이해하는 것이 발생과 기원과 발전 방향을 찾는 것이라면, 구조주의에서 이해란 눈에 먼저 띄는(이해 가능한) 어떤 시점에서 배열하고 체계를 잡는 것을 가리킨다. 소쉬르는 이 역전을 끌어들여 언어에서 랑그(langue)와 파롤(parole)을 구분했다. 랑그란 사회가 채택한 약속이고, 파롤이란 말하는 주체의 행위다. Paul Ricoeur, *Le Conflit des Interpretations*, 1969(양명수 옮김, 『해석의 갈등』, 대우학술총서 500, 아카넷, 2001, pp.37~38) 참조.

아시아의 문화를 논할 때 관찰자의 편견과 이데올로기의 작용이 컸다. 포스트모더니즘 비평은 그런 모델을 지배의 도구라고 분석한다. 최근 이러한 문제를 극복하기 위한 노력이 잇달아 일어나고 있으며, 이는 관찰자의 일방적인 관찰 대신 상호적이고 대화적인 담론(談論)을 통해 가능하다는 관점에서 실험되고 있다.[21] 이러한 경향은 탈(脫)중심주의 포스트모더니즘과 결합하면서 금기의 지배 이데올로기적 경향을 비판적으로 바라보게 해주었다.

결론적으로 역사가가 소멸해버린 사회의 당대 모습을 현재로서 그대로 복원하고자 하는 사람이라면, 인류학자는 현재의 사회가 지금의 모습으로 되기까지 걸어온 역사의 각 단계를 재구성하는 데 최선을 다하는 사람이다. 그런 점에서 인류학은 인간과 환경과의 밀접한 관계를 강조하며, 문화를 하나의 '의미의 총체'로 규정한다. 이러한 측면에서 인류학이 성서연구에 기여한 바는 바로 성서 이야기에서 심층적이고 잠재적인 의미를 얻기 위한 공시적(公示的) 읽기를 가능케 했다는 것이다. 기존의 통시적(通時的) 성서 읽기는 결코 성서의 의미를 발견하는 데 충분하지 못하였다.

---

21) Stephen A. Tyler, "Post-modern Ethnography: From Document of the Occult to Occult Document," *Writing Culture: The Poetics and the Politics of Ethnography*, J. A. Clifford and George Marcus, Berkeley: University of California Press, 1986; George E. Marcus eds., *Rereading Cultural Anthropology*, Durham, N.C.: Duke University Press, 1992; George E. Marcus and Michael M. J. Fischer, *Anthropology as Cultural Critique: An Experimental Moment in the Human Science*, Chicago: University of Chicago Press, 1986.

참고문헌

Adler, Jeremy & Fardon, Richard eds., *Franz Baermann Steiner Selected Writings Volume I: Taboo, Truth, and Religion*, Oxford: Berhahn Books, 1999.

Ahmed, Leila, *Women and Gender in Islam: Historical Roots of a Modern Debate*, New Haven/London: Yale University Press, 1992.

Archer, Leonie J., "'In thy blood live': Gender and Ritual in the Judaeo-Christian tradition," *Through the Devil's Gateway: Women, Religion and Taboo*, Alison Joseph ed., London: SPCK, 1990, pp.22~49.

_____, "Bound by Blood: Circumcision and Menstrual Taboo in Post-Exilic Judaism," *After Eve*, Janet Martin Soskice ed., Collins Marshall Pickering, 1990, pp.38~61.

Ayabe, Tsuneo ed., *Bunka Jinrui-Gaku No Meicho 50*, Tokyo: Heibonsha, 1994(김인호 옮김, 『문화인류학의 명저 50』, 자작나무, 1999).

Biale, D., *Eros and the Jews*, New York: Basic Books, 1992.

Bigger, Stephen F., "The Family Laws of Leviticus 18 in their Setting," *Journal of Biblical Literature* 98/2(1979), pp.187~203.

Bird, P., "'To Play the Harlot': An Inquiry into an Old Testament Metaphor," *Gender and Difference in Ancient Israel*, P. L. Day ed., Minneapolis: Fortress, 1989, pp.75~94.

Blumler, Mark, *Seed Weight and Environment in Mediterranean-type Grasslands in California and Israel*, University of California, Berkeley, 1992.

Bookchin, Murray, *Remarking Society*, New York: Black Rose Books, 1989(박홍규 옮김, 『사회 생태주의란 무엇인가』, 민음사, 1998).

Boyarin, Daniel, "Are There Any Jews in 'The History of Sexuality'?," *Journal of the History of Sexuality* 5.3(1995), pp.333~355.

_____, *Carnal Israel: Reading Sex in Talmudic Culture*, Berkeley: University of California Press, 1993.

Brenner, A., "Who's Afraid of Feminist Criticism? Who's Afraid of Biblical Humour? The Case of the Obtuse Foreign Ruler in the Hebrew Bible," *Journal for the Study of the Old Testament* 63(1994), pp.38~55.

_____, *The Intercourse of Knowledge: On Gendering Desire and 'Sexuality' in the Hebrew Bible*, Leiden: E. J. Brill, 1997.

Brenner, A. and Van Dijk-Hemmes, F., *On Gendering Texts: Female and Male Voices in the Hebrew Bible*, Leiden: E. J. Brill, 1993.

Brenner, A. ed., *A Feminist Companion to Genesis*, Sheffield: Sheffield Academic Press, 1993.

Brenner, A. ed., *A Feminist Companion to Exodus to Deuteronomy*, Sheffield: Sheffield Academic Press, 1994.

Buckley, T. and Gottlieb, A. eds., *Blood Magic: The Anthropology of Menstruation*, Berkeley/LA: University of California Press, 1988.

Burchett, George, *Autobiography of Tattooist*, London: Oldbourn, 1958.

Burguiere, Andre, *Historie de la Famille*, Armand Colin, 1986(정철웅 옮김, 『가족의 역사』 1, 이학사, 2001).

Calvin, William, *The Throwing Madonna*, McGraw-Hill, 1983.

Carmichael, Calum M., *Law, Legend, and Incest in the Bible:*

Leviticus 18~20, Ithaca, NY/London: Cornell University Press, 1997.

Carter Charles E. and Meyers, Carol L. eds., *Community, Identity, and Ideology: Social Science Approaches to the Hebrew Bible*, Sources for Biblical and Theological Studies, vol. 6, Indiana: Eisenbrauns, 1996.

Clifford, James A. and Marcus, George eds., *Writing Culture: The Poetics and the Politics of Ethnography*, Berkeley: University of California Press, 1986(이기우 옮김, 『문화를 쓴다』, 한국문화사, 2000).

Cohen, A., *Two-dimensional Man*, London: Routledge & Kegan, 1974.

Collins, J. J., "The Meaning of Sacrifice: A Contrast of Methods," *Biblical Research* 22(1977), pp.20~21.

Coren, Stanley, *The Left-Hander Syndrome: The Causes and Consequences of Left-Handedness*, Vintage Books, 1993.

Crosby, A. W., *Ecological Imperialism*, Cambridge University Press, 1986(안효상 · 정범진 옮김, 『생태 제국주의』, 지식의 풍경, 2000).

Darnton, Robert, *The Great Cat Massacre: And Other Episodes in French Cultural History*, New York: Harper Collins, 1984(조한욱 옮김, 『고양이 대학살』, 문학과지성사, 1996).

De Vaux, Roland, *Ancient Israel: Religious Institutions*, New York: McGraw-Hill Company, 1965(이양구 옮김, 『구약 시대의 종교풍습』, 도서출판 나단, 1993).

Delaney, Janice and Lupton, Mary Jane and Toth, Emily, *The Curse: A Cultural History of Menstruation*, Chicago: University of Illinois Press, 1988.

Dennis, Trevor, *Sarah Laughed: Women's Voices in the Old Testament*, London: SPCK, 1994.

Diamond, Jared, *Guns, Germs, and Steel*, New York: W. W. Norton, 1997(김진준 옮김, 『총, 균, 쇠—무기, 병균, 금속이 어떻게 문명의 불

평등을 낳았는가』, 문학사상사, 1998).

DiCenso, James J., "Totem and Taboo and the constitutive Function of Symbolic Forms," *Journal of the American Academy of Religion*, vol. LXIV/3(1996), pp.557~574.

Dosse, Francois, *Histoire du Structuralieme I, le champ du signe, 1945~1966*(이지봉 옮김, 『구조주의의 역사 I, 기호의 세계: 50년대』, 동문선, 1998).

Douglas, Mary, *Natural Symbols: Explorations in Cosmology*, London: Routledge & Kegan, 1970.

_____, *Purity and Danger: An Analysis of Concepts of Pollution and Taboo*, London: Routledge & Kegan, 1966(유제분 · 이훈상 옮김, 『순수와 위험』, 현대미학사, 1997).

_____, *Implicit Meaning: Selected essays in Anthropology*, 2nd ed., London: Routledge & Kegan, 1999.

_____, *Leviticus as Literature*, Oxford: Oxford University Press, 1999.

_____, *In the Wilderness: The Doctrine of Defilement in the Book of Numbers*, Oxford: Oxford University Press, 2001.

_____, "The Forbidden Animals in Leviticus," *Journal for the Study of the Old Testament* 59(1993), pp.3~23.

Ebin, Victoria, *The Body Decorated*(임숙자 옮김, 『신체장식』, 경춘사, 1988).

Eilberg-Schwartz, H., *The Savage in Judaism*, Bloomington: Indiana University Press, 1990.

Eliade, Mircea, *Patterns in Comparative Religion*, London, 1958.

_____, *The Sacred & The Profane: The Nature of Religion*, San Diego: A Harvest/HBJ Book, 1959.

Ellen, R., *Environment, Subsistence, and System: The Ecology of Small-Scale Social Formation*, New York: Cambridge University Press, 1982.

Epstein, L. M., *Marriage Laws of the Bible and Talmud*, Cambridge:

Harvard University, 1942.

Eriksen, Thomas Hylland, *Small Places, Large Issues: An Introduction to Social and Cultural Anthropology*, London: Pluto Press, 1995.

Evans-Pritchard, E. E., *Social Anthropology*, London: Routledge & Kegan, 1951(최석영 옮김, 『사회인류학의 이해』, 서경문화사, 1996).

_____, *Theories of Primitive Religion*, Oxford: Clarendon Press(김두진 옮김, 『원시종교론』, 탐구신서, 1976).

Farber, B., *Comparative Kinship Systems: A Method of Analysis*, London/New York/Sydney: John Wiley & Sons, 1968.

Feldman, D. N., *Birth Control in Jewish Law*, New York: New York University Press, 1968.

_____, *Marital Relations, Birth control, and Abortion in Jewish Law*, New York: Schochen Books, 1974.

Fewell D. N., and Gunn, D. M., *Gender, Power & Promise: The Subject of the Bible's First Story*, Nashville: Abingdon Press, 1993.

Fishbane, Michael, *Biblical Interpretation in Ancient Israel*, Oxford: Clarendon Press, 1989.

Fox, R., *Kinship and Marriage: an anthropological perspective*, Harmondsworth: Penguin Books, 1967.

Frazer, J. G., *Folklore in the Old Testament: Studies in Comparative Religion, Legend and Law, 3 vols*, London: Macmillan, 1918(이양구 옮김, 『구약 성서의 민속』, 강천, 1996, pp.125~148).

Freud, Sigmund, *Totem and Taboo*, The Standard Edition of the Complete Psychological Works of Sigmund Freud, vol. 13, London: The Hogarth Press, 1955(김종엽 옮김, 『토템과 터부』, 문예마당, 1995).

Geller, M. J., "Taboo in Mesopotamia: A Review Article," *Journal of Cuneiform Studies*, 42(1990), pp.105~117.

Gerstenfeld, Manfred, *Judaism, Environmentalism and the*

Environment, Jerusalem: Rubin Mass Ltd., 1998.

Giddens, Anthony & Hutton, Will, eds., *On the Edge*, Vintage, 2001 (박찬욱 외 옮김, 『기로에 선 자본주의』, 생각의 나무, 2000).

Girard, Rene, *La Violence et le Sacre*, Editions Bernard Grasset, 1972(김진호, 박무호 옮김, 『폭력과 성스러움』, 민음사, 1993).

Gluckman, M. ed., *Essays on the Ritual of Social Relations*, Manchester: Manchester University Press, 1962.

Goodfriend, Elaine Adler, "Prostitution," *Anchor Bible Dictionary* 5(1992), pp.505~509.

Green, Alberto R. W., *The Role of Human Sacrifice in the Ancient Near East*, Missoula: Scholars Press, 1975.

Grousset, Rene, *The Empire of the Steppes: A History of Centural Asia*, Naomi Walford trans. New Brunswick, New Jersey: Rutgers University Press, 1970(김호동 옮김, 『유라시아 유목 제국 사』, 사계절, 1998).

Gruber, M. I., "The qades in the Book of Kings and in Other Sources," *Tarbiz* 52(1983), pp.167~176(in Hebrew).

Guber S., and Hoff, J. eds., *For Adult Eyes Only: The Dilemma of Violent Pornography*, Bloomington: Indiana University Press, 1989.

Ringgren, Helmer, *Israelitische Religion*(김성애 옮김, 『이스라엘의 종교 사』, 성바오로 출판사, 1990).

Hallo, W., "Biblical Abominations and Sumerian Taboo," *Jewish Quarterly Review* 76(1985), pp.21~40.

Harris, Marvin, *Cows, Pigs, Wars and Witches: The Riddles of Culture*, New York: Random House, 1974(박종열 옮김, 『문화의 수수께끼』, 한길사, 1990).

_____, *Cannibals and Kings: The Origin of Cultures*, New York: Random House, 1977(정도영 옮김, 『식인과 제왕』, 1995, 한길사).

_____, *Good to Eat: Riddles of Food and Culture*, New York:

Simon and Schuster, 1985(서진영 옮김, 『음식문화의 수수께끼』, 한
길사, 1998).

Haulotte, Edgar, *Symbolique de vetenent*, Paris: Aubier, 1966.

Herodotus, *The Histories*, Penguin Classics L34, Baltimore: Penguin
Books, 1954.

Hertz, Robert, "La Prééminence de la main droite: étude sur la
polarité religieuse," *Revue philosophique* 68(1909), pp.553~580.

Holy, Ladislav, *Anthropological Perspectives on Kinship*, London:
Pluto Press, 1996.

Huntington, Samuel P. and Harrison, Lawrence E. eds., *Culture
Matters*, Basic Books, 2000(이종인 옮김, 『문화가 중요하다』, 김영
사, 2001).

Itzin, C. ed., *Pornography: Woman, Violence, and Civil Liberties*,
Oxford: Oxford University Press, 1993.

Jacob, Francois, *La Souris, la Mouche et l'homme*, 1977(이정희 옮김,
『파리, 생쥐, 그리고 인간』, 궁리, 1999).

Joseph, Alison, ed., *Through the Devil's Gateway: Women, Religion
and Taboo*, London: SPCK, 1990.

Kraemer, K., "Jewish Mothers and Daughters in the Greco-Roman
World," *The Jewish Family in Antiquity*, S. J. D. Cohen ed.,
Atlanta: Scholars Press, 1993, pp.88~112.

Kristeva, Julia, *Pouvoirs de L'horreur*, Paris: Seuil, 1980(서민원 옮김,
『공포의 권력』, 동문선, 2001).

Kulick, Don & Willson, Margaret eds., *Taboo: Sex, Identity and
Erotic Subjectivity in Anthropological Fieldwork*, London:
Routledge & Kegan, 1995.

Kunin, S. D., *The Logic of Incest: A Structuralist Analysis of Hebrew
Mythology*, JSOTSup, 185; Sheffield: Sheffield Academic Press,
1995.

Lachs, Samuel Tobias, "Rereading Some Talmudic and Midrashic Passages," *Journal for the Study of Judaism* 30(1999), pp.80~82.

Landy, F., *Paradoxes of Paradise*, Sheffield: Almond Press, 1983.

Leach, Edmund, *Rethinking Anthropology*, London: University of London Press, 1961.

_____, *Culture and Communication*, Cambridge: Cambridge University Press, 1976.

_____, *Structuralist Interpretation of Biblical Myth*, Cambridge: Cambridge University Press, 1983(『성서의 구조인류학』, 신인철 옮김, 한길사, 1996).

_____, "Anthropological Approaches to the Study of the Bible During the Twentieth Century," *Humanizing America's Iconic Book*, SBL Centennial Address 1980, M. Tucker & D. A. Knight eds., Chico: Scholars Press, 1982, pp.73~94.

Lehmann, R., Fr., *Die Polynesischen Tabusitten*, Leipzig: Voigtlander, 1930.

Levi-Strauss, Claude, *La Pansee Sauvage*, 1962(안정남 옮김, 『야생의 사고』, 한길사, 1996).

_____, *Structural Anthropology*, New York: Basic Books, 1963(김진욱 옮김, 『구조 인류학』, 종로서적, 1983).

_____, *Les Structures elementaires de la parente*, Mouton, 1967(1948).

_____, *Triste Tropiques*, New York: Atheneum, 1974(박옥줄 옮김, 『슬픈 열대』, 한길사, 1998).

_____, *Myth and Meaning*, 1977(이동호 옮김, 『신화를 찾아서』, 동인, 1994).

MacKinnon, C., "Feminism, Marxism, Method, and the State: Toward Feminist Jurisprudence," *Signs* 8(1983), pp.635~658.

Malamuth, N. M. and Donnerstein, E., *Pornography and Sexual Aggression*, Orlando: Academic Press, 1984.

Malinowski, Bronislaw, *A Scientific Theory of Culture and Other*

Essays, Chapel Hill: University of North Carolina Press, 1944(한완상 옮김, 『문화의 과학적 이론』, 삼성출판사, 1976).

Manniche, L., *Sexual Life in Ancient Egypt*, London and New York: KPI, 1987.

Marcus, George E., *Rereading Cultural Anthropology*, Durham, N.C.: Duke University Press, 1992.

Marcus, George E. and Fischer, Michael M. J., *Anthropology as Cultural Critique: An Experimental Moment in the Human Science*, Chicago: University of Chicago Press, 1986.

Margulis, Lynn, *What is Life?*, Nevraumont Book, 1995(황현숙 옮김, 『생명이란 무엇인가?』, 지호, 1999).

McCarthy, D. J., "The Symbolism of Blood and Sacrifice," *Journal of Biblical Literature* 88(1969), pp.166~176.

Meacham, T., "The Missing Daughter: Leviticus 18 and 20," *Zeitschrift für die alttestamentliche Wissenschaft* 109(1997), pp.254~259.

Mead, Margaret, *Sex and Temperament in Three Primitive Societies*, New York: William Morrow and Co., 1963(조혜정 옮김, 『세 부족사회에서의 성과 기질』, 이화여대출판부, 1998).

Merchant, Carolyn, *Radical Ecology: The Search for a Livable World*, Chapman & Hall, 1992(허남혁 옮김, 『래디컬 에콜로지』, 이후, 2001).

Meyer-Abich, Klaus Michael, *Aufstand für die Natur*, Carl Hanser Verlag, 1990(박명선 옮김, 『자연을 위한 항거』, 도요새, 2001).

Milgrom, Jacob, *Leviticus 1~16*, The Anchor Bible vol. 3, New York: Doubleday, 1991.

_____, "The Composition of Leviticus, Chapter 11," *Priesthood and Cult in Ancient Israel*, Gary A. Anderson and Saul M. Olyan eds., JSOTSupSer.125, Sheffield: JSOT Press, 1991, pp.183~191.

Moore, Jerry D., *Visions of Culture: An Anthropological Theories and Theorists*, London: Altamira Press, 1997(김우영 옮김, 『인류학의 거장들—인물로 읽는 인류학의 역사와 이론』, 한길사, 2002).

Morgan, Lewis. H., *Systems of Consanguinity and Affinity of the Human Family*, Washington, DC: Smithsonian Institution, 1871.

_____, *Ancient Society or Researches in the Lines of Human Progress from Savagery, through Barbarism to Civilization*, New York: Henry Holt and Company, 1877(최달곤 · 정동호 옮김, 『고대사회』, 현암사, 1975).

Morgenstern, J., *Rites of Birth, Marriage, Death and Kindred Occasions among the Semites*, Cincinnati: Hebrew Union College Press, 1966.

Musallam, B. F., *Sex and Society in Islam: Birth Control before the Nineteenth Century*, London: Cambridge University Press, 1983.

Needham, Rodney, *Right & Left: Essays on Dual Symbolic Classification*, Chicago: The University of Chicago Press, 1973.

Nenola, Aili, "Taboo for Women and Women's Duties, or How Have Religious Treated their Best Friends?" *Feminist Theology* 5(1994), pp.106~114.

Neusner, Jacob, *The Idea of Purity in Ancient Judaism*, Leiden: E. J. Brill, 1983.

_____, "From Scripture to Mishinah: The Origin of Tractate Niddah," *Journal of Jewish Studies* 29(1978), pp.135~148.

Niccoli, Ottavia, "'Menstruum Quasi Monstruum': Monstrous Births and Menstrual Taboo in the Sixteenth Century," *Sex & Gender in Historical Perspective*, E. Muir and G. Ruggiero eds., Baltimore: The Johns Hopkins University Press, 1990, pp. 1~25.

Olyan, S., "'And with a Male You Shall Not Lie the Lying Down of a Woman': On the Meaning and Significance of Leviticus 18:22 and 20:13," *Journal of the History of Sexuality* 5.2(1994), pp.179~206.

Perdue, Leo G. & Blenkinshopp, Joseph & Collins, John J. & Carol

Meyers, *Families in Ancient Israel*, Louisville: Westminster John Knox Press, 1997.

Phipps, William E., "The Menstrual Taboo in the Judeo-Christian Tradition," *Journal of Religion and Health* 19(1980), pp.299~300.

Radcliffe-Brown, A. R., *Taboo: The Frazer Lecture 1939*, Cambridge: Cambridge University Press, 1939.

Radcliffe-Brown, A. R. and Eggan, F. eds., *Structure and Function in Primitive Society*, London: Cohen and West Ltd., 1952(김용환 옮김, 『원시사회의 구조와 기능』, 종로서적, 1980).

Rashkow, I. N., *The Phallacy of Genesis: A Feminist-Psychoanalytic Approach*, Louisville, KY: Westminster/John Knox Press, 1993.

Rattray, S., "Marriage Rules, Kinship Terms and Family Structure in the Bible," *Society of Biblical Literature Seminar Papers* 26(1987), pp.537~544.

Reboul, Olivier, *Langage et Ideologie*(홍재성, 권오룡 옮김, 『언어와 이데올로기』, 역사비평사, 1994).

Richard, Michel ed., *Penseurs pour aujourd'hui*, *Chronique Sociale*, Lyon, 1985(이상률 옮김, 『오늘의 프랑스 사상가들』, 문예출판사, 1998).

Ricoeure, Paul, *Le Conflit des Interpretations*, 1969(양명수 옮김, 『해석의 갈등』, 대우학술총서 500, 아카넷, 2001).

Riddle, J. M., *Contraception and Abortion from the Ancient World to the Renaissance*, Cambridge, Mass./London: Harvard University Press, 1992.

Rifkin, Jeremy, *The Biotech Century*, 1998(전영택·전병기 옮김, 『바이오테크 시대』, 민음사, 1999).

Rosen, Irving M., "Social Taboos and Emotional Problems," *Journal of Religion and Health* 11(1972), pp.175~180.

Rowley, H. H., "The Meaning of Sacrifice in the Old Testament," *Bulletin of the John Rylands Library* 33(1950), pp.74~110.

Russell, Jeffrey B., *A History of Witchcraft*, Thames & Hudson, 1980(김은주 옮김, 『마녀의 문화사』, 다빈치, 2001).

Sarna, Nahum M., *Genesis*, The JPS Torah Commentary, Philadelphia: The Jewish Publication Society, 1989.

Satlow, M. L., "'They Abused Him Like a Woman': Homoeroticism, Gender Blurring, and the Rabbis in Late Antiquity," *Journal for the History of Sexuality* 5.1(1994), pp.1~25.

Schapera, Issac, "The Sin of Cain"(Frazer Lecture in Social Anthropology, 1954), *Journal of the Royal Anthropological Institute* 85(1955), pp.33~43.

Schwartz, B. J., "The Prohibition Concerning the 'Eating' of Blood in Leviticus 17," *Priesthood and Cult in Ancient Israel*, G. A. Anderson and S. M. Olyan eds., Sheffield: Sheffield Academic Press, 1991, pp.34~66.

Setel, D. T., "Prophets and Pornography: Female Sexual Imagery in Hosea," *Feminist Interpretations of the Bible*, L. T. Russel ed., Philadelphia: Westminster Press, 1985, pp.86~95.

Shattuck, Roger, *Forbidden Knowledge*, New York: St. Martin Press, 1996(조한욱 옮김, 『금지된 지식』, 금호문화, 1997).

Singer, Jacob, *Taboo in the Hebrew Scriptures*, Chicago/London: The Open Court Publishing Co., 1928.

Smith-Christopher, Daniel L., "The Mixed Marriage Crisis in Ezra 9~10 and Neheiah 13: A Study of the Sociology of the Post-Exile Judaean Community," *Second Temple Studies 2: Temple Community in the Persian Period*, Tamara C. Eskenazi & Kent H. Richards eds., JSOTSups 175, 1994, pp.243~265.

Soskice, Janet Martin ed., *After Eve*, Collins Marshall Pickering, 1990.

Sperber, D., *Rethinking Symbolism*, Cambridge: Cambridge University Press, 1975.

Stephen A. Tyler, "Post-modern Ethnography: From Document of the Occult to Occult Document," *Writing Culture: The Poetics* and the Politics of Ethnography, J. A. Clifford and George Marcus eds., Berkeley: University of California Press, 1986.

Stoller, Robert, *Sex and Gender*, New York: Science House, 1968.

Stone, K., "Gender and Homosexuality in Judges 19: Subject-Honor, Object-Shame?," *Journal for the Study of the Old Testament* 67(1995), pp.87~107.

Thurston, T. M., "Leviticus 18:22 and the Prohibition of Homosexual Acts," *Homophobia and the Judaeo-Christian Traditions*, M. L. Stemmeler and J. M. Clark eds., Dallas: Monument Press, 1990, pp.7~23.

Tigay, Jeffrey H., *Deuteronomy*, The JPS Torah Commentary, JPS, 1996.

Turner, V. W., *The Forest of Symbols*, Ithaca: Cornell University Press, 1967.

_____, *The Ritual Process: Structure and Anti-Structure*, London: Routledge & Kegan, 1969.

_____, *From Ritual to Theater*, New York: Performing Arts Journal Publications, 1982(이기우 · 김익두 옮김, 『제의에서 연극으로』, 현대미학사, 1996).

Van der Toorn, Karel, "Cultic Prostitution," *Anchor Bible Dictionary* 5(1992), pp.510~513.

Van Dijk-Hemmes, F., "The Imagination of Power and the Power of Imagination: An Intertextual Analysis of Two Biblical Love Songs —The Song of Songs and Hosea 2," *Journal for the Study of the Old Testament* 44(1989), pp.75~88.

_____, "The Metaphorization of Woman in Prophetic Speech: An Analysis of Ezekiel 23," Brenner and van Dijk-Hemmes, *On Gendering Texts: Female and Male Voices in the Hebrew Bible*, Leiden: E. J. Brill, 1993, pp.167~176.

Von Rad, Gerhard, *Deuteronomy*, Old Testament Library, London:

SCM Press, 1979.

Washington, Harold C., "Violence and the Construction of Gender in the Hebrew Bible: A New Historicist Approach," *Biblical Interpretation* 5(1997), pp.324~363.

Wenham, Gordon J., "Betulah: A Girl of Marriageable Age," *Vetus Testamentum* 22(1972), pp.326~348.

Westermann, C., "Das Schöne im Altem Testament," *Beiträge zur alttestamentlichen Theologie: Festschrift für Walther Zimmerli zum 70. Geburtstag*, H. Donner, R. Hanhart and R. Smend, eds., Göttingen: Vandenhoeck & Ruprecht, 1977, pp.479~497.

_____, "Excursus: The Mark of Cain," *Genesis, Biblischer Kommentar*, Neukirchener Verlag, 1974. eng. trans., *Genesis 1~11: A Commentary*, Minneapolis: Augsburg, 1984.

Whaling, Frank, ed., *Contemporary Approaches to the Study of Religion in 2 Volumes*, New York: Mouton Publishers, 1985.

Wheen, Francis, *Karl Marx*, 1999(정영목 옮김, 『마르크스 평전』, 푸른숲, 2001, pp.423~442).

Wright, David P., "The Spectrum of Priestly Impurity," *Priesthood and Cult in Ancient Israel*, Gary A. Anderson and Saul M. Olyan eds., JSOTSupSer.125, Sheffield: JSOT Press, 1991, pp.150~181.

강영상, 『재미있는 중국의 이색풍속』, 을유문화사, 1995.

강혜원, 『의상 사회 심리학』, 교문사, 1995.

권택영, 『프로이트의 성과 권력』, 문예출판사, 1998.

김광언, 『김광언의 민속지―한국인의 음식ㆍ집ㆍ놀이ㆍ풍물』, 조선일보사, 1994.

김상환 외, 『니체가 뒤흔든 철학 100년』, 민음사, 2000.

노승희, 「페미니즘 이론의 실천적 지평―젠더와 성 정치」, 한국 영미문학 페미니즘 학회, 『페미니즘: 어제와 오늘』, 민음사, 2000, pp.388~418.

이광래, 『미셀 푸코』, 민음사, 1997.

전재옥 편, 『무슬림 여성』, 이슬람 연구소, 예영커뮤니케이션, 1997.

주강현, 『왼손과 오른손: 좌우 상징, 억압과 금기의 문화사』, 시공사, 2002.

주경복, 『레비-스트로스: 슬픈 열대와 구조주의자의 길』, 건국대학교출판부, 1996.

최창모, 『이스라엘史』, 대한교과서(주), 1994.

_____, 「카인과 아벨 이야기(창세기 4장)의 구조와 의미―한 해석사적 연구」, 『목원성서 연구지』 2(1998), pp.48~104.

_____, 「전도서의 수사적 질문과 헤벨(הבל)의 상징적 기능에 관한 연구」, 『신학사상』 104(1999/봄), pp.112~145.

_____, 「남·여 의복 교환착용 금기(신명기 22:5)에 관한 연구」, 『한국 중동학회논총』 21~1(2000), pp.251~263.

_____, 「성의 종교적 이해」, 『알고 싶은 성, 알아야 할 성―성의 과학적 이해를 위하여』, 건국대학교 출판부, 2000, pp.315~334.

_____, 「히브리 성서의 성(Sex)과 성(Gender)」, 『인문과학논총』 36(2001), pp.99~122.

_____, 「히브리어 글꼴 변천사」, 최창모·박미섭 엮음, 『고대 히브리어 연구』, 건국대학교 출판부, 2001, pp. 313~326.

마릴린 혼 외, 『의복: 제2의 피부』, 이화연·민동원·손미영 공역, 까치, 1993.

뻬에르 미셸, 베르뜨랑, 『왼손잡이의 역사』, 박수현 옮김, 푸른 미디어, 2002.

에드먼드 리치, 『레비-스트로스』, 이종인 옮김, 시공사, 1998.

에른스트 피셔, 『예술이란 무엇인가?』, 돌베개, 1976.

에번스-프리처드 편저, 『사회인류학의 과거·현재와 미래』, 최석영 편역, 서경문화사, 1998.

왕대일, 「레위기 18장의 가족법 재고」, 『구약논단』 11(2001), pp.27~48

왕창(王强), 『금기, 범하고 싶은 욕구』, 채옥자 옮김, 비전코리아, 2002.

J. G. 메르키오르, 『푸코』, 이종인 옮김, 시공사, 1998.

제임스 프레이저, 『문명과 야만 I』, 도서출판 강천, 1996.

_____, 『황금가지』, 장병길 옮김, 삼성출판사, 1976; 이경덕 옮김, 까치, 1995.

찾아보기

최창모(崔昌模)는 연세대학교와 동 대학교 대학원에서 신학을 전공한 후, 예루살렘 히브리 대학교에서 신구약 중간사(제2차 성전시대사), 유대 묵시문학, 유대-기독교 비교 연구를 했다. 동양에서 유일한 건국대학교 문과대학 히브리 중동학과를 거쳐 현재 융합인재학부 교수로 재직 중이다. 지은 책으로는 『중동의 미래, 이스라엘과 팔레스타인』(2015), 『이스라엘사』(2005), 『아그논: 기적을 꿈꾸는 언어의 마술사』(1995), 『돌멩이를 먹고사는 사람들: 작지만 큰 나라 이스라엘』(전 2권, 1997, 2001), 『기억과 편견: 반유대주의의 뿌리를 찾아서』(2004), 『예루살렘: 순례자의 도시』(2004), 등이 있으며, 옮긴 책으로는 이스라엘 최고의 소설가인 아모스 오즈의 『사랑과 어둠의 이야기』(전 2권, 2015), 『나의 미카엘』(1998), 『여자를 안다는 것』(2009), 그 밖에 『유월절 기도문』(2000), 『고대 히브리어 연구』(2001) 등이 있다. 이스라엘의 역사와 히브리 문학을 아우르는 약 60여 편의 논문도 썼다.